套装版

《中华人民共和国学前教育法》辅导百问

本书编写组 ◎ 编

中国教育出版传媒集团
人民教育出版社
·北京·

图书在版编目（CIP）数据

《中华人民共和国学前教育法》辅导百问：套装版 / 本书编写组编. -- 北京：人民教育出版社，2025. 5.

ISBN 978-7-107-39701-1

Ⅰ. D922. 165

中国国家版本馆 CIP 数据核字第 2025PD9580 号

责任编辑：焦　艳　刘峰峰

责任设计：史　越

责任校对：李胜瑾

责任印制：申　骅

《中华人民共和国学前教育法》 辅导百问　套装版

ZHONGHUA RENMIN GONGHEGUO XUEQIAN JIAOYUFA

FUDAO BAI WEN TAOZHUANG BAN

本书编写组　编

出版发行　人民教育出版社

（北京市海淀区中关村南大街 17 号院 1 号楼　邮编：100081）

网　址　http://www.pep.com.cn

经　销　全国新华书店

印　刷　北京利丰雅高长城印刷有限公司

版　次　2025 年 5 月第 1 版

印　次　2025 年 5 月第 1 次印刷

开　本　787 毫米 × 1092 毫米　1/16

印　张　23.5

字　数　319 千字

书　号　ISBN 978-7-107-39701-1

定　价　49.80 元（全 2 册）

序一

贯彻实施《学前教育法》，促进学前教育普及普惠安全优质发展

教育部基础教育司

办好学前教育、实现幼有所育，关系亿万儿童健康成长，关系千家万户的切身利益，关系国家和民族的未来。在以中国式现代化全面推进教育强国建设的新征程上，颁布《学前教育法》，标志着学前教育进入“有专门法可依”的新阶段，为广大适龄幼儿享有公平的受教育权益，提供了强有力的法律保障，对推进学前教育普及普惠安全优质发展，夯实教育强国建设基点具有重要而深远的意义。

一是全面落实了党中央、国务院决策部署。党中央、国务院高度重视学前教育，习近平总书记多次就学前教育改革发展作出重要指示，强调推进学前教育普及普惠安全优质发展。党的二十大要求“强化学前教育普惠发展”，党的二十届三中全会强调“健全学前教育保障机制”。按照党中央、国务院决策部署，教育部会同相关部门连续实施四期学前教育行动计划，推动各地扩资源、调结构、建机制、提质量，构建起公益普惠的学前教育公共服务体系，学前教育发展实现历史性跨越，迈入高质量发展的新阶段。《学前教育法》将习近平总书记的重要指示精神和党中央、国务院决策部署，转化为促进学前教育高质量发展的法律规范，在全面总结多年来学前教育发展政策经验基础上，明确了学前教育的发展原则、方向、基本制度，为办好学前教育提供了根本遵循和法律依据。

二是回应了人民群众幼有优育的美好期盼。学前教育是重要的民生事

业，适龄幼儿是否有园上、能否上得起、是否让家长安心放心，是多年来人民群众关心的急难愁盼问题。《学前教育法》坚持以人民为中心，以解决好人民群众最关心最直接最现实的利益问题为出发点，以保障学前儿童基本受教育权益为落脚点，围绕保障入园机会、减轻家庭负担、守护幼儿安全、提供有质量服务等方面作出全面规范，切实保障学前教育改革成果更多更公平惠及全体人民。

三是提出了学前教育瓶颈问题的破解之道。总体上看，学前教育依然是国民教育体系中的薄弱环节，资源结构性短缺，投入保障、师资队伍建设、规范监管等方面的体制机制仍不完善，严重制约学前教育高质量发展。《学前教育法》坚持问题导向，坚持改革创新，聚焦解决学前教育深层次瓶颈问题，作出系统制度设计和规范，全面构建了普惠性学前教育发展保障机制，为进一步深化学前教育改革、推进学前教育规范发展提供了根本遵循。

《学前教育法》是推进学前教育高质量发展的法律依据、行动准绳。下一步，教育部将认真学习贯彻《学前教育法》，将实施《学前教育法》与落实党的二十届三中全会、全国教育大会精神和实施《教育强国建设规划纲要（2024—2035年）》紧密结合起来，将近期重点工作纳入《加快建设教育强国三年行动计划》，牢牢把握公益普惠基本方向，加快完善学前教育公共服务体系。

一是进一步提高学前教育普及普惠水平。推动各地落实以政府举办为主、大力发展普惠性学前教育的法定要求，切实履行政府在普惠性幼儿园规划、统筹建设、举办与支持举办方面的责任，适应人口变化和城镇化发展的新形势新要求，科学规划配置学前教育资源，巩固提升普及普惠水平。一方面保障普惠性资源有效供给，优化资源布局，增加人口流入地区普惠性资源特别是公办资源，加强人口流动变化较大地区入园供需监测，确保有效满足需求的同时，避免资源浪费。另一方面提高资源供给水平，推动有条件的地方结合当地实际优化班额和生师比，改善办园条件，实现更高水平资源优化配置。

二是进一步健全学前教育保障机制。在投入保障方面，会同相关部门推动各地依法建立完善财政投入长效机制，将财政补助经费列入各级政府预算，确保财政性学前教育经费在同级财政性教育经费中占合理比例，建立省市县财政补助经费分担机制，制定并落实公办园生均财政拨款标准或生均公用经费标准以及普惠性民办幼儿园生均财政补助标准，健全学前教育资助政策，做到“预算有科目，拨款有标准，分担有机制，资助有制度”。在教师队伍建设方面，严格幼儿园教师资质条件，把好教师入口关。依法保障落实幼儿园教师工资待遇，提高教师培养层次和培养质量，加大教师思想政治、师德师风、专业能力等方面的教育培训，建设一支师德高尚、爱岗敬业、业务精良、结构合理的幼儿园教师队伍。

三是进一步完善学前教育监管体系。主要抓好四方面的落实工作。健全管理体制，强化地方政府及有关部门监管责任，建立健全教育部门牵头、各有关部门分工负责的监管机制。严格源头监管，推动各地严格把握幼儿园设立条件，加强幼儿园办学资质审核，督促幼儿园严格执行“先证后照”制度，经教育部门依法审批、取得办学许可证后，再进行相应法人登记。加强过程监管，牢牢把握法律在幼儿园卫生保健、安全防控、师德师风、收费行为、财务管理等方面划出的红线底线，完善动态监管机制，建立健全督导评估和信息备案及公示制度，筑牢规范办学保障网，让家长放心。强化责任追究，准确把握《学前教育法》规定的违法责任情形，对违法违规办学的，教职工存在师德师风问题、侵害幼儿权益的，要依法严肃追究责任。

四是进一步提高保教质量。以法律为遵循，尊重儿童身心发展规律，推进科学保教。加强幼儿园专业指导，引导幼儿园坚持保育和教育相结合，落实以游戏为基本活动，创设丰富的教育环境，支持幼儿主动探究学习，促进幼儿在游戏和生活中健康快乐成长。规范保教行为，研究制定课程教学资源审定管理办法，规范监管在幼儿园推行使用的课程教学资源。继续深入开展清理整治，坚决纠正幼儿园“小学化”等不规范办园行为。强化保教质量评估，深入推进幼儿园督导评估，落实《幼儿园保育教育质量评估指南》，树立科学导向，引导幼儿园聚焦保教过程，加强自我评估，不断提高幼儿园保教质量。加强家长科学育儿指导，继续利用学前教育宣传月平台，发挥幼儿园宣传主阵地作用，面向家长开展科学育儿宣传，传播正确育儿理念和知识，形成家园共育的良好机制。

序二

学习贯彻《学前教育法》，保障学前教育高质量发展

教育部政策法规司

党中央、国务院高度重视学前教育改革发展。习近平总书记多次作出重要指示批示，在全国教育大会上强调“坚持以人民为中心，不断提升教育公共服务的普惠性、可及性、便捷性”，要求促进学前教育普及普惠发展。党的二十大和二十届三中全会对强化学前教育普惠发展、健全学前教育保障机制作出专门部署。近年来，学前教育得到快速发展，但仍是国民教育体系的薄弱环节，需要通过立法，把党对学前教育的主张转化为国家意志，把实践成果上升为法律制度，用法治方式破解突出问题，为学前教育高质量发展提供法治保障。

2018年印发的《中共中央　国务院关于学前教育深化改革规范发展的若干意见》明确提出，要制定《学前教育法》。全国人大常委会将制定《学前教育法》列入立法规划。2021年4月，教育部研究形成《学前教育法草案》（以下简称《草案》）并报请国务院审议。2023年6月，国务院第7次常务会议讨论并原则通过《草案》，将《草案》提请全国人大常委会审议。2023年8月以来，《学前教育法》先后经十四届全国人大常委会第五次会议、第十次会议、第十二次会议审议，于2024年11月8日表决通过。

《学前教育法》分为总则、学前儿童、幼儿园、教职工、保育教育、投入保障、监督管理、法律责任、附则9章，共85条，主要规定了以下内容。

第一，坚持党的领导，把准办学方向。党的领导是学前教育事业发展的根本保证。法律规定，学前教育应当坚持中国共产党的领导，坚持社会主义办学方向，贯彻国家的教育方针，落实立德树人根本任务，为培养德智体美劳全面发展的社会主义建设者和接班人奠定基础。明确公办幼儿园的基层党组织统一领导幼儿园工作，民办幼儿园的内部管理体制按照国家有关民办教育的规定确定。

第二，坚持公益普惠，明确属性定位。法律规定，学前教育是指由幼儿园等学前教育机构对三周岁到入小学前的儿童实施的保育和教育；明确学前教育是国民教育体系的组成部分，是重要的社会公益事业。规定国家推进普及学前教育，扩大普惠性学前教育资源供给，构建覆盖城乡、布局合理、公益普惠、安全优质的学前教育公共服务体系。同时，明确对民族地区、边疆地区和欠发达地区的倾斜，以及对家庭经济困难儿童、孤儿、残疾儿童和农村留守儿童等群体的特别保障。

第三，坚持政府主导，完善保障机制。办好学前教育，是党和政府为老百姓办实事的重大民生工程。强化政府责任，规定发展学前教育坚持政府主导，以政府举办为主，大力发展普惠性学前教育，鼓励、引导和规范社会力量参与。完善管理体制，规定国务院领导全国学前教育工作，省级人民政府和设区的市级人民政府统筹本行政区域内学前教育工作，县级人民政府对本行政区域内学前教育发展负主体责任，政府及其有关部门在各自职责范围内管理学前教育，同时完善了幼儿园规划和举办机制。健全投入保障，规定学前教育实行政府投入为主、家庭合理负担保育教育成本、多渠道筹措经费的投入机制；明确学前教育财政投入、财政补助经费的分担机制。

第四，坚持儿童为本，提高保教质量。《学前教育法》凸显儿童中心，规定学前儿童享有生命安全和身心健康、得到尊重和保护照料、依法平等接受学前教育等权利，强调要尊重学前儿童人格尊严，倾听了解学前儿童的意见，鼓励引导学前儿童参与家庭、社会和文化生活。保障教育权利，规定地方各级人民政府应当采取措施，推动适龄儿童在其父母或者其他监护人的工作或者居住的地区方便就近接受学前教育；学前儿童入园，不得组织任何形式的考试或者测试。普惠性幼儿园应当接收能够适应幼儿园生活的残疾儿童入园。规范保教活动，强调坚持保育和教育相结合的原则，科学实施保育和教育活动，不得教授小学阶段的课程内容；建立科学合理的一日生活制度，做好卫生保健管理等工作。

第五，坚持教师为基，提升队伍素质。强国先强教，强教必先强师。明确资质要求，规定幼儿园教师、园长、保育员、卫生保健人员等应当具备规定的条件。加强人员配备，要求制定教职工配备标准，幼儿园及其举办者应当按照相关标准配足配齐教师和其他工作人员。严格聘用管理，规定幼儿园聘任教师等工作人员应当报教育行政部门备案并进行背景查询和健康检查；存在可能危害儿童身心安全、不宜从事学前教育工作情形的，不得聘任。强化待遇保障，规定幼儿园及其举办者应当保障教职工的工资福利，要求将公办幼儿园教师工资纳入财政保障范围，明确幼儿园教师在职称评定、岗位聘任等方面享有与中小学教师同等的待遇。加强培养培训，规定政府及有关部门应当制定学前教育师资培养培训规划，开展各种形式的培训。

第六，坚持依法治理，强化监督管理。《学前教育法》着力健全治理体系，推动提升治理能力。明确设置要求，规定设立幼儿园应当具备的条件，要求取得办学许可证后依法进行法人登记；发生变更、终止的，应当提前向教育行政部门报告并向社会公告，妥善安置在园儿童。加强安全管理，规定县级以上人民政府及其有关部门应当建立健全幼儿园安全风险防控体系，依法保障学前儿童与幼儿园安全。加强收费管理，要求合理确定公办幼儿园和非营利性民办幼儿园的收费标准，建立定期调整机制，引导合理收费，遏制过高收费。加强质量评估，要求对执行法律法规情况、保育教育工作等进行督导；完善幼儿园质量评估标准，健全幼儿园质量评估监测体系。此外，专章规定了各有关主体的法律责任，强化制度刚性。

目录

第一章 总　则

01 为什么要制定《学前教育法》？

《中华人民共和国学前教育法》（以下简称《学前教育法》）第一条规定：“为了保障适龄儿童接受学前教育，规范学前教育实施，促进学前教育普及普惠安全优质发展，提高全民族素质，根据宪法，制定本法。”

（1）贯彻落实党和国家关于学前教育的重大决策部署

党中央、国务院历来重视学前教育工作。1993年发布的《中国教育改革和发展纲要》提出了“大中城市基本满足幼儿接受教育的要求，广大农村积极发展学前一年教育”的目标。2010年颁布的《国家中长期教育改革和发展规划纲要（2010—2020年）》在第二部分“发展任务”中将学前教育作为专章进行部署。党的十九大报告中提出，要在发展中保障和改善民生，在发展中补齐民生短板，明确将“幼有所育”列为“七个有之”的首要事项。党的二十大报告、二十届三中全会《决定》等有关文件，对强化学前教育普惠发展、健全学前教育保障机制等提出明确要求，将学前教育列入全面深化改革的重要内容。习近平总书记对发展学前教育作出一系列指示批示，强调要加强对基础教育的支持力度，办好学前教育，促进学前教育普惠发展，让每个孩子都能享有公平而有质量的教育。

早在2002年，全国人大教育科学文化卫生委员会就组织开展了学前教育立法调研。《国家中长期教育改革和发展规划纲要（2010—2020年）》明确提出“制定学前教育、家庭教育等法律”。2018年颁布的《中共中央国务院关于学前教育深化改革规范发展的若干意见》，进一步明确了制定《学前教育法》需要解决的重点难点事项。

这些都表明，制定《学前教育法》就是贯彻落实党和国家关于学前教育的重大决策部署，把党和国家在新时代关于发展学前教育事业的系列方针政策转化为法律规定，为深入推进我国学前教育事业高质量发展提供有力法治保障。

（2）进一步确认、巩固和拓展我国学前教育改革发展经验成果的客观要求

新中国成立以来，我国学前教育事业经历了不同发展阶段，产生了翻天覆地的变化。尤其是2010年以来，国家坚持学前教育公益普惠发展方向，连续实施四期学前教育行动计划，学前教育资源总量迅速增加，普惠性学前教育资源基本覆盖，经费投入保障机制不断健全，幼儿园保育教育科学化、专业化、规范化水平明显提升，基本建成覆盖城乡、布局合理的学前教育公共服务体系。2024年，全国学前教育毛入园率达92%，达到世界高收入国家平均水平，可以说，我国学前教育事业经历了跨越式发展，取得了历史性成就。

新中国成立以来的学前教育发展史充分证明，我国学前教育领域已经积累起较为丰富的实践经验，探索出符合基本国情的学前教育发展道路，为推动解决学前教育难题贡献了中国智慧，提供了中国方案。因此，需要制定《学前教育法》，总结我国学前教育事业发展取得的历史性成就和积累的宝贵经验，通过法律制度确认和巩固学前教育事业发展成果，为学前教育事业的未来发展提供有力制度支撑。

（3）全面推进教育法治建设，实现教育强国战略的有力保障

党和国家在不同历史时期颁布出台了一系列学前教育法规政策。行政法规方面，1989年经国务院批准颁布了《幼儿园管理条例》（国家教育委员会令第4号）。部门规章方面，原国家教委于1989年颁布了《幼儿园工

作规程（试行）》（国家教育委员会令第2号），并分别于1996年、2016年进行了修订；2010年，原卫生部联合教育部颁布了《托儿所幼儿园卫生保健管理办法》（卫生部、教育部令第76号）。此外，教育部还会同相关部门陆续制定出台了《全日制、寄宿制幼儿园编制标准》《幼儿园教职工配备标准（暂行）》《幼儿园教师专业标准（试行）》《幼儿园收费管理暂行办法》《幼儿园教育指导纲要（试行）》《3—6岁儿童学习与发展指南》《关于大力推进幼儿园与小学科学衔接的指导意见》《幼儿园保育教育质量评估指南》等一系列政策措施，对推动学前教育持续健康发展发挥了重要作用。

新的形势下，为了深入推进我国学前教育事业的发展，加大制度更新供给，为我国学前教育事业发展注入法治动力，需要加强顶层制度设计，填补教育法律空白，制定一部专门的学前教育领域法律，夯实学前教育领域制度体系的"四梁八柱"，全面提升学前教育法治化水平，为学前教育普及普惠安全优质发展打下坚实法治根基，依法保障教育强国战略目标顺利实现。

（4）积极适应我国人口发展形势变化，推动建设生育友好型社会的现实需要

党的二十届三中全会《决定》提出，要健全人口发展支持和服务体系，完善生育支持政策体系和激励机制，促进人口高质量发展。办好学前教育，是实现幼有所育目标的关键所在，也是促进人口长期均衡发展的重要举措。

如何建立健全学前教育保障机制，降低家庭保育教育成本，提高幼儿入园的便捷性，让每名幼儿不仅"有园上"、更要"上好园"，成为"以人口高质量发展支撑中国式现代化"的重要课题。新制定的《学前教育法》，作为完善生育支持政策体系的重要内容，立足党和国家事业发展大局，紧密结合人口发展形势变化，推动构建覆盖城乡、布局合理、公益普

惠、安全优质的学前教育公共服务体系，推动解决广大人民群众关心的养育教育难题，为建设生育友好型社会、促进人口高质量发展，提供了有力制度保障。

02 为什么将学前教育对象的年龄范围界定为三周岁到入小学前？

《学前教育法》第二条第二款规定："本法所称学前教育，是指由幼儿园等学前教育机构对三周岁到入小学前的儿童（以下称学前儿童）实施的保育和教育。"

《学前教育法》规定"学前教育"是指由幼儿园等学前教育机构对三周岁到入小学前的儿童实施的保育和教育，主要基于以下考虑。

一是尊重学龄前儿童身心发展特点。一方面，人的社会化进程始于家庭，从法律和情理上，对0—3岁婴幼儿的照护，更适合以家庭为主，政府责任主要是通过多种方式支持和指导家长科学抚育，同时为有特殊需要的人群提供托育服务，托育服务的内容以养育和生活照护为主。另一方面，3—6岁幼儿已具备一定的独立生活能力，可以进入集体生活，接受有组织的学前教育，这与托育服务有着明显区别。

二是与我国长期实践经验相适应。中华人民共和国成立后，针对0—3岁婴幼儿早期发展和3—6岁幼儿学前教育，建立起两套相对独立的规范体系和管理体制。长期以来，相关文件对0—3岁婴幼儿托育服务与3—6岁学龄前幼儿保育教育，通常分别予以规定。关于后者的文件较多，已具备较为扎实的立法基础。就管理体制而言，0—3岁婴幼儿的托育服务和3—6岁幼儿的学前教育工作，长期以来分别由卫生行政部门、教育行政部门主管，这种管理体制基本上能够适应实践发展的需要。

三是婴幼儿托育服务问题可另行规定。《学前教育法》重点对三周岁到入小学前儿童的保育和教育问题进行规范，难以同时适用和解决托育服务难题。关于0—3岁婴幼儿的托育服务保障需求，可通过制定托育服务法作详细规定。《学前教育法》附则中规定，鼓励有条件的幼儿园开设托班，提供托育服务，对幼儿园提供托育服务作了过渡性安排，可以部分满足托育服务需求。

03 如何理解国家实行学前教育制度？

《学前教育法》第三条规定："国家实行学前教育制度。

学前教育是国民教育体系的组成部分，是重要的社会公益事业。"

（1）学前教育制度是我国学校教育制度的重要组成部分

学校教育制度是国家根据教育方针、政策，对各级各类学校的性质、任务、学习年限、入学条件等所作的规定，是国家教育制度的主体，是现代教育制度的核心内容。学制的建立为实施正规的学校教育提供了基本制度保障。我国的学校教育制度具体包括学前教育、初等教育、中等教育、高等教育四个阶段。

学前教育制度是我国学校教育制度的重要组成部分。我国多个法律法规都对学前教育制度进行过相关规定。《中华人民共和国教育法》第十七条规定："国家实行学前教育、初等教育、中等教育、高等教育的学校教育制度。"《国务院关于当前发展学前教育的若干意见》提出："把发展学前教育摆在更加重要的位置。学前教育是终身学习的开端，是国民教育体系的重要组成部分，是重要的社会公益事业。"《幼儿园工作规程》第二条规定："幼儿园教育是基础教育的重要组成部分，是学校教育制度的基础阶段。”《中共中央　国务院关于学前教育深化改革规范发展的若干意见》提出：“加快推进学前教育立法，进一步明确学前教育在国民教育体系中的地位和公益普惠属性。”在前述各种文件的基础上，《学前教育法》再次对学前教育的属性做了明确界定。

（2）实行学前教育制度具有重要意义

《学前教育法》规定国家实行学前教育制度，从法律层面对学前教育制度进行了强调，进一步明确学前教育是国家学制的重要一环，具有与初等教育、中等教育、高等教育等学校教育制度同等的法律地位，这对我国学前教育事业发展具有重要意义。

第一，国家实行学前教育制度，意味着国家对学前教育事业发展的规范和保障。国家需要通过制定和实施一系列政策、法规来保障学前教育事业健康发展。这不仅仅是对学前教育法律地位的确认，更是对其在国民教育体系中不可或缺作用的肯定，也是出于对儿童成长规律和教育规律的深刻认识。

第二，国家实行学前教育制度，体现了国家对儿童权益的保障。通过实行学前教育制度，国家为儿童提供了接受早期教育的机会，保障了他们的受教育权。同时，国家还通过制定相关政策和法规，规范学前教育机构的管理和教学行为，确保儿童在安全、健康的环境中成长。

第三，国家实行学前教育制度，也是推动教育公平的重要举措。学前教育是基础教育的重要组成部分，对于儿童未来的学习和生活具有深远影响。国家通过实行学前教育制度，加大对民族地区、边疆地区和欠发达地区学前教育的投入，推动学前教育资源的均衡分配，让更多的儿童能够享受到公平、优质的学前教育。

第四，国家实行学前教育制度，体现了对学前教育质量的严格要求。国家通过制定相关标准和规范，对学前教育机构的教学内容、教学方法、师资力量等方面进行严格监管和评估，确保学前教育的质量和效果。同时，国家还鼓励和支持学前教育机构进行教育教学改革和创新，推动学前教育事业不断发展。

总之，国家实行学前教育制度，是顺应时代发展的必然选择。国家通过实行学前教育制度，加强对学前教育的规划和管理，推动学前教育与后续教育阶段有机衔接，在国家战略和具体政策层面推动落实学前教育普及普惠安全优质发展，有利于回应民生关切，进一步提升学前教育水平，为培养德智体美劳全面发展的社会主义建设者和接班人奠定坚实基础。

04 如何理解学前教育的属性定位？

《学前教育法》第三条第二款规定："学前教育是国民教育体系的组成部分，是重要的社会公益事业。"

正确认识和理解学前教育的属性定位，有助于我们更好地理解我国学前教育事业的性质，更深刻地认识学前教育的重要作用，更好地领会、贯彻和落实《学前教育法》的精神。

一方面，学前教育是学校教育的起始阶段，是国民教育体系的组成部分，是重要的教育事业。从教育性质看，《学前教育法》明确规定"学前教育是国民教育体系的组成部分"，这说明学前教育是学校教育不可或缺的一部分，是儿童接受正规教育的第一步。从世界范围来看，将学前教育纳入国民教育体系，早已成为当今世界各国的共识和实际举措。在教育内容和方式方面，幼儿园以游戏为基本活动，寓教育于生活和游戏中，因地制宜为幼儿创设游戏环境，提供丰富适宜的游戏材料，最大限度地支持和满足幼儿通过直接感知、实际操作和亲身体验获取经验的需要，帮助幼儿在认知、情感、社会性等方面得到全面发展，为后续学习打下坚实基础。

在教育特点方面，学前教育坚持保育和教育相结合。保育重在通过提供良好的膳食营养、体格锻炼、卫生保健、安全防护等，保护和增进幼儿身心健康；教育重在落实以游戏为基本活动，创设丰富的教育环境，将教育渗透在一日生活和游戏中，促进幼儿身心全面发展。

另一方面，学前教育是重要的社会公益事业，要始终坚持公益普惠的基本定位。社会公益事业是指那些旨在增进社会公共利益、提高社会福利水平的事业。大量研究证明，学前教育具有重要的社会价值，包括：提升潜在劳动力及人口素质，提高生产效率；促进起点公平，减少社会差距；增进社会公平，促进社会的稳定和公正；改善贫困地区儿童的不利处境，降低贫困代际循环的可能；给予家庭育儿扶助，提升家庭教育质量，刺激生育意愿；培养未来人才，增强国家竞争力；等等。学前教育的受益者不仅是儿童、家庭，更是国家和全社会，这充分体现了学前教育的公益属性。“普惠”即“普遍惠及”“广泛受益”，普惠性作为公益性的进一步延伸，其核心目标在于通过国家财政支持和一系列制度保障，使学前教育更加惠及广大社会群体，确保广大人民群众能够获得优质且价格合理的学前教育服务。

05 为什么强调国家建立健全学前教育保障机制？

《学前教育法》第五条第一款规定：“国家建立健全学前教育保障机制。”

建立健全学前教育保障机制包含建立以政府举办为主的普惠性资源保障机制，落实以政府投入为主的投入保障机制，建立健全幼儿园师资队伍建设保障机制等内容。建立健全学前教育保障机制，对于我国学前教育事业的发展具有重大意义。

（1） 落实党中央、国务院决策部署的重要举措

习近平总书记多次就发展学前教育作出重要指示，党的二十大和二十届三中全会对强化学前教育普惠发展、健全学前教育保障机制作出专门部署。2018年颁布的《中共中央　国务院关于学前教育深化改革规范发展的若干意见》明确要求完善学前教育体制机制，健全学前教育政策保障体系。《学前教育法》将习近平总书记重要指示精神和党中央、国务院关于学前教育保障机制的部署要求转化为国家意志、落实为法律规范。

（2） 推进学前教育高质量发展的迫切需要

党的十八大以来，国家连续实施四期学前教育行动计划，中央财政支持学前教育发展资金累计投入2615亿元，同时激励引导各地进一步加大财政投入，完善资源、投入、师资等方面的保障机制，学前教育普惠保障水平不断提高。2023年，全国财政性学前教育经费占财政性教育经费的比例达到6.25%，比2012年提高3个百分点。在此基础上，《学前教育法》坚持问题导向，以破解学前教育体制机制障碍为立法工作重点，对健全资源配置、经费投入、教师队伍建设等方面的保障机制，做出系统全面的规范要求，为深化学前教育改革、建设高质量学前教育体系提供了法律依据和根本遵循。

（3） 回应人民群众期盼减轻家庭经济负担的内在要求

在各级各类教育体系中，学前教育成本的家庭分担比例较高，人民群众负担较重。以法律形式明确建立健全学前教育保障机制的规定要求，对强化各级政府投入保障责任、降低家庭教育成本、减轻家庭经济负担、增

强人民群众获得感具有重要意义，有助于牢牢把握教育的人民属性，织好学前教育普惠保障网，回应人民群众幼有优育的美好期盼。

06 如何理解发展学前教育坚持政府主导，以政府举办为主？

《学前教育法》第五条第二款规定：“发展学前教育坚持政府主导，以政府举办为主，大力发展普惠性学前教育，鼓励、引导和规范社会力量参与。”

（1）坚持政府主导

我国的学前教育是重要的社会公益事业，办好学前教育是党和政府为老百姓办实事的重大民生工程。发展学前教育要牢牢坚持政府主导，落实各级政府在学前教育统筹规划、政策引导、规范管理、队伍建设、质量提升、督导评估等方面的责任，完善有关部门分工负责、齐抓共管的工作机制。需要指出的是，“政府主导”不应过窄地理解为“政府办园”，要全面认识政府在其他方面的重要职责。

（2）以政府举办为主

《学前教育法》充分总结多年实践经验，立足保障教育公平，坚守公益普惠基本方向，旗帜鲜明地赋予政府保障普惠性资源供给的主导地位，提出以政府举办为主，大力发展普惠性学前教育。“以政府举办为主”强调地方各级政府在学前教育资源规划、建设、举办等方面的责任，要求在城市新建居住区“五同步”配建普惠性幼儿园，在农村构建以公办幼儿园为主体的学前教育公共服务体系。“以政府举办为主”意味着学前教育服务主要由政府而非市场负责提供，可以充分发挥公办园在保障基本需求、引领办园方向、平抑收费水平、稳定办学秩序等方面的主渠道作用，有助于保障适龄儿童依法平等享有接受学前教育的权利。“以政府举办为主”发展学前教育是对百姓需求的积极回应和有效满足，意味着在学前教育成本分担体系中是以政府投入为主的，能够有效降低家庭经济负担，增强人民群众的获得感和幸福感。

（3）鼓励、引导和规范社会力量参与

《中华人民共和国宪法》第十九条规定：“国家鼓励集体经济组织、国家企业事业组织和其他社会力量依照法律规定举办各种教育事业。”该规定明确了国家鼓励社会办学的鲜明态度。“鼓励、引导和规范社会力量参与”发展学前教育，既肯定了社会力量举办幼儿园的经验贡献，客观反映社会力量举办幼儿园的实践现状，同时也是贯彻落实宪法关于社会力量办学有关规定的具体体现，明确未来继续鼓励社会力量参与举办幼儿园的立法导向，充分肯定社会力量在办好学前教育方面的重要作用。

需要说明的是，“以政府举办为主”与“鼓励社会力量参与”并行不悖、相辅相成，二者都是学前教育资源多渠道供给的重要来源，都是共同促进学前教育高质量发展的重要力量。“以政府举办为主”侧重强调政府责任，让学前教育改革发展成果更多更公平惠及全体人民；“鼓励社会力量参与”侧重强调社会力量利用自身优势，弥补政府举办幼儿园面临的困难和不足，为学前儿童提供更加多样化的选择。

07 为什么国家要大力发展普惠性学前教育？

《学前教育法》第五条第二款规定："发展学前教育坚持政府主导，以政府举办为主，大力发展普惠性学前教育，鼓励、引导和规范社会力量参与。"

普惠性是指提供服务的公平性、可及性，要求收费标准较低，能够普遍惠及社会公众的教育需求。普惠性学前教育主要包括两类：一类是公办幼儿园；另一类是接受政府扶持、享受政府财政补贴、收费执行政府指导价的非营利性民办幼儿园。从特点上看，普惠性幼儿园办园质量合格、收费合理、执行政府指导价，具备非营利属性；面向社会公众，能够广泛惠及社会公众，充分满足人民群众接受有质量学前教育的迫切需求。2010年颁布的《国务院关于当前发展学前教育的若干意见》明确指出，发展学前教育，必须坚持公益性和普惠性。2018年颁布的《中共中央　国务院关于学前教育深化改革规范发展的若干意见》要求着力扩大普惠性学前教育资源供给，党的二十大报告、二十届三中全会《决定》等对强化学前教育普惠发展作出了部署。普惠性学前教育面向社会公众，提供了收费合理、有质量保证、惠及千家万户的公共服务，充分彰显了我国学前教育的公益属性，增进了民生福祉，促进了社会和谐稳定。因此，大力发展普惠性学前教育，是我国学前教育事业发展的重要经验成果，是近年来党和政府对学前教育发展的基本要求，也是未来学前教育事业发展的基本方向。目前，我国已初步建成以公办幼儿园和普惠性民办幼儿园为主的普惠性学前教育供给体系。2024年，全国普惠性幼儿园22.1万所，占比87.3%；在园幼儿3584万人，占比91.6%。大力发展普惠性学前教育，对于全面普及学前三年教育，巩固和提高学前教育发展成果具有重要意义。

08 为什么要强调推进普及学前教育？

《学前教育法》第六条第一款规定："国家推进普及学前教育，构建覆盖城乡、布局合理、公益普惠、安全优质的学前教育公共服务体系。"

（1）推进普及学前教育有利于提高国民综合素质

学前教育是终身教育的开端，对于儿童的身心健康、全面发展至关重要。从人类个体发展的角度来看，学前教育阶段既是儿童身体快速发展的阶段，也是大脑发育的高峰期，还是儿童道德启蒙、语言发展、社会交往、科学探索、艺术素养等奠基的关键时期。美国佩里学前教育项目对处境不利儿童持续追踪研究40多年发现，高质量的学前教育可以有效降低处境不利儿童成年后的暴力行为和犯罪率，提升处境不利儿童的生存和发展质量，对家庭教育也有积极的影响和促进。普及学前教育不仅功在当代，而且利在千秋，有助于国民素质形成良性发展循环和整体提升。随着社会的不断发展和进步，对于人才的需求也越来越高。学前教育作为人才培养的起点，对于提高整个国家的劳动力素质和人力资源水平、培养德智体美劳全面发展的社会主义建设者和接班人，具有极其重要的基础性和长期性支撑作用。可以说，普及学前教育是提高国民素质的奠基工程，是全面建成社会主义现代化强国的必经之路，也是实现教育"战略属性"的基础依托。

（2）推进普及学前教育能够进一步保障学前教育公平

普及学前教育意味着将学前教育资源扩展到更广泛的社区和群体，特别是那些可能无法获得此类服务的幼儿群体当中，能够为更多幼儿提供接受学前教育的机会，保证适龄幼儿的入园机会公平。据统计，近十年来我国学前教育毛入园率增长幅度超过25个百分点的14个省份都在中西部，其中青海果洛州提高40多个百分点，四川凉山雷波县提高50个百分点。不难看出，普及学前教育不仅能够为更多适龄幼儿提供接受学前教育的机会，而且能够明显缩小区域、城乡之间的差距，促进学前教育发展成果更多更公平惠及全体人民，以教育起点公平促进社会公平正义。

（3）推进普及学前教育是实现人民群众“幼有所育”美好期盼的重要举措

随着经济社会发展水平提升、教育观念转变以及劳动力就业市场的变化，无论是城市还是农村，越来越多的家庭认识到早期教育的重要性，送孩子入园接受保育和教育逐渐成为人民群众的刚性需求。2010年《国家中长期教育改革和发展规划纲要（2010—2020年）》设立“学前教育”专章，首次提出“基本普及学前教育”的发展目标。此后，在《国务院关于当前发展学前教育的若干意见》《中共中央　国务院关于学前教育深化改革规范发展的若干意见》两个重要文件，以及学前教育行动计划等的强力推动下，我国学前教育普及发展步入“快车道”。各级政府通过新建、改扩建公办幼儿园，积极扶持民办幼儿园提供普惠性服务等措施，积极扩大学前教育资源。经过十余年的奋力攻坚，我国学前教育普及水平有了跨越式发展，学前教育毛入园率从2010年的56.6%上升到2024年的92%，实现了学前教育的基本普及，对实现人民群众“幼有所育”的美好期盼起到了重要作用。

09 如何理解覆盖城乡、布局合理、公益普惠的学前教育公共服务体系？

《学前教育法》第六条第一款规定：“国家推进普及学前教育，构建覆盖城乡、布局合理、公益普惠、安全优质的学前教育公共服务体系。”

覆盖城乡、布局合理、公益普惠的学前教育公共服务体系，是指由政府主导学前教育发展，通过政策引导、财政投入、资源供给、管理监督等举措，为人民群众提供公益普惠的学前教育服务，逐步破解城乡发展不均、结构性资源短缺等问题，使得普惠性学前教育资源能覆盖到全国范围内的所有城市和乡村地区，切实保障学前教育改革发展成果更多更公平惠及全体人民。

（1）学前教育资源要全面覆盖全国所有城市和农村地区

学前教育作为政府提供的教育公共服务之一，具有普惠性、可及性、便捷性的特点。过去，受经济发展水平和城市化进程的影响，我国城市和农村之间的学前教育发展水平差异明显。主要表现在：第一，学前儿童接受学前教育的机会不平等。与城市地区相比，农村地区幼儿园的数量不足，覆盖率低，特别是一些偏远农村地区，学前教育资源比较匮乏，难以保障当地学前儿童的入园机会。第二，师资力量存在差异。农村地区受经济发展水平等因素的影响，难以吸引高素质的学前教育人才，幼儿园的师资水平大多低于城市地区，教师专业能力有待提升。第三，办园条件存在差异。城市地区幼儿园的场地、设施等方面的办园条件相对较好，而农村地区特别是偏远农村地区幼儿园的园舍、设施则相对简陋，且很多幼儿园没有充足的图书、玩教具等。第四，政府对城市和农村学前教育的投入不均。受当地经济发展水平的影响，农村地区尤其是偏远农村地区的学前教育投入大多低于城市地区，投入保障滞后。在全国层面建设学前教育公共服务体系，必须努力缩小城乡差异，做出系统制度设计和规范。

（2）学前教育资源配置要适应人口变化和城镇化发展的新形势新要求

经过近些年的努力，学前教育资源供给已有明显改善。随着人口变化和城镇化发展，学前教育的结构性资源存在短缺。如有的地方虽然幼儿园的学位总量充足，但是辖区内的部分人口流入区域、年轻人聚居区域以及土地资源局限的老城区，仍会出现学位紧张、无法完全覆盖区域内常住人口适龄儿童就近入园等情况。为此，政府一方面要掌握当地人口发展特点和规律，优化资源布局，增加人口流入地区普惠性学前教育资源特别是公办教育资源，加强人口流动变化较大地区入园供需监测，确保有效满足需求的同时，避免资源浪费。另一方面，要提高资源供给水平，推动有条件的地方结合当地实际，优化班额和师幼比，改善办园条件，实现高水平资源优化配置，使学前教育资源供给与入园需求相匹配。

（3）学前教育服务要具有公益性和普惠性

作为公共服务，发展学前教育要坚持公益普惠的属性定位。公益意味着学前教育服务要面向大众，不以营利为目的。普惠强调学前教育要惠及大众，收费合理。同时，要对农村地区、革命老区、民族地区、边疆地区和欠发达地区等薄弱地区进行倾斜，对家庭经济困难儿童、孤儿、残疾儿童和农村留守儿童等群体实施特别保障。严禁幼儿园“高收费”“乱收费”等行为。让所有适龄儿童不仅“有园上”，更要“上得起”。

10 如何理解全社会应当为适龄儿童接受学前教育、健康快乐成长创造良好环境？

《学前教育法》第七条规定：“全社会应当为适龄儿童接受学前教育、健康快乐成长创造良好环境。”

儿童是国家的未来、民族的希望。习近平总书记强调，“培养好少年儿童是一项战略任务，事关长远”。儿童的发展和培养是一个复杂且长期的过程，受到社会各个环境系统的影响。社会各界都要重视培育未来、创造未来的工作，为儿童办实事，让孩子们成长得更好。

（1）儿童发展受到社会各个环境系统的影响

学前儿童的成长受多个层次环境的影响。一是儿童直接参与的环境，包括家庭、幼儿园和同伴群体等，如父母的教养方式、教师的支持引导、同伴的互动交往都会直接影响儿童的身心发展。二是儿童发展的支持网络，如儿童能够接触的社区资源，家庭和幼儿园的协同配合等。三是儿童生活的文化背景，如尊重儿童、重视学前教育的社会氛围等，都起着潜移默化的影响作用。学前儿童的发展是环境系统动态作用的结果，需要家庭、教育机构和社会协同构建支持环境，才能全面促进其身心健康成长。

（2）促进儿童发展是全社会各个环境系统的重要职责

首先，家庭要主动尽责，创造良好家庭环境。家庭是人生的第一所学校，家长是孩子的第一任老师。一个家庭的家风与家教不仅会影响儿童的情绪能力、语言表达能力、社交能力等方面的培养，而且会影响儿童的世界观、人生观和价值观的塑造。习近平总书记明确要求，“广大家庭都要重言传、重身教，教知识、育品德，身体力行、耳濡目染，帮助孩子扣好人生的第一粒扣子，迈好人生的第一个台阶”。父母或者其他监护人应当承担起抚养与教育儿童的责任，尊重学前儿童的身心发展规律和特点，创设良好的家庭环境，科学地开展家庭教育。

其次，幼儿园要积极主导，科学实施保育教育。幼儿园是学前儿童接触的第一个正式组织，对学前儿童的后继学习和未来发展有着深远的奠基作用。幼儿园是学前教育的主阵地，学前儿童的成长过程中，相当一部分时间都在幼儿园里度过。幼儿园应当坚持保育和教育相结合的原则，面向全体儿童，关注个体差异，注重良好习惯养成，创造适宜的生活和活动环境。通过树立先进的教育理念和方法，培养优秀的教师队伍，坚持以游戏为基本活动，提高学前教育的质量和效果，为培养德智体美劳全面发展的社会主义建设者和接班人奠定基础。

再次，政府要统筹协调，依法履职尽责。政府的履职尽责和全社会对儿童的关爱和保护对儿童的发展与成长也至关重要。国家应推进普及学前教育，构建覆盖城乡、布局合理、公益普惠、安全优质的学前教育公共服务体系。各级人民政府应当依法履行职责，合理配置资源，缩小城乡之间、区域之间学前教育发展差距，为适龄儿童接受学前教育提供条件和支持。

最后，全社会要有效支持，关爱儿童成长。正向、良好的社会环境能够对学前教育发展起到重要的推动作用。对全社会来说，要充分运用融媒体平台，广泛宣传儿童优先和儿童友好理念，创造弘扬正气、遵守秩序、崇尚公德、尊老爱幼、团结友爱的社会氛围，为适龄儿童健康成长提供适宜的条件、环境和服务，切实保障儿童的生存权、发展权、受保护权和参与权等，这也是每位社会成员共同的责任。

（3）儿童发展需要家庭、幼儿园、政府以及社会公众的协同支持

需要特别强调的是，学前儿童的教育及健康成长并非社会某一子系统，例如家庭、幼儿园、政府或者社会公众等单方面的责任，而是需要各方相互支持、密切配合、协同发展。在迈向教育强国建设的新征程上做好学前儿童保育与教育工作，应构建起家庭主动尽责、园所积极主导、政府统筹规划、社会有效支持的全方位育人大格局，营造全社会关心支持、协同育人的良好氛围。让生活在社会主义大家庭里的每一名儿童都眼里有光、心中有梦、脚下有路，茁壮成长为社会主义建设者和接班人，为实现中华民族伟大复兴的中国梦时刻准备着。

11 各级政府如何推进学前教育发展？

《学前教育法》第八条规定："国务院领导全国学前教育工作。

省级人民政府和设区的市级人民政府统筹本行政区域内学前教育工作，健全投入机制，明确分担责任，制定政策并组织实施。

县级人民政府对本行政区域内学前教育发展负主体责任，负责制定本地学前教育发展规划，统筹幼儿园建设、运行，加强公办幼儿园教师配备补充和工资待遇保障，对幼儿园进行监督管理。

乡镇人民政府、街道办事处应当支持本辖区内学前教育发展。"

我国学前教育实行国务院领导、省级人民政府和设区的市级人民政府统筹、以县级人民政府为主、乡镇人民政府和街道参与的管理体制。

（1）国务院负责顶层设计和方向引领

国务院作为国家最高权力机关的执行机关，负责统筹、协调、引导和规范全国学前教育发展，其主要责任在于对我国学前教育发展做出全面部署，明确学前教育发展的基本方向，提出推动学前教育发展的重大政策举措，制定全国性的学前教育法规制度、发展规划、行动计划，明确学前教育阶段性发展目标、重点任务和工作举措。

（2）地方各级政府负责统筹规划和行政管理

省级人民政府和设区的市级人民政府须落实国家有关规定，统筹加强本行政区域内的学前教育工作，推动出台地方性学前教育法规、规章，制定本地学前教育发展规划，健全投入机制，明确分担责任，完善相关政策措施并组织实施。整体而言，省级人民政府和设区的市级人民政府重在对辖区内的学前教育发展做中观层面的规划、组织和引导，其责任重心在于区域范围内的统筹，尤其是财政投入方面的统筹和协调。

县级人民政府对本行政区域内的学前教育发展负主体责任，负责制定本地学前教育发展规划和幼儿园布局规划，统筹幼儿园建设、运行，加强公办幼儿园教师配备补充和工资待遇保障，面向各类幼儿园进行监督管理，指导幼儿园做好保教工作，在土地划拨等方面对幼儿园给予优惠和支持，确保县域内的学前教育规范有序健康发展。县级人民政府的责任重心在于，对区域范围内学前教育发展所需要的人、财、物实施具体的行政管理。乡镇人民政府、街道办事处应当支持本辖区内的学前教育发展。

在推动学前教育发展的过程中，国务院的核心责任是整体设计和规划，地方各级政府一方面要在国务院的指导和监督下实施具体的学前教育管理工作，确保贯彻和落实国家发展学前教育的政策要求；另一方面应结合地方经济社会发展实际，发挥灵活性和积极性，制定适宜的学前教育发展目标和实施策略。

12 教育部门、卫生健康部门、疾病预防控制部门和其他有关部门对学前教育承担哪些管理责任？

《学前教育法》第九条规定："县级以上人民政府教育行政部门负责学前教育管理和业务指导工作，配备相应的管理和教研人员。县级以上人民政府卫生健康行政部门、疾病预防控制部门按照职责分工负责监督指导幼儿园卫生保健工作。

县级以上人民政府其他有关部门在各自职责范围内负责学前教育管理工作，履行规划制定、资源配置、经费投入、人员配备、待遇保障、幼儿园登记等方面的责任，依法加强对幼儿园举办、教职工配备、收费行为、经费使用、财务管理、安全保卫、食品安全等方面的监管。"

学前教育发展涉及多部门职责，需要教育行政部门、卫生健康行政部门、疾病预防控制部门和其他有关部门加强部门协调。

（1）教育行政部门负责学前教育管理和业务指导工作

为学前儿童提供保育和教育服务是学前教育最基本的功能，教育行政部门在学前教育发展中承担重要管理责任，主要负责制定和完善学前教育相关政策、标准，充实和保障学前教育管理和教研力量，加强学前教育的科学指导和监督管理。

（2）卫生健康行政部门和疾病预防控制部门负责监督指导幼儿园的卫生保健工作

《幼儿园教育指导纲要（试行）》指出，幼儿园必须把保护幼儿的生命和促进幼儿的健康放在工作的首位。卫生保健工作是幼儿园管理工作中不可或缺的重要组成部分。卫生健康行政部门、疾病预防控制部门按照分工，负责监督指导幼儿园的卫生保健工作。根据《托儿所幼儿园卫生保健管理办法》，各部门的具体职责主要包括：县级以上妇幼保健机构负责对辖区内托幼机构卫生保健工作进行业务指导，包括膳食营养、体格锻炼、健康检查、卫生消毒、疾病预防等。疾病预防控制机构定期为托幼机构提供疾病预防控制咨询服务和指导。卫生监督执法机构依法对托幼机构的饮用水卫生、传染病预防和控制等工作进行监督检查。

（3）其他有关部门承担规划制定、资源配置、经费投入、人员配备、待遇保障、幼儿园登记等方面的责任

学前教育发展还涉及编制、发展改革、财政等多个部门的工作。《中共中央　国务院关于学前教育深化改革规范发展的若干意见》指出，各部门的具体职责包括："编制部门要结合实际合理核定公办园教职工编制。发展改革部门要把学前教育纳入当地经济社会发展规划，支持幼儿园建设发展。财政部门要完善财政支持政策，支持扩大普惠性学前教育资源。自然资源、住房城乡建设部门要将城镇小区和新农村配套幼儿园必要建设用地及时纳入相关规划，会同教育部门加强对配套幼儿园的建设、验收、移交等环节的监管落实。人力资源社会保障部门要制定完善幼儿园教职工人事（劳动）、工资待遇、社会保障和职称评聘政策。价格、财政、教育部门要根据职责分工，加强幼儿园收费管理。卫生健康部门要监督指导幼儿园卫生保健工作。民政、市场监管部门要分别对取得办学许可证的非营利

性幼儿园和营利性幼儿园依法办理法人登记手续。金融监管部门要对民办园并购、融资上市等行为进行规范监管。党委政法委组织协调公安、司法等政法机关和有关部门进一步加强幼儿园安全保卫工作的指导，依法严厉打击侵害幼儿人身安全的违法犯罪行为，推动幼儿园及周边社会治安综合治理。”

（4）各部门要协同合作

在明确各部门主要管理责任的同时，更需要多部门之间的协同合作。根据江苏、广东、天津等地的已有经验，各级政府可以建立常态化的学前教育联席会议制度，加强学前教育管理部门之间的协同合作。各地可以根据实际需要，由人民政府牵头，组织教育行政部门、卫生健康行政部门、发展改革部门、财政部门等共同研究、审议、落实学前教育发展中的重要事项，共同分析、讨论，提出有针对性的建议和措施，协同推动学前教育的发展。

13 为什么强调教育行政部门要配备相应的管理和教研人员？

《学前教育法》第九条第一款规定：“县级以上人民政府教育行政部门负责学前教育管理和业务指导工作，配备相应的管理和教研人员。县级以上人民政府卫生健康行政部门、疾病预防控制部门按照职责分工负责监督指导幼儿园卫生保健工作。”

学前教育的改革发展实践证明，学前教育高质量可持续发展，离不开专业的管理和教研人员。当前，不少地方存在学前教育管理和教研人员数量不足、专业性不强等实际问题。这一规定，可以更好地督促各地政府补足并建强学前教育管理和教研人员队伍。

（1）学前教育规范发展需要专业化管理人员

近年来，党中央、国务院高度重视学前教育，学前教育获得了快速发展。随着国家对学前教育战略价值的认识不断深入，以及社会公众对“幼有优育”的诉求不断提高，以规范化管理促进学前教育普及普惠安全优质发展，成为我国学前教育发展的重要命题，也给学前教育管理工作提出了新的挑战。

学前教育管理是一项专业性较强的工作。一方面，学前教育的资源配置、队伍建设、质量监督等工作涉及多部门协同、多要素整合，需要专门的管理人员发挥统筹协调作用。另一方面，学前教育阶段的管理对象、管理内容、管理标准等与中小学有较大的不同，需要熟悉学前教育工作的人员承担管理工作，确保各项政策有效落地，促进学前教育健康可持续发展。长期以来，由于学前教育行政管理人员配置规定不明确，各地人员配置随意性大，部分地区配置了专职管理人员，但仍有部分地区一人分管多项工作，不利于学前教育管理工作的开展，在高质量教育体系建设背景下，需要以专业化管理推动学前教育从“量的积累”走向“质的跨越”。

（2）幼儿园保教质量整体提升需要专业化教研人员

学前教育教研工作在推进教育改革、指导保教实践、促进教师发展、服务教育决策等方面，发挥着十分重要的作用。幼儿园保教质量整体提升是新时代学前教育高质量发展的核心任务，教研工作是保障学前教育质量的重要支撑，建设专业化教研队伍是保障学前教育质量的关键抓手。

近年来，国家先后印发了《中共中央　国务院关于学前教育深化改革规范发展的若干意见》《“十四五”学前教育发展提升行动计划》，传达了

"配齐教研人员，强化专业引领"的政策精神。《教育部　国家发展改革委　财政部关于实施新时代基础教育扩优提质行动计划的意见》更明确提出"深化学前教育教研改革，扭转功利化导向，扎根一线研究解决幼儿园实践问题，为教师专业成长提供支持"。由于学前儿童发展的特殊性和幼儿园教育的实践性、情境性等特点，对教师的专业化水平提出了较高要求。专业化教研力量能够搭建理论、政策与实践互通的桥梁，促进科学保教理念落地，帮助教师解决日常教育实践中的问题，在促进教师专业发展、提高保教质量等方面发挥着不可替代的作用，是推动学前教育高质量发展的重要引擎。

学前教育的行政管理和教研支持工作相互协同，缺一不可。两者通过职能互补与资源整合，共同构建系统化、科学化的学前教育支持体系，推动学前教育高质量发展。

14 国家为什么要鼓励和支持学前教育相关的科学研究?

《学前教育法》第十条规定："国家鼓励和支持学前教育、儿童发展、特殊教育方面的科学研究，推广研究成果，宣传、普及科学的教育理念和方法。"

教育科学研究是教育事业的重要组成部分，对教育改革发展具有重要的支撑、驱动和引领作用。鼓励和支持学前教育相关的科学研究，是服务国家战略的现实要求，是引领实践转变的重大动力，也是回应社会关切、更新社会观念的必要需求。

（1）服务国家教育战略决策

在中共中央政治局第五次集体学习会议上，围绕“教育科研创新”问题，习近平总书记强调要“瞄准世界科技前沿和国家重大战略需求推进科研创新”。基础教育是教育强国的基点，学前教育是基础教育的基础，具有重要的奠基作用。瞄准学前教育战略发展需求，把握国际教育竞争、人口结构变化等大趋势，加强基础性、前瞻性、针对性学前教育政策研究，才能不断增强学前教育研究服务党和国家事业发展的能力。

学前教育科研通过提供理论支撑和实践证据，能够提升教育决策的科学性、精准性和有效性。《教育部关于加强新时代教育科学研究工作的意见》提出要“围绕中央关心、社会关注、人民关切的教育热点难点问题开展深入研究，推动重点领域和关键环节取得新突破”。在国家大力推进学前教育普及普惠安全优质发展的背景下，学前教育普惠性资源布局、体制机制建设、教师队伍保障、保教质量整体提升等重大问题，都有待进一步深入研究，将科学研究成果转化为国家政策和专业指导，将有效提高教育治理的科学化水平。

（2）推动解决教育实践问题

一方面，学前教育、儿童发展、特殊教育等领域的独特规律需要科学的手段进行探索。脑科学研究表明，0—6岁是大脑可塑性最强的阶段，早期经验对儿童的发展具有重要且长远的影响。基于科学的方法和证据开展相关研究，能够深入解析儿童的身心发展规律，诸如语言、认知、情感等方面的发展特点及所需的教育支持，进而提供适宜的教育措施，促进儿童的健康、全面发展。另一方面，教育实践中也存在诸多的问题需要通过科学的方法和策略予以解决。如，科学的教育观念如何转化成教师的日常行动，教师如何观察、理解和支持儿童，园所如何开展融合教育等，都需要在理论与实践相结合的背景下，通过开展科学研究，寻找解决方案。

（3）充分发挥专业引领作用

当前，不少家庭在儿童养育与教育方面仍存在不少观念误区，例如，忽视游戏对于学前儿童学习和发展的重要性，不顾儿童发展规律进行“超前教育”等。这些误区致使儿童身心发展的合理需求得不到满足，也使家长充满育儿焦虑。与此同时，社会公众与社会舆论对学前儿童的心理发展和行为表现也时常存在误解，不利于营造全社会共同关心、支持儿童健康成长的良好氛围。与学前教育相关的高质量科学研究，能够呈现学前儿童发展的共性与个性规律，帮助家长和社会公众更加了解儿童、理解儿童、尊重儿童，起到传播先进教育理念、普及教育科学知识、指导家庭教育和社会教育、提升全民教育素养的作用。

第二章
学前儿童

15 如何保障学前儿童的权利？

《学前教育法》第十三条第一款规定："学前儿童享有生命安全和身心健康、得到尊重和保护照料、依法平等接受学前教育等权利。"

（1） 正确认识学前儿童享有的权利

学前儿童作为国家公民，是权利的主体，享有宪法等法律保障的各项权利。作为未成年人，学前儿童年龄小，具有独特的身心发展特征，应该得到特别的照顾。为此，学前儿童还享有《中华人民共和国教育法》《中华人民共和国未成年人保护法》等法律所赋予的权利。在学前教育实践中，家庭、幼儿园和社会各界都要正确认识学前儿童的权利，采取积极措施保障学前儿童的各项权利。

（2） 保障学前儿童生命安全和身心健康的权利

生命安全和身心健康是学前儿童的首要权利，也是享有其他权利的基础条件。学前教育机构须为学前儿童提供一个安全、无害的生活和学习环境，防止任何形式的身体和心理伤害。具体而言，幼儿园及相关机构应确保设施安全，配备安全的活动场地、饮食卫生设施、消防安全设施，并定期检查和维护。学前教育工作人员应接受急救培训，以应对可能的突发状况。此外，在日常生活中，家长和教师应注意观察学前儿童的情绪状态，及时给予正确的引导和有力的支持，保障他们的身心健康发展。

（3）保障学前儿童得到尊重和保护照料的权利

得到尊重的权利意味着学前儿童作为独立的个体，享有与成人相同的人格尊严，应当被尊重、关心和善待。家长、教师及其他成人在与学前儿童相处时，应充分尊重儿童的尊严，使用温和的语言，以平等的态度与儿童交流，通过鼓励和支持的方式引导儿童，不得使用嘲讽、威胁、羞辱、体罚等方式。在得到尊重的同时，学前儿童还应该得到适当的保护和照料，包括生活照料、心理关怀等。成人要为学前儿童营造一个安全、有保护并且充满关爱和信任的环境，避免学前儿童遭受任何形式的忽视和不当对待。家长、教师及其他学前教育工作者要从学前儿童的角度出发，以他们的最佳利益为指导，为他们提供全面且个性化的照料。

（4）保障学前儿童平等接受学前教育的权利

受教育权是宪法赋予我国公民的基本权利。学前儿童依法享有平等接受学前教育的权利，主要表现为入学机会均等和教育过程中享有的教育资源均等。入学机会均等是指学前儿童不论性别、民族、家庭经济状况和身心发展状况如何，都依法享有平等接受学前教育的权利。对于侵犯、剥夺适龄儿童接受学前教育权利的行为，法律明确禁止。当前，对学前儿童而言，教育过程中的资源配置，在一定程度上还存在地区间、城乡间、园际间不平等的现象，教育资源均等化的步伐还有待加快。此外，平等受教育权的保障需要对弱势学前儿童倾斜，国家要优先支持农村地区、革命老区、民族地区、边疆地区和欠发达地区，保障适龄的家庭经济困难儿童、孤儿、残疾儿童和农村留守儿童等接受普惠性学前教育。当地政府和幼儿园可给予弱势儿童以合理、适度的优惠性差别待遇，对处境不利和有特殊需要的学前儿童，给予特别照顾；为残疾儿童提供特殊的学习辅助工具和环境；为所有学前儿童提供参与活动的机会，确保每一个学前儿童的受教育权都得到充分保护，真正实现幼有所育。

资料链接

《中华人民共和国宪法》第四十六条规定："中华人民共和国公民有受教育的权利和义务。国家培养青年、少年、儿童在品德、智力、体质等方面全面发展。"

《中华人民共和国教育法》第十八条规定："各级人民政府应当采取措施，为适龄儿童接受学前教育提供条件和支持。"

《中华人民共和国未成年人保护法》第三条规定："国家保障未成年人的生存权、发展权、受保护权、参与权等权利。未成年人依法平等地享有各项权利，不因本人及其父母或者其他监护人的民族、种族、性别、户籍、职业、宗教信仰、教育程度、家庭状况、身心健康状况等受到歧视。"

16 如何理解学前教育应当坚持最有利于学前儿童的原则？

《学前教育法》第十三条第二款规定："学前教育应当坚持最有利于学前儿童的原则，给予学前儿童特殊、优先保护。"

（1）坚持最有利于学前儿童的原则是学前儿童全面发展的需要

学前儿童身心发展尚未成熟，在体力、智力、情感和社会性等多方面的发展还不完善，受环境的影响较大，需要成人的支持和保护。因此，在学前教育实践中，要坚持最有利于学前儿童的原则，在幼儿园的环境创设和活动设计上，都应以儿童为中心，考虑学前儿童的身心发展特点，最大化地为学前儿童的全面发展创设环境和条件。如学前儿童的思维发展以具体形象思维为主，需要在活动和操作中学习，需要充分的活动空间。由此，2019年新修订的《托儿所、幼儿园建筑设计规范》指出，幼儿的活动室不得小于70 m^2，以便为儿童的活动提供充足的空间。

（2）坚持最有利于学前儿童的原则是国际社会的广泛共识

为了保障学前儿童的权利，促进其未来的充分发展，国际组织和世界各国都为包括学前儿童在内的儿童发展提供特别的法律和政策支持，并转化为教育理念与教育行为。1989年，联合国《儿童权利公约》提出："关于儿童的一切行动，不论是由公私社会福利机构、法院、行政当局或立法机构执行，均应以儿童的最大利益为一种首要考虑。"此后，各国积极践行该原则，通过立法和政策制定，不断强化对儿童的保护。我国自1991年加入《儿童权利公约》后，陆续制定和修订了多部法律法规和政策文件，如《中华人民共和国未成年人保护法》《中国儿童发展纲要（2001—2010年）》等，均体现了儿童利益最大化原则。学前教育是保障、促进学前儿童发展的教育制度和外部条件，直接面向最需要呵护的儿童群体。因此，学前教育的所有决策和行动都应坚持最有利于学前儿童的原则。尤其是当成人与学前儿童发生利益冲突时，要最大化地保护儿童的利益。当前，由于观念问题，许多成人习惯于站在自己的立场上考虑问题，未将儿童的利益置于优先位置。例如，幼儿园为迎接检查，占用儿童的休息时间排练节目等。这些做法会损害学前儿童的利益和发展，需要引起我们的重视。坚持最有利于学前儿童的原则，不仅是法律和政策的要求，更是中华民族慈幼文化绵延不绝的生动体现。全社会应当为创造有利于学前儿童全面成长的环境而努力。

资料链接

《中国儿童发展纲要（2001—2010年）》指出：“坚持‘儿童优先’原则，保障儿童生存、发展、受保护和参与的权利，提高儿童整体素质，促进儿童身心健康发展。”

《中国儿童发展纲要（2011—2020年）》指出：“儿童优先原则。在制定法律法规、政策规划和配置公共资源等方面优先考虑儿童的利益和需求。儿童最大利益原则。从儿童身心发展特点和利益出发处理与儿童相关的具体事务，保障儿童利益最大化。”

《中国儿童发展纲要（2021—2030年）》指出：“坚持对儿童发展的优先保障。在出台法律、制定政策、编制规划、部署工作时优先考虑儿童的利益和发展需求。”

17 为什么在学前教育中要听取儿童的观点和意见?

《学前教育法》第十四条规定：“实施学前教育应当从学前儿童身心发展特点和利益出发，尊重学前儿童人格尊严，倾听、了解学前儿童的意见，平等对待每一个儿童，鼓励、引导学前儿童参与家庭、社会和文化生活，促进学前儿童获得全面发展。”

（1）学前儿童有表达自我的需要

学前儿童经常被视作不成熟的个体，接受着成人的“保护”，也遭受着成人的“忽视”，而这与儿童内在蓬勃的生命力相违背。作为社会中的独立个体，学前儿童也有自己独立的思想和表达自我的强烈需要。只有当成人重视儿童的存在，开始聆听与尊重儿童的意见，他们的主体性、自尊、自信、成就感和责任感才能逐渐形成。如果儿童的观点和意见长期得不到成人的重视和理解，将不利于他们的语言能力、自主性等的发展。

（2）落实对学前儿童尊重和关爱的需要

“听”体现了一种发现、一种态度，传达出尊重和关爱。当成人重视学前儿童的想法，给予学前儿童表达想法的机会，并根据情况适当采纳他们的意见，才是真正落实对学前儿童人格和权利的尊重，尤其是在涉及他们的生活、健康、教育等基本利益领域。在幼儿园的日常活动中，教师要认真倾听每个儿童的发言，并用点头、微笑等方式给予积极的反馈，不因忙碌而遗忘儿童，不因事小而忽视儿童，这样，才能让他们感受到自己是被重视的、被关爱的。

资料链接

《儿童权利公约》第十二条第一款规定：“缔约国应确保有主见能力的儿童有权对影响到其本人的一切事项自由发表自己的意见，对儿童的意见应按照其年龄和成熟程度给以适当的看待。”

《小孩不小歌》：“人人都说小孩小，谁知人小心不小。你若小看小孩子，便比小孩还要小。”

18 如何保障学前儿童参与家庭、社会和文化生活？

《学前教育法》第十四条规定："实施学前教育应当从学前儿童身心发展特点和利益出发，尊重学前儿童人格尊严，倾听、了解学前儿童的意见，平等对待每一个学前儿童，鼓励、引导学前儿童参与家庭、社会和文化生活，促进学前儿童获得全面发展。"

（1）尊重和满足学前儿童参与家庭、社会和文化生活的需要

学前期是个体社会化的重要阶段，参与家庭、社会和文化生活，有助于学前儿童社会性的发展。同时，学前儿童是家庭和社会的一分子，是独立的个体，有参与家庭、社会和文化生活的需要。不能因为学前儿童年龄小，就将其视为成人的附庸和追随者。家庭、幼儿园和社会各界要尊重学前儿童的参与权，承认学前儿童有能力、有权利在适当的层面参与到与他们有关的事务中，培养他们成为负责任、积极参与的社会公民。

（2）家长和幼儿园要为学前儿童参与家庭、社会和文化生活提供机会

首先，家长应经常与学前儿童交流，倾听孩子的声音与需求。例如，在家庭购买新家具时，孩子可以表达自己的喜好；在选择周末活动时，孩子能够参与讨论决策。其次，社会文化活动的组织应从儿童视角出发，尽可能符合学前儿童的兴趣和实际需求，为他们参与文化活动创造最佳条件。例如，社区开展"小手拉大手"活动，通过做手工、绘画等形式，鼓励小朋友和家长一起参与社区活动。再次，幼儿园应创设丰富的环境，提

供多样的资源，确保学前儿童平等地参与游戏、娱乐和文化活动；开展家园合作，邀请家长和孩子共同策划并来园参加活动，如亲子运动会、节日庆典等；组织学前儿童参观博物馆，或邀请本地艺术家进园与孩子们进行互动，给孩子们提供了解社会文化的机会。

资料链接

《儿童权利公约》第三十一条规定："缔约国确认儿童有权享有休息和闲暇，从事与儿童年龄相宜的游戏和娱乐活动，以及自由参加文化生活、艺术活动。缔约国应尊重并促进儿童充分参加文化和艺术生活的权利，并应鼓励提供从事文化、艺术、娱乐和休闲活动的适当和均等的机会。"

19 为什么幼儿园不能对适龄儿童入园组织任何形式的考试或者测试？

《学前教育法》第十五条第二款规定："学前儿童入幼儿园接受学前教育，除必要的身体健康检查外，幼儿园不得对其组织任何形式的考试或者测试。"

（1）考试和测试违背学前儿童身心发展规律

幼儿园在学前儿童入园时组织任何形式的考试或者测试，都是违背学前儿童身心发展规律的。学前儿童以具体形象思维为主，尚不具备理解抽象文字符号的能力。考试和测试，意味着试题是有标准答案的，这样的答案对于学前儿童来说没有任何意义。如有考试和测试，为了取得好成绩，家长和社会培训机构多会通过重复练习、机械训练等方式对学前儿童进行培训，违背学前儿童的发展特点和学习规律。学前儿童的身心处于快速发育过程中，个体差异较大，进行统一标准的考试和测试十分不科学。同时，学前儿童主要在生活和游戏中习得知识和技能。考试并不能正确评价学前儿童在游戏和生活中的发展水平。因此，必须禁止对学前儿童入园组织任何形式的考试或者测试。

（2）平等的入园机会是法律的要求和保障

根据《学前教育法》的规定，在我国，接受学前教育是每个适龄儿童都享有的基本权利，每个适龄儿童都拥有平等的入园机会。因此，幼儿园不应该组织任何形式的考试或者测试，以此来筛选录取对象，更不能以考试和测试成绩为依据来拒绝学前儿童入园受教育。

资料链接

《幼儿园工作规程》第十条规定：“幼儿入园除进行健康检查外，禁止任何形式的考试或测查。”

20 如何理解父母或者其他监护人应当依法履行抚养与教育儿童的义务？

《学前教育法》第十六条第一款规定：“父母或者其他监护人应当依法履行抚养与教育儿童的义务，为适龄儿童接受学前教育提供必要条件。”

（1） 抚养和教育儿童是父母或者其他监护人的法律义务

家庭是儿童的第一所学校，父母是孩子的第一任老师。父母或者其他监护人对儿童的抚养和教育对于儿童的成长至关重要。《中华人民共和国宪法》《中华人民共和国教育法》《中华人民共和国家庭教育促进法》《中华人民共和国民法典》等都对父母或者其他监护人在抚养与教育儿童方面应履行的责任作出了明确规定。父母或者其他监护人要为孩子提供基本的生活条件，照顾孩子的日常生活，保护孩子的身心健康，承担起培养、教育孩子的职责。对于学前儿童来说，由于年龄小，身心发展尚不完善，更需要陪伴和照料。父母或者其他监护人要加强亲子陪伴，了解学前儿童的发展特点和需要，为孩子接受学前教育提供必要条件。此外，法律规定父母或者其他监护人拒不履行抚养义务的，应承担相应的法律责任。

（2） 父母或者其他监护人要为学前儿童创造良好的成长环境

家庭环境对学前儿童的成长至关重要，家庭环境包括两个方面：家庭物理环境和家庭氛围。家庭物理环境会直接影响学前儿童的生活和学习状态。在干净整洁的环境中，学前儿童更愿意通过看、闻、听、摸等行为去增强自身的感受性，能够更好地促进大脑发育。在安静的环境中，学前儿童更能保持专注，因此父母应尽量避免将电视、手机等电子产品的声音调至过大，减少无关刺激对孩子的干扰。学前儿童的学习是以直接经验为基础，在游戏和日常生活中进行的。父母可以为孩子购置一些适宜的图画书和玩具材料，最大限度地支持和满足他们的经验生长。此外，还要保持轻松愉快、充满关爱的家庭氛围，帮助孩子获得稳定、积极的情绪体验。同时，身教大于言传，父母的一言一行都是孩子模仿、学习的对象，父母要不断提高自身素质，以身作则、严于律己，成为孩子学习的榜样。

资料链接

《中华人民共和国宪法》第四十九条规定："父母有抚养教育未成年子女的义务。"

《中华人民共和国教育法》第五十条规定："未成年人的父母或者其他监护人应当为其未成年子女或者其他被监护人受教育提供必要条件。"

《中华人民共和国家庭教育促进法》第十四条规定："父母或者其他监护人应当树立家庭是第一个课堂、家长是第一任老师的责任意识，承担对未成年人实施家庭教育的主体责任，用正确思想、方法和行为教育未成年人养成良好思想、品行和习惯。"

《中华人民共和国民法典》第一千零六十七条规定："父母不履行抚养义务的，未成年子女或者不能独立生活的成年子女，有要求父母给付抚养费的权利。"

21 公共文化服务机构和爱国主义教育基地如何为学前儿童提供公益性教育服务？

《学前教育法》第十八条规定："青少年宫、儿童活动中心、图书馆、博物馆、文化馆、美术馆、科技馆、纪念馆、体育场馆等公共文化服务机构和爱国主义教育基地应当提供适合学前儿童身心发展的公益性教育服务，并按照有关规定对学前儿童免费开放。"

（1）坚持公益性原则，面向广大学前儿童

公共文化服务机构和爱国主义教育基地是国家文化传承和对国民施行教育的重要平台，有责任和义务为适龄儿童接受学前教育、健康成长创造良好环境。公共文化服务机构和爱国主义教育基地必须坚持公益性原则，把社会效益放在首位，面向广大学前儿童，并按照有关规定免费开放，同时，要充分利用已有的资源和设备，主动加强和幼儿园的合作，将各类优秀文化教育资源带入幼儿园。公共文化服务机构和爱国主义教育基地通过提供公益性教育服务并依照规定对学前儿童免费开放，有利于保障学前儿童在成长过程中公平地享受到文化和教育资源，拓展儿童的生活和学习空间，促进儿童的全面发展。

（2）为学前儿童创设儿童友好型空间

公共文化服务机构和爱国主义教育基地应积极探索推进“适儿化”改造，从软硬件设施、空间布局、环境构建等方面，基于学前儿童的需求，为学前儿童创设儿童友好型空间。首先，应为学前儿童创设安全、可靠、清洁、适宜和方便使用的空间。例如，步梯应配备适宜儿童身高的扶手，外廊、室内回廊、室外楼梯等地应配备有效高度的护栏并采用防止儿童攀登的构造，必要时可设置高空防坠落护网等，保障学前儿童的安全。空间内应有适合学前儿童身高的洗手间、休息区，以及干净的饮用水等，满足学前儿童的基本需求。其次，应基于儿童视角，创设一些能够满足学前儿童活动、学习、玩耍需求的空间。各机构可运用不同色彩、质感以及形状的材料来构建多样的场地和设施，为学前儿童创设不同的感官、行为以及情感体验；可根据学前儿童的年龄差异，适当增加活动点，增强空间之间的融通和灵活性，创造各种游戏和活动设施，鼓励和激发儿童主动触摸、探索、创造和社交，收获有意义的学习

经验。例如：科技馆可以设置学前儿童专属的互动体验区，设计简单易懂的科学展览和动手实验装置，帮助学前儿童通过观察和操作体验科学现象，培养其初步的科学兴趣和素养。最后，应积极听取和吸纳学前儿童的建议。公共文化服务机构和爱国主义教育基地可以尝试和探索多种途径，了解学前儿童眼中理想的公共空间，如开展“我眼中的博物馆”“我喜欢的科技馆”等活动，或设立“儿童议事会”“儿童委员会”，通过访谈、绘画、投票等方式，在环境创设、空间布局上充分倾听学前儿童的声音。

22 为什么要禁止任何单位和个人组织学前儿童参与违背学前儿童身心发展规律或者与年龄特点不符的商业性活动？

《学前教育法》第十九条规定：“任何单位和个人不得组织学前儿童参与违背学前儿童身心发展规律或者与年龄特点不符的商业性活动、竞赛类活动和其他活动。”

学前儿童的身心发展尚未成熟，判断力和自我保护能力较弱，需要成人为其营造健康、丰富的生活和活动环境，保证其健康成长。当前社会上一些商家利用学前儿童的天真可爱，利用社会对学前儿童的关心，组织学前儿童参加商业性活动来谋取利益；一些家长出于希望取得利益或者展示孩子的心理，让孩子频繁参加此类商业性活动。这些做法都会对学前儿童的成长带来危害。

商业性活动如果从牟利的角度出发，无视学前儿童的身心发展规律和年龄特点，一味要求学前儿童在参与活动的时间、频率与形式等方面配合商业需要，就极有可能对学前儿童的正常生活造成严重影响（如使他们的正常作息被打乱、必要的学习与游戏时间被占用等），甚至使学前儿童的人格尊严受到侵犯（如被迫调整自己的行为、说违心的话等），对学前儿童的身心健康发展极为不利。学前儿童参加此类商业性活动，过早接触过分逐利的商业规则，如果再缺乏合适的引导，会影响他们对真善美世界的认识，对他们形成正确的价值观产生长远的负面影响。

家长应该以健康的心态面对孩子的成长，不要认为让孩子参加商业性活动是能力的体现、是未来参与竞争的资本。对学前儿童来说，按照自然的节奏接触社会，学习与同伴交往、与邻里相处，学习解决问题，树立正确的价值观，实现身心协调发展，才是未来走得长远的正确道路。幼儿园要向家长传播科学的育儿理念，帮助家长形成对商业性活动的正确认识。商业性活动的监管部门在审批时要将是否违背学前儿童身心发展规律或者与年龄特点不符作为重要考量，发现有此类现象可以实施“一票否决”。宣传部门做好舆论监督的工作。全社会一起，为学前儿童的成长创造安全、健康的环境。

资料链接

《中华人民共和国未成年人保护法》第六十一条规定：“任何组织或者个人不得组织未成年人进行危害其身心健康的表演等活动。经未成年人的父母或者其他监护人同意，未成年人参与演出、节目制作等活动，活动组织方应当根据国家有关规定，保障未成年人合法权益。”

23 为什么要禁止任何单位和个人组织学前儿童参与违背学前儿童身心发展规律或者与年龄特点不符的竞赛类活动?

《学前教育法》第十九条规定:“任何单位和个人不得组织学前儿童参与违背学前儿童身心发展规律或者与年龄特点不符的商业性活动、竞赛类活动和其他活动。”

在幼儿园的日常活动中,常常会有一些带有规则性、竞赛性的游戏。这些游戏根据学前儿童身心发展的特点与学习兴趣而设计,能够培养学前儿童的规则意识、协作精神、正确的输赢观,帮助学前儿童形成不怕挫折、勇于挑战等学习品质。但是有些机构和个人,出于商业目的,打着“提前培养学前儿童兴趣和能力”的幌子,开展与学前儿童年龄特点不符的竞赛类活动,并为了结果强化训练,违背学前儿童身心发展规律,对学前儿童造成多方面的伤害,必须禁止。

(1) 强度过大的训练会损害学前儿童的身体发育

学前儿童处于身体发育的重要阶段,他们的大脑、骨骼、肌肉都尚未发育成熟,难以承受过大的活动压力。以竞争为主要目的的活动,往往需要长时间、高强度的重复练习,对学前儿童的耐力和身体恢复能力是很大的考验,极易导致身体过于疲劳,甚至可能导致肌肉拉伤、关节损伤等,影响日常生活和学习,不利于正常的生长发育。

(2) 过于激烈的竞争环境不利于学前儿童形成正确的价值观

以竞争为主要目的的活动,一般极为看重排名,遵循“优胜劣汰”的原则,背后是“唯成功论”的价值观。这会误导学前儿童,使他们不能正确、客观地对待输赢，形成争强好胜的个性，甚至对同伴产生猜忌和防范心理。那些没能赢得比赛的学前儿童，在此价值观的影响下，容易产生自卑感或不公正感，甚至感到焦虑或无助。这些负面心理一旦融入学前儿童的人格发展，会影响其终身。

（3）过于注重比赛结果不利于学前儿童养成真正的学习兴趣

对学前儿童来说，学习兴趣和学习习惯的养成远比竞赛结果更重要。学前儿童如果习惯了通过竞赛类活动来获得外部认可，容易形成为取胜而做事或学习的心理，从而无法形成真正的学习兴趣和内驱力，影响长远发展。

如果家长对学前儿童的身心发展规律认识不足，总想着要“快人一步”“赢在起跑线上”，强制学前儿童参与竞赛类活动，而剥夺其自由探索、玩耍和休息的时间，是不利于他们全面发展的。为了学前儿童的健康成长，应当多提供富有趣味性、互动性的活动，让他们在愉快的氛围中获得学习与发展。如果要组织学前儿童开展带有竞赛性质的活动，应注重把握好难度，不超过学前儿童的认知水平和范畴，遵循“适宜与适量”“动静结合”等原则，符合学前儿童卫生保健要求，同时注意引导学前儿童树立正确的输赢观，养成胜不骄、败不馁的品质，培养学前儿童具有韧性的人格。

24 为什么强调为学前儿童提供的图书、玩具等产品要符合学前儿童身心发展规律和年龄特点？

《学前教育法》第二十条第一款规定：“面向学前儿童的图书、玩具、音像制品、电子产品、网络教育产品和服务等，应当符合学前儿童身心发展规律和年龄特点。”

好的图书、玩具等产品能够帮助学前儿童拓宽认识世界的途径，启迪智慧，培养兴趣，养成良好的阅读习惯和探究能力，让其受益终身。但是，当下的图书、玩具等产品质量良莠不齐，有一些并不适合学前儿童，如内容含有暴力元素、制作粗糙低劣等。这样的图书、玩具，会影响学前儿童正确价值观的形成、审美能力的发展，甚至对健康带来危害。因此，成人在为学前儿童选择图书、玩具等产品时，要把好第一道关。

第一，为学前儿童提供的图书，应符合他们的理解水平和发展需要。比如：学前儿童的思维以具体形象为主，他们更容易理解和记忆具体的事物和事件，图书要以图文并茂或纯图画的阅读材料为主，避免过于抽象的内容；学前儿童处于语言和认知发展的重要时期，图书要富有童趣，主题积极向上，内容兼具教育性与多样性，覆盖故事、诗歌、科学普及等多种类别；在艺术形式上，应富于美感，色彩和谐，能够潜移默化地帮助学前儿童形成高尚的审美情操；选择图书时要考虑学前儿童的兴趣和喜好，允许他们选择自己喜欢的内容，也不要盲目追求读了多少本书。

第二，为学前儿童提供的玩具，应便于他们操作、探索。学前儿童的手部小肌肉尚不发达，难以做出精细的动作，玩具大小应适合他们抓握和操作。以低结构玩具为好，即那些设计简单、用途不固定、有多种使用方式的玩具，它们富于变化，可以更好地满足学前儿童的想象力与创造力的发展需求。同时，还应注意玩具的来源渠道，玩具的材质、设计、涂料等要符合国家的安全与卫生标准。

第三，应尽量避免学前儿童使用网络和电子产品。真实的世界才是孩子最好的老师，对大量真实事物的感知、操作和体验有利于大脑神经网络的建立，这是任何网络和电子产品都替代不了的。

《学前教育法》提出明确的规定，旨在杜绝图书和玩具市场的乱象，引导成人为学前儿童选择合适的阅读和操作材料。同时，国家倡导制定行业标准，禁止不合格的图书、玩具等产品上市，促进学前儿童图书、玩具等产品市场的规范发展。

25 家庭和幼儿园应该怎么教育引导学前儿童合理使用网络和电子产品？

《学前教育法》第二十条第二款规定："家庭和幼儿园应当教育学前儿童正确合理使用网络和电子产品，控制其使用时间。"

当下，不少家长将网络和电子产品当成"带娃神器"，导致很多孩子沉迷于网络和电子产品，危害极大。学前儿童处于发育的关键时期，过多接触电子屏幕会造成不可逆的眼部损伤，导致颈部肌肉劳损，甚至改变骨骼的生长。同时，网络和电子产品让学前儿童习惯于被动接收信息，丧失对主动活动的兴趣，造成注意力不集中、视力下降、情感及社会交往能力受阻等多种不良后果。

（1）应尽量避免让学前儿童使用网络和电子产品

家长应以身作则，放下电子产品，多带孩子到户外感受大自然、拥抱大自然，认识真实世界，进行真实交往，投入真实生活。如，组织户外游戏、阅读、手工制作、艺术创作等无屏幕活动，让学前儿童更多地参与现实世界中的社交活动，帮助他们减少对电子产品的依赖，避免沉迷于虚拟世界。

（2）采取相应的措施，将网络和电子产品对学前儿童的负面影响降到最低

网络和电子产品中，有一些合理的内容，如果使用得当，能够在一定程度上发挥积极作用。即便如此，在使用这些网络和电子产品时也应采取相应措施，将其对学前儿童的负面影响降到最低。第一，与学前儿童共同

制定使用网络和电子产品的规则，严格规定使用频率和时间。如：睡觉前、吃饭时、路上不看电子产品；连续使用不超过规定时间（3—4岁不超过15分钟，4—5岁不超过20分钟，5—6岁不超过30分钟），每天累计不超过1小时；使用后要让眼睛休息放松；等等。第二，杜绝一切不利于身心健康的内容。可借助监护人控制软件等工具，确保学前儿童接触的网络内容安全、适龄，避免暴力、色情等不良信息的影响。第三，给予陪伴和指导。如：与学前儿童共同观看网络和电子产品内容后，对所看内容进行讨论和适度的解释，对其中人物的行为进行评价，以帮助学前儿童更好地增进认知、形成正确的是非观和价值观。第四，幼儿园与家庭紧密合作，在学前儿童使用网络和电子产品的规则和引导方式上保持一致。如：幼儿园设置的屏幕时间规则在家庭中也应得到遵守；注重培养学前儿童健康使用网络和电子产品的习惯，培养他们的自律意识和自我管理能力；等等。

资料链接

《中国儿童发展纲要（2021—2030年）》规定："教育儿童按需科学规范合理使用电子产品。确保儿童每天接触户外自然光不少于1小时。"

《学前、小学、中学等不同学段近视防控指引》规定："建议0—3岁幼儿禁用手机、电脑等视屏类电子产品，3—6岁幼儿也应尽量避免接触和使用。托幼机构尽量避免使用电子屏教学。"

26 如何保护学前儿童的名誉、隐私和其他合法权益?

《学前教育法》第二十一条规定:“学前儿童的名誉、隐私和其他合法权益受法律保护,任何单位和个人不得侵犯。

幼儿园及其教职工等单位和个人收集、使用、提供、公开或者以其他方式处理学前儿童个人信息,应当取得其父母或者其他监护人的同意,遵守有关法律法规的规定。

涉及学前儿童的新闻报道应当客观、审慎和适度。”

(1) 学前儿童年龄虽小,但名誉、隐私和其他合法权益也受法律保护,不容侵犯

这一规定表明:学前儿童的名誉、隐私和其他合法权益受法律保护,任何单位和个人(包括监护人)不得以学前儿童年幼为理由,随意处理,造成侵犯。学前儿童不是成人的附庸,而是有独立人格的个体,家庭、学校、社会、网络平台、政府、司法机构等,都要注意保护学前儿童的上述合法权益。《中华人民共和国未成年人保护法》也明确规定,处理涉及未成年人事项,应当符合“保护未成年人隐私权和个人信息”的要求。

(2) 父母或其他监护人要做好学前儿童的信息保护工作

父母是保护孩子权益的第一责任人,应帮助孩子做好个人信息的保护工作。遇到收集学前儿童个人信息(如身份证号、家庭地址、个人照片等)时,应明确信息收集者的资质及信息的用途。在社交网络发达的时

代，应谨慎发布涉及学前儿童个人隐私的信息（如照片、定位等），以免给不法分子可乘之机。还可以采取恰当的方式，让学前儿童学会保护自己的个人信息。此外，可以通过合法、合理的渠道，监督收集学前儿童个人信息的组织与个人对信息的使用方式。当察觉其侵犯学前儿童名誉、隐私或其他合法权益时，可诉诸相关部门进行维权。

（3）幼儿园及其教职工等单位和个人收集、使用学前儿童的个人信息，应取得儿童父母或其他监护人同意

根据《中华人民共和国个人信息保护法》，不满十四周岁未成年人的个人信息属于敏感个人信息，“只有在具有特定的目的和充分的必要性，并采取严格保护措施的情形下，个人信息处理者方可处理敏感个人信息”。

幼儿园、医疗机构、公共文化服务机构及其员工等单位和个人，在收集和使用学前儿童个人信息之前，应当获得儿童父母或其他监护人的明确同意。在收集信息的过程中，尽量仅收集必要信息。幼儿园等单位应当建立学前儿童个人信息数据安全保护制度，对员工进行相关培训、提出要求，并建立相应的家长监督机制。如，幼儿园要使用学前儿童的个人信息，须履行告知程序，教师向园方报备，园方征得家长或其他监护人同意后，方可使用。

（4）媒体发布涉及学前儿童的新闻报道，应当客观、审慎和适度

《学前教育法》要求“涉及学前儿童的新闻报道应当客观、审慎和适度”，实际上是对媒体提出了新的要求。大众传媒（包括自媒体）在公开发布信息之前，应当敏锐甄别，做好内容的审核把关，防止曝光学前儿童的个人信息，特别要注意避免为追求“流量”而发布关于学前儿童的不实

信息或片面信息，从而引起公众对学前儿童的误解。当下有些自媒体为博眼球，擅自将发生在学前儿童身上的尴尬事件发布在网络上，导致对学前儿童并不友好的社会舆论，这种做法其实也是对学前儿童权益的侵犯。针对这些现象，《学前教育法》提出了相关要求，其中就有杜绝用学前儿童题材取乐的含义。下一步，在落实《学前教育法》的过程中，新闻媒体的监管部门要加大相关监管力度，媒体自身也要提高重视程度，在发布涉及学前儿童的内容时，切实做到审慎、适度，共同营造对学前儿童友好的社会环境和氛围。

资料链接

《中华人民共和国民法典》第二十六条规定："父母对未成年子女负有抚养、教育和保护的义务。"

《中华人民共和国民法典》第一百一十一条规定："自然人的个人信息受法律保护。任何组织或者个人需要获取他人个人信息的，应当依法取得并确保信息安全，不得非法收集、使用、加工、传输他人个人信息，不得非法买卖、提供或者公开他人个人信息。"

《中华人民共和国个人信息保护法》第三十一条规定："个人信息处理者处理不满十四周岁未成年人个人信息的，应当取得未成年人的父母或者其他监护人的同意。个人信息处理者处理不满十四周岁未成年人个人信息的，应当制定专门的个人信息处理规则。"

《中华人民共和国未成年人保护法》第四十九条规定："新闻媒体应当加强未成年人保护方面的宣传，对侵犯未成年人合法权益的行为进行舆论监督。新闻媒体采访报道涉及未成年人事件应当客观、审慎和适度，不得侵犯未成年人的名誉、隐私和其他合法权益。"

《中华人民共和国未成年人保护法》第一百一十条规定：“公安机关、人民检察院、人民法院讯问未成年犯罪嫌疑人、被告人，询问未成年被害人、证人，应当依法通知其法定代理人或者其成年亲属、所在学校的代表等合适成年人到场，并采取适当方式，在适当场所进行，保障未成年人的名誉权、隐私权和其他合法权益。”

第三章
幼儿园

27 地方政府如何科学规划和配置学前教育资源?

《学前教育法》第二十二条规定：“县级以上地方人民政府应当统筹当前和长远，根据人口变化和城镇化发展趋势，科学规划和配置学前教育资源，有效满足需求，避免浪费资源。”

地方各级政府是统筹推进区域学前教育资源建设的责任主体，科学规划和配置学前教育资源，是满足学前儿童方便就近入园的主要途径，也是全面普及学前教育、实现公共教育服务均等化的基本前提。

（1）建立健全入园需求监测机制

学龄人口规模与结构是教育资源配置的基础性依据，直接影响教育资源的供给。2011年以来，国家连续实施四期学前教育行动计划，统筹推进学前教育资源建设，有效缓解了“入园难”问题。随着出生人口变化、乡村振兴战略和新型城镇化战略的实施，各地学前教育资源布局面临新要求、新挑战。如：生育率降低带来学前教育需求减少；人口流入地（特别是新建城区与老旧城区）学前教育配套仍显不足；等等。这要求各地政府加强学龄人口变化趋势及影响预测，建立健全区域入园需求监测机制，通过统计调查、公安户籍核查、卫生健康档案调取、街道及乡镇摸排等多种渠道，及时掌握辖区内出生人口和适龄人口数据变化情况，深入分析区域入园需求变化趋势，预测未来影响，统筹安排资源配置和布局。避免由于入园需求监测滞后，造成幼儿园规划、布局调整不及时的情况发生。

（2）优化学前教育资源布局和办园结构

各地政府要充分考虑人口变化和新型城镇化发展趋势，以县为单位制定幼儿园布局规划。从实际出发，科学制定区域学前教育普及普惠发展目标，巩固提升普惠性学前教育资源占比，稳步增加公办学前教育资源，着力构建以普惠性资源为主体的办园结构体系。在人口集中地区推进新建、改扩建公办幼儿园，逐步化解“大班额”。有条件的地区可以探索降低班额，逐步提高师生比，在稳定学前教育专业师资队伍的同时，也为高质量发展提供有力支撑。农村人口流出地区，要依托乡镇公办中心幼儿园办好必要农村园，抓住机遇提高办园水平。要充分结合实际精准施策，既要确保城乡学前教育资源全覆盖，切实满足学前儿童方便就近入园需求，又要避免无序发展造成资源浪费。

（3）认真履行在学前教育资源配置工作中的职责

各地政府要认真落实省市统筹、以县为主的学前教育管理体制。省级和市级政府制定本地学前教育发展规划，加强统筹指导。县级政府对本县域学前教育发展负主体责任，负责县域学前教育资源规划和配置，着力提升县域学前教育普及普惠水平。城市街道办事处、乡（镇）政府要积极支持办好本行政区域内各类幼儿园。

教育行政部门是学前教育工作的主管部门，对区域学前教育发展进行科学指导和监督管理。发展改革部门要把学前教育纳入当地经济社会发展规划，支持幼儿园建设发展。财政部门要完善财政支持政策，支持扩大普惠性学前教育资源。自然资源、住房城乡建设部门要将城镇小区和新农村配套幼儿园的必要建设用地及时纳入相关规划，会同教育行政部门加强对配套幼儿园的建设、验收、移交等环节的监管落实，及时修订和调整居住社区人口配套学位标准。

28 如何扩大普惠性学前教育资源供给？

《学前教育法》第二十三条规定："各级人民政府应当采取措施，扩大普惠性学前教育资源供给，提高学前教育质量。

公办幼儿园和普惠性民办幼儿园为普惠性幼儿园，应当按照有关规定提供普惠性学前教育服务。"

大力发展公办幼儿园，扶持和规范民办幼儿园提供普惠性服务，是我国扩大普惠性学前教育资源供给的主要途径。

（1）大力发展公办幼儿园

《学前教育法》规定，利用财政性经费举办和支持举办公办幼儿园。除教育行政部门外，企业事业单位、街道、集体等都是利用财政性经费举办幼儿园的重要资源和力量，它们举办的幼儿园在实际中也是按照公办园管理的，应当纳入公办园范畴。未来我国要大力发展公办幼儿园，应根据人口变化趋势统筹当前和长远，加大政府补贴、扶持力度，稳定并扩大公办学前教育资源，包括新建、改扩建公办园，鼓励上述单位和机构因需办园，以及将部分普惠性民办园退出后交回的小区配套幼儿园和新建成的小区配套幼儿园办成公办园等，充分发挥它们兜底线、保基本、平抑收费、引领方向的主渠道作用。

（2）扶持和规范民办幼儿园提供普惠性服务

普惠性民办园是指通过教育行政部门认定，面向大众、质量合格、接受财政经费补助或政府其他方式的扶持，收费执行政府限价的非营利性民办幼儿园。各地政府应依法扶持和规范普惠性民办幼儿园。一是根据办园成本、经济发展水平和群众承受能力等因素，合理确定普惠性民办园收费标准，并定期动态调整。二是制定普惠性民办园生均财政补助标准并落实，确保财政补助资金按时足额发放，加强对补助资金的监管，提高资金使用效率。三是加强日常动态监管，密切关注普惠性民办园办园条件、师资队伍等方面的变化，切实规范安全管理、办园行为等各项工作，确保办园质量。

29 为什么只有非营利性民办园才能认定为普惠性民办园？

《学前教育法》第二十四条第三款规定："普惠性民办幼儿园接受政府扶持，收费实行政府指导价管理。非营利性民办幼儿园可以向县级人民政府教育行政部门申请认定为普惠性民办幼儿园，认定标准由省级人民政府或者其授权的设区的市级人民政府制定。"

上述规定明确了只有非营利性民办幼儿园才能申请认定为普惠性民办幼儿园，认定后收费须执行政府指导价管理。如此规定主要是基于以下两点考虑。

（1）非营利性民办园不得取得办学收益，符合普惠性民办幼儿园的公益属性

根据《中华人民共和国民办教育促进法》第十九条，民办幼儿园的举办者可以自主选择设立非营利性民办幼儿园或者营利性民办幼儿园。两者的区别在于：非营利性民办幼儿园的举办者不得取得办学收益，幼儿园的办学结余须全部用于办学；营利性民办幼儿园的举办者则可以取得办学

收益，幼儿园的办学结余依照公司法等有关法律、行政法规的规定处理。《国务院关于当前发展学前教育的若干意见》中最早提出“普惠性民办幼儿园”的概念，强调普惠性民办幼儿园面向大众、收费较低的特点，并提出采取政府购买服务、减免租金、以奖代补等方式，引导和支持民办幼儿园提供普惠性服务。这从根本上明确了普惠性民办幼儿园的公益属性。非营利性民办幼儿园“非营利”的特质，与普惠性民办幼儿园的公益属性恰好契合，因此可以申请认定为普惠性民办园。

（2）营利性民办园要取得办学收益，不符合财政经费补助政策要求

由于普惠性民办幼儿园可以接受生均财政补助、政府减免租金、以奖代补等多种方式的扶持，如果营利性民办幼儿园被认定为普惠性幼儿园，或者政府向营利性民办幼儿园部分购买普惠服务，有可能出现政府的财政性经费作为办学收益或者办学结余被营利性民办幼儿园的举办者分配的情况，造成国有资产流失。另外，也会导致与本法第三十四条“任何单位和个人不得利用财政性经费、国有资产、集体资产或者捐赠资产举办或者参与举办营利性民办幼儿园”的规定相矛盾，造成法律冲突。因此，营利性民办园不符合申请认定为普惠性民办园的基本要求。

30 制定幼儿园布局规划应如何保障普惠性幼儿园建设？

《学前教育法》第二十五条规定：“县级以上地方人民政府应当以县级行政区划为单位制定幼儿园布局规划，将普惠性幼儿园建设纳入城乡公共管理和公共服务设施统一规划，并按照非营利性教育用地性质依法以划拨等方式供地，不得擅自改变用途。

县级以上地方人民政府应当按照国家有关规定，结合本地实际，在幼儿园布局规划中合理确定普惠性幼儿园覆盖率。”

上述规定强调了各地政府在幼儿园布局规划中要保障普惠性幼儿园建设。

（1）以县为单位将普惠性幼儿园建设纳入城乡公共管理和公共服务设施统一规划

地方人民政府要以县为单位制定幼儿园布局规划，完善城乡普惠性学前教育资源布局和公共服务网络，切实把普惠性幼儿园建设纳入城乡公共管理和公共服务设施统一规划，列入本地区控制性详细规划和土地招拍挂建设项目成本，选定具体位置，明确服务范围，确定建设规模，确保优先建设。统一规划是确保普惠性幼儿园与公共服务设施配套建设的前提。实践中出现过地方政府在进行城乡公共管理和公共服务设施规划时没有考虑配套建设幼儿园，造成应有的学前教育公共服务缺失的现象。将普惠性幼儿园建设纳入统一规划，可以从源头和程序上保证学前教育公共服务建设。《国务院办公厅关于开展城镇小区配套幼儿园治理工作的通知》等文件中作出了相关的具体规定。让教育行政部门参与上述统一规划，可以更合理地调配公共资源，保证按需规划、按需建设。

（2）按照非营利性教育用地性质依法以划拨等方式供地

《划拨用地目录》规定，幼儿园的教学、办公、园内活动场地由建设单位提出申请，经有批准权的人民政府批准，方可以划拨方式提供土地使用权。《中华人民共和国民办教育促进法》第五十一条规定：“新建、扩建非营利性民办学校，人民政府应当按照与公办学校同等原则，以划拨等方式给予用地优惠。新建、扩建营利性民办学校，人民政府应当按照国家规定供给土地。”按照非营利性教育用地性质依法以划拨等方式供地，为将规划建设的幼儿园办成普惠性幼儿园提供了政策保障。

（3）在幼儿园布局规划中合理确定普惠性幼儿园覆盖率

地方人民政府应结合区域普惠性幼儿园覆盖率发展目标，制定幼儿园布局规划。按照实现普惠目标的要求，精准补充普惠性幼儿园学位。在布局规划中补齐区域普惠性学前教育资源短板，扩大普惠性学前教育资源覆盖面，提升区域普惠性幼儿园覆盖率。

资料链接

《城市居住区规划设计标准》规定：“五分钟生活圈居住区内，对应居住人口规模配套建设的生活服务设施，主要包括托幼、社区服务及文体活动、卫生服务、养老助残、商业服务等设施。”

31 如何保障新建居住区配套幼儿园提供普惠性服务？

《学前教育法》第二十六条规定：“新建居住区等应当按照幼儿园布局规划等相关规划和标准配套建设幼儿园。配套幼儿园应当与首期建设的居住区同步规划、同步设计、同步建设、同步验收、同步交付使用。建设单位应当按照有关规定将配套幼儿园作为公共服务设施移交地方人民政府，用于举办普惠性幼儿园。

现有普惠性幼儿园不能满足本区域适龄儿童入园需求的，县级人民政府应当通过新建、扩建以及利用公共设施改建等方式统筹解决。”

新建居住区配套幼儿园是城镇公共服务设施建设的重要内容，是扩大城镇地区普惠性学前教育资源的重要途径，各地政府应确保其如期投入使用并提供普惠性服务。

（1）建立健全多部门联动管理机制，保证新建居住区配套幼儿园做到五个“同步”

各地应建立健全发展改革、自然资源、住房城乡建设、教育等部门联动管理机制，做好配套幼儿园规划、土地出让、园舍设计建设、验收、移交、办园等环节的监督管理。将配套建设幼儿园纳入公共管理和公共服务设施建设规划，并按照相关标准和规范予以建设，确保配套幼儿园与首期建设的居民住宅区同步规划、同步设计、同步建设、同步验收、同步交付使用。

发展改革部门要参与居住区配套幼儿园建设项目规划布局，对需要补建、改建、新建的项目，按程序及时办理审批、核准或备案手续。自然资源部门要根据国家和地方配建标准，统筹规划居住区配套幼儿园，将居住区配套幼儿园必要建设用地及时纳入国土空间规划，按相关规定划拨建设用地。住房城乡建设部门要加强对居住区配套幼儿园的建筑设计、施工建设、验收、移交的监管落实，对存在配套幼儿园缓建、缩建、停建、不建和建而不交等问题的，在整改到位之前，不得办理竣工验收。教育行政部门要参与居住区配套幼儿园规划、设计、建设、验收、移交等各个环节的工作。通过多部门联动管理机制，确保新建居住区配套幼儿园的规划与建设等符合政府对普惠性学前教育服务的布局思路。

（2）确保按规定移交各地政府

已建成的居住区配套幼儿园应按照规定及时移交地方人民政府教育行政部门，未移交当地教育行政部门的应限期完成移交，对已挪作他用的要采取有效措施予以收回。有关部门要按规定对移交的幼儿园办理土地、园舍移交及资产登记手续。将配套幼儿园按规定移交地方人民政府，便于政府根据实际情况进行管理，将其举办成普惠性幼儿园。

（3）确保办成公办园和普惠性民办园

居住区配套幼儿园移交地方人民政府后，应当由教育行政部门办成公办园或委托办成普惠性民办园，不得办成非普惠性幼儿园。办成公办园的，当地政府及有关部门要做好机构编制、教师配备等方面的工作。委托办成普惠性民办园的，要做好对相关机构资质、管理能力、卫生安全及保教质量等方面的审核并加强动态监管。机构编制部门要按程序做好居住区配套幼儿园移交涉及的机构编制工作，根据办园性质，分别由机构编制部门和民政部门依法办理事业单位法人登记或民办非企业单位法人登记。

32 为什么农村地区要构建以公办园为主的学前教育公共服务体系？

《学前教育法》第二十七条第一款规定："地方各级人民政府应当构建以公办幼儿园为主的农村学前教育公共服务体系，保障农村适龄儿童接受普惠性学前教育。"

上述规定充分体现了国家对农村学前教育性质、政府发展农村学前教育的应尽责任与路径的准确定位。在农村地区构建以公办园为主的学前教育公共服务体系，主要基于以下四点考虑。

（1）是兜底保障的重要举措

与城镇地区相比，农村地区学前教育发展基础还比较薄弱，生源少且相对分散，对社会力量办园吸引力不强。而公办幼儿园具有兜底线、保基本、平抑收费、引领方向的主渠道作用，是政府为保障民生而设立的具有社会公益性质的教育资源。农村是政府兜底保障的重点领域，在农村地区构建以公办园为主的学前教育公共服务体系，通过顶层设计、资源调配、加大支持等方式，保障农村学前儿童接受学前教育，体现了我国社会主义制度优越性，也是推进公共教育服务均等化的必然要求。

（2）是乡村振兴的发展要求

实施乡村振兴战略是关系全面建设社会主义现代化国家的全局性、历史性任务，教育在乡村振兴中发挥着基础性和先导性作用。《中共中央　国务院关于实施乡村振兴战略的意见》中提出，“优先发展农村教育事业”“发展农村学前教育”。以振兴乡村教育赋能乡村振兴，是教育的职责和使命。让农村孩子在家门口接受高质量的学前教育，有利于培养、稳住、留住服务乡村产业发展的人才。因此，提高乡村教育质量是振兴乡村教育的核心和终极目标。实践证明，每个乡镇至少办好一所公办中心园，依托乡镇中心幼儿园举办分园、村独立或联合办园，在不适合举办固定幼儿园的情况下，提供灵活多样的学前教育公共服务（如在人口分散地区根据实际情况举办流动幼儿园、季节班，配备专职巡回指导教师等），实施镇村一体化管理，是提高农村学前教育质量的有效途径，符合乡村振兴国家战略的总体要求。

（3）能有效固化我国发展农村学前教育的制度经验

党中央、国务院高度重视农村学前教育发展，尤其是近十余年来，国家持续加大对西部、农村等欠发达地区的政策倾斜和资金扶持力度。《中共中央 国务院关于学前教育深化改革规范发展的若干意见》提出，每个乡镇原则上至少办好一所公办中心园，完善县乡村三级学前教育公共服务网络。经过多年的努力，农村地区逐步形成了以公办园为主体的公共服务体系，探索出了一条以政府举办的幼儿园为主，带动其他幼儿园共同发展的政策路径。将这一制度经验有效固化，有助于学前教育公共服务体系的进一步完善。

资料链接

《"十四五"学前教育发展提升行动计划》指出："完善农村学前教育资源布局，办好乡镇公办中心幼儿园，通过依托乡镇中心幼儿园举办分园、村独立或联合办园、巡回支教等方式满足农村适龄儿童入园需求。充分发挥乡镇中心幼儿园的辐射指导作用，实施乡（镇）、村幼儿园一体化管理。"

33 如何发挥乡镇中心幼儿园的作用？

《学前教育法》第二十七条第二款规定："县级人民政府教育行政部门可以委托乡镇中心幼儿园对本乡镇其他幼儿园开展业务指导等工作。"

农村幼儿园一般分布较为分散，幼儿园之间距离较远，业务交流和指导较为不便。乡镇中心幼儿园多设立在乡镇中心区或人口集中、交通便利的村庄，一般是由乡镇政府教育行政部门举办的公办园，办园条件、师资队伍、保教质量等相对较好，是当地学前教育的重要资源中心。同时，乡镇中心园因为接受政府扶持，得到的公共资源较多，也应相应地承担起辐射引领片区协同发展的社会责任。充分发挥乡镇中心园的辐射引领作用，对其他农村幼儿园进行业务指导，对于提高农村幼儿园整体办园水平、发展农村学前教育、助力乡村振兴具有重要意义。

（1） 加强对乡镇中心幼儿园的建设和保障

要使乡镇中心园充分发挥辐射指导作用，应首先加强乡镇中心幼儿园建设。一是完善乡镇中心幼儿园的布局规划。每个乡镇原则上至少办好一所公办中心园，通过依托乡镇中心园举办分园、村独立或联合办园等方式，满足农村适龄幼儿入园需求。二是按照有关规定为乡镇中心幼儿园办理事业单位法人登记手续，强化乡镇中心幼儿园人员配备。三是落实乡镇中心幼儿园生均公用经费拨款标准，规范乡镇中心幼儿园生均公用经费管理，保障乡镇中心幼儿园正常运行。四是全面改善乡镇中心幼儿园办园条件，使幼儿园园舍条件、玩教具和图书配备等达到规定要求，并根据需要对乡镇中心幼儿园进行提升改造。五是落实乡镇中心幼儿园的师资待遇，畅通教师职业成长渠道，开展师资培训，提高乡镇中心园的师资水平，让乡镇中心幼儿园的教师能够担起辐射和引领的重任。

（2） 建立健全乡（镇）、村幼儿园一体化管理制度

各地政府要进一步明确乡镇中心幼儿园的功能定位，充分发挥乡镇中心幼儿园对农村幼儿园的辐射引领和业务指导作用，实施乡（镇）、村幼儿园一体化管理。要将农村幼儿园的师资培训、教研活动等纳入乡镇中心

幼儿园工作计划，通过公开课、送教、培训、资源共享等形式，提高农村幼儿教师的保教能力和水平。要承担起对农村家庭、社区的学前教育指导工作，成为农村学前教育的资源和指导中心。要建立薄弱园帮扶机制，加快缩小办园差距。

资料链接

《中共中央　国务院关于学前教育深化改革规范发展的若干意见》指出："充分发挥城镇优质幼儿园和农村乡镇中心园的辐射带动作用，加强对薄弱园的专业引领和实践指导。"

《关于实施新时代基础教育扩优提质行动计划的意见》指出："依托乡镇公办中心园办好村园，实施镇村一体化管理。"

34 地方政府如何保障残疾儿童接受学前教育？

《学前教育法》第二十八条规定："县级以上地方人民政府应当根据本区域内残疾儿童的数量、分布状况和残疾类别，统筹实施多种形式的学前特殊教育，推进融合教育，推动特殊教育学校和有条件的儿童福利机构、残疾儿童康复机构增设学前部或者附设幼儿园。"

残疾儿童虽然在身体或智力等方面与普通儿童存在差异，但他们也有成长和发展的潜力，适宜的支持和教育环境对他们的成长起着至关重要的作用。残疾儿童接受适宜的学前教育，一方面可以促进个人潜能的最大发展，另一方面可以减轻父母的照护负担，让父母有更多的时间和精力投入工作和生活，为残疾儿童发展营造更好的家庭环境。以上规定为政府保障残疾儿童接受学前教育提供了方向和路径指引。

（1）鼓励能够适应幼儿园生活的残疾儿童随班就读，推进融合教育

学前教育阶段是儿童融入社会的重要阶段。残疾儿童随班就读，可以更好地与其他儿童交流互动、建立友谊，培养社交技能，为以后的学习和生活打下良好的基础。因此，各地政府应当在系统摸排、全面掌握残疾儿童底数和分布情况的基础上，给予残疾儿童合理、适度的特别照顾，努力创造条件，鼓励能够适应幼儿园生活的残疾儿童随班就读。

招收残疾儿童的幼儿园，应该按照本法第五十四条的要求，配备必要的康复设施、设备和专业康复人员，或者与其他具有康复设施、设备和专业康复人员的特殊教育机构、康复机构合作，根据残疾儿童实际情况开展保育教育。

普惠性幼儿园享受政府资金扶持，应主动承担社会责任，接收能够适应幼儿园生活的残疾儿童入园，并为其提供帮助和便利。如果残疾儿童父母或其他监护人与幼儿园就残疾儿童是否适合随班就读发生争议，由教育行政部门会同卫生健康行政部门等单位联合评估后妥善解决。

（2）引导不具备随班就读条件的残疾儿童进入专门的看护机构

受教育权是宪法赋予我国公民的基本权利。学前儿童不论性别、民族、地域、家庭背景、经济条件和身心发展状况，依法享有平等接受学前教育的权利。对于部分不具备随班就读条件的残疾儿童，政府可引导其进入专门的看护机构，接受专门的教育和康复训练。

2021年底，教育部、国家发展改革委、民政部、财政部、人力资源社会保障部、国家卫生健康委、中国残联七部门联合印发了《“十四五”特殊教育发展提升行动计划》，明确提出“鼓励设置专门招收残疾儿童的

特殊教育幼儿园（班），尽早为残疾儿童提供适宜的保育、教育、康复、干预服务”。早期干预、康复训练、心理疏导、同伴交流等多种方式，能够帮助残疾儿童建立自尊、自信、自立、自强的品质，提高生活自理能力，更好地适应社会生活。《学前教育法》以法律形式明确了相关规定，各级地方政府应当落实法律规定，推动建立设置招收残疾儿童的专门看护机构，以满足不具备随班就读条件的残疾儿童的学前教育需求。

此外，各级政府还应统筹实施多种形式的学前特殊教育，如对残疾儿童家长提供学前教育指导与支持、营造对残疾儿童友好的社区大环境等，让残疾儿童接受学前教育的权利得到切实的保障。

资料链接

《中华人民共和国宪法》第四十五条规定：“国家和社会帮助安排盲、聋、哑和其他有残疾的公民的劳动、生活和教育。”

《中华人民共和国宪法》第四十六条规定：“中华人民共和国公民有受教育的权利和义务。”

《中华人民共和国未成年人保护法》第八十六条规定：“各级人民政府应当保障具有接受普通教育能力、能适应校园生活的残疾未成年人就近在普通学校、幼儿园接受教育；保障不具有接受普通教育能力的残疾未成年人在特殊教育学校、幼儿园接受学前教育、义务教育和职业教育。”

35 设立幼儿园应具备哪些条件?

《学前教育法》第二十九条规定:“设立幼儿园,应当具备下列基本条件:

(一)有组织机构和章程;

(二)有符合规定的幼儿园园长、教师、保育员、卫生保健人员、安全保卫人员和其他工作人员;

(三)符合规定的选址要求,设置在安全区域内;

(四)符合规定的规模和班额标准;

(五)有符合规定的园舍、卫生室或者保健室、安全设施设备及户外场地;

(六)有必备的办学资金和稳定的经费来源;

(七)卫生评价合格;

(八)法律法规规定的其他条件。”

之所以设立以上条件,主要是为了保障学前儿童的身心健康发展,保障学前儿童及家长的合法权益,保证学前教育服务的质量,从而维护良好的学前教育秩序。以下几方面条件需要各地政府和幼儿园举办者重点关注。

(1) 场地条件

学前儿童的学习是以直接经验为基础的,需要通过直接感知、实际操作和亲身体验获取经验,因此对于园舍条件和场地面积等要求较高。《幼儿园建设标准》规定,幼儿园选址应设置在安全区域内,不得设置在污染区和危险区,不得建在高层建筑内,不得使用危房,以保障在园师生最基本的人身安全。《幼儿园建设标准》还对幼儿园各类及各项用房面积指标设置了低限，明确提出幼儿园应有与其规模相适应的户外活动场地，室外地面游戏场地人均面积不应低于4 m^2。以上规定均是为了最大限度地支持和满足学前儿童的发展需要。只有达到以上标准，幼儿园才能实现以游戏为基本活动，促进学前儿童的健康快乐全面成长。

（2）人员条件

根据《学前教育法》及《幼儿园教职工配备标准（暂行）》《幼儿园教师专业标准（试行）》等相关政策文件，幼儿园应根据服务类型、幼儿年龄和班级规模配备数量适宜的专任教师和保育员。幼儿园教职工需要经过严格的培养与培训，应当具有良好的职业道德，掌握系统的专业知识和专业技能。只有这样，才能保证每名学前儿童在一日生活、游戏和学习中都能得到成人适当的照顾、帮助和指导。

（3）资金条件

设立条件中要求“有必备的办学资金和稳定的经费来源”。这一方面可以保证幼儿园的可持续发展，不断改善办园条件，持续提升办园水平，另一方面可以最大程度地避免因举办者资金链断裂导致幼儿园关停、损害在园儿童和家长的合法权益。近几年，随着出生人口逐年减少，部分地区已经出现民办园陆续关停的现象，甚至个别地区出现民办园突然宣布关停等情况，极大地损害了在园儿童和家长的权益，带来了较坏的社会影响。各地政府要从此类事件中吸取教训，严格把握幼儿园的资金条件，确保办园资金充足、稳定，通过建立风险保证金制度等措施，防范化解有关风险。

36 为什么设立幼儿园要实施“先证后照”制度？

《学前教育法》第三十条规定：“设立幼儿园经县级人民政府教育行政部门依法审批、取得办学许可证后，依照有关法律、行政法规的规定进行相应法人登记。”

所谓“先证后照”制度，是指设立幼儿园需要先经县级人民政府教育行政部门审核资质、依法审批，取得办园许可证，再去相应的部门办理法人登记，取得营业执照。设立幼儿园要实施“先证后照”制度，主要是基于以下几方面考虑。

（1）教育行政部门严格前置审批，是提高我国学前教育整体水平的必然要求

学前教育作为学校教育制度的起始阶段，是国民教育体系的重要组成部分。学前儿童年龄小，身心发展水平低，自我保护能力差，因此幼儿园的准入门槛必须严格把关。教育行政部门会同相关部门对办园资质（包括人员、场地、资金、设备等方面）全面审批，合格之后才能办园，是确保学前儿童在园健康的前提。为全面提高我国的学前教育质量、提供安全普惠的学前教育，应当切实贯彻实施“先证后照”制度，从源头把关。

（2）后办理营业执照，是实际管理工作的需要

幼儿园办园主体多元，办园性质多样，不同性质的幼儿园需要到不同部门进行法人登记。幼儿园取得办学许可证后，方能确定自己是什么性质的幼儿园，才能明确需要去什么部门进行法人登记。换言之，只有先走了

“办证”这一步，才知道后面“办照”的方向。

具体来说，教育行政部门举办的公办幼儿园需要到编制部门登记为事业单位。国家机关、国有企业事业单位、人民团体、部队、街道、村集体等举办的公办幼儿园根据举办者实际情况，符合《事业单位登记管理暂行条例》《事业单位登记管理暂行条例实施细则》《事业单位、社会团体及企业等组织利用国有资产举办事业单位设立登记办法（试行）》的，需要向相应的事业单位登记管理机关申请登记。民办幼儿园分为非营利性民办幼儿园和营利性民办幼儿园。非营利性民办幼儿园符合《民办非企业单位登记管理暂行条例》的，到民政部门申请登记为民办非企业单位；符合《事业单位登记管理暂行条例》《事业单位、社会团体及企业等组织利用国有资产举办事业单位设立登记办法（试行）》的，需要到编制部门登记为事业单位。营利性民办幼儿园则需要到市场监督管理部门办理登记。

资料链接

《中共中央　国务院关于学前教育深化改革规范发展的若干意见》提出：“严格幼儿园准入管理，各地依据国家基本标准调整完善幼儿园设置标准，严格掌握审批条件，加强对教职工资质与配备标准、办园条件等方面的审核。幼儿园审批严格执行‘先证后照’制度，由县级教育部门依法进行前置审批，取得办园许可证后，到相关部门办理法人登记。对符合条件的幼儿园，按照国家相关规定进行事业单位登记。”

《中华人民共和国民办教育促进法》规定：“民办学校取得办学许可证后，进行法人登记。”

37 如何做好幼儿园的变更、终止工作?

《学前教育法》第三十一条规定:“幼儿园变更、终止的,应当按照有关规定提前向县级人民政府教育行政部门报告并向社会公告,依法办理相关手续,妥善安置在园儿童。”

明确幼儿园变更、终止的原则、程序和要求,对于规范幼儿园办学行为、保证学前教育平稳健康有序发展具有重大的实践意义。各地政府应本着公办幼儿园变更、终止要保证国有资产和教育资源不流失,民办幼儿园变更、终止要保障师生、家长、园所合法权益的原则,稳妥做好幼儿园的变更、终止工作。

(1) 履行相应程序

公办幼儿园变更、终止的,应由其举办单位主动与教育部门进行对接,按要求办理相关手续。民办幼儿园变更、终止的,应根据《中华人民共和国民办教育促进法》相关规定办理手续。其中,变更事项不同,履行的变更程序也有所不同。一是民办学校的分立、合并,在进行财务清算后,由学校理事会或者董事会报审批机关批准。二是民办学校举办者的变更,须由举办者提出,在进行财务清算后,经学校理事会或者董事会同意,报审批机关核准。三是民办学校名称、层次、类别的变更,由学校理事会或者董事会报审批机关批准。另外,不同终止情形的组织清算主体也有所不同:民办学校自己要求终止的,由民办学校组织清算;被审批机关依法撤销的,由审批机关组织清算;因资不抵债无法继续办学而被终止的,由人民法院组织清算。在清算过程中,应当按照首先退受教育者学费、杂费和其他费用,其次发教职工工资、缴纳应缴纳的社会保险费用,最后偿还其他债务的顺序进行清偿。

各地政府应以落实《学前教育法》为契机，进一步明确幼儿园变更、终止提前报告的时间和向社会公告的内容等具体要求，督促幼儿园履行相关义务。同时，建立教育、民政、市场监管等多部门联动的风险预警机制，一旦发现幼儿园出现抽逃办园资金、拖欠工资房租等问题，第一时间采取冻结资产等应急措施，并向家长和社会发布公告，以防止出现民办园突然关停导致在园儿童未能及时得到妥善安置、家长已缴大额费用无法追回、众多教职工被拖欠工资等情况，减少相关人员的损失。

（2）做好善后工作

一是妥善安置学前儿童和教职工。各地政府要指导幼儿园制定学前儿童、教职工安置工作方案并与家长、教职工充分沟通，必要时应帮助幼儿园协调周边资源，做好学前儿童和教职工的安置、分流工作。二是稳慎做好幼儿园的资产处置。《中华人民共和国民办教育促进法》规定：非营利性民办学校清偿债务后的剩余财产继续用于其他非营利性学校办学；营利性民办学校清偿债务后的剩余财产，依照公司法的有关规定处理。公办幼儿园是利用财政性经费和国有资产举办的幼儿园，在资产处置过程中的第一要务就是确保国有资产不流失，结余的财政性经费要全部收回。

38 幼儿园如何加强党的建设?

《学前教育法》第三十二条规定："学前教育机构中的中国共产党基层组织，按照中国共产党章程开展党的活动，加强党的建设。公办幼儿园的基层党组织统一领导幼儿园工作，支持园长依法行使职权。民办幼儿园的内部管理体制按照国家有关民办教育的规定确定。”

无论幼儿园的办园主体是单位还是个人，无论其办园性质是公办还是民办，无论幼儿园属于营利性还是非营利性，均应全面贯彻执行党的理论和路线方针政策，贯彻执行党的教育方针，根据党章和有关党内法规、国家法律，加强党的建设。

（1）推动党组织规范化建设

幼儿园要根据党员数量，建立单独党组织、联合党组织或挂靠党组织，无党员幼儿园应配备党员教师或党建指导员。应强化对党员的日常管理、组织关系管理，坚持“三会一课”制度，包括党支部党员大会、党支部委员会会议、党小组会和党课，落实民主生活会、组织生活会、民主评议党员等制度。

（2）加强党员队伍建设

一是加强党员常规化学习，充分利用“三会一课”、主题党日等组织生活制度，分层次分领域分类别高质量组织开展集中培训，推动党员政治理论学习制度化、规范化。二是创新活动方式，支部集体学习和个人自学相结合，通过调研、参观、联学、实地考察、全员讲党课等方式，提高学习教育活动实效。三是推动党建工作与保育教育、日常管理工作深度融合，健全“双培养”机制，加强对优秀教师的政治吸纳。

（3）充分发挥党组织领导作用和战斗堡垒作用

幼儿园要以政治建设为统领，认真做好教职工思想政治工作，确保党的教育方针在学前教育领域深入贯彻，确保立德树人根本任务落实到位，确保学前教育始终沿着正确方向发展。坚持党建带团建，增强团队凝聚力，激发年轻教职工干事创业的热情和主动性。充分发挥工会、共青团等群团组织的作用，正向引导会员团员，建立和谐融洽、积极向上的环境氛围。

39 幼儿园如何加强民主管理和监督？

《学前教育法》第三十三条规定："幼儿园应当保障教职工依法参与民主管理和监督。幼儿园应当设立家长委员会，家长委员会可以对幼儿园重大事项决策和关系学前儿童切身利益的事项提出意见和建议，对幼儿园保育教育工作和日常管理进行监督。"

幼儿园应贯彻民主集中制的原则，在实施民主管理、民主程序的基础上，进行党领导下的集体讨论，达成最终决策。幼儿园通过充分听取教职工和家长等利益相关群体的意见，保障其有效参与幼儿园的管理和监督。

（1）形成民主管理机制

民主管理是幼儿园管理的基本原则。幼儿园应以制度作保障，形成民主管理的机制。

一是建立健全各项会议制度。落实"三重一大"的办事基本原则，凡属"重大事项决策、重要干部任免、重大项目安排、大额资金使用"等事项，必须经集体讨论作出决定，会议包括：教职工代表大会，园长办公会，党、团、工会例会等。各项会议应有详细记录并形成会议纪要。

二是落实党组织领导的园长负责制。明确党组织在幼儿园工作中的领导核心地位。党组织应在办园方向、规划幼儿园发展战略等关键事务上发挥引领作用。园长负责幼儿园的教育教学和行政管理工作，同时要向党组织负责。对于幼儿园重大事项，先由行政会议研究讨论，然后再通过党组织会议等形式进行决策，保证决策的科学性和民主性。

（2）民主监督是有力保障

民主监督是依法办园，维护教师、家长及幼儿权益的有力保障。幼儿园依法接受幼儿家长、社会、政府综合部门及教育主管部门的监督。

一是建立家长委员会，将家长委员会纳入幼儿园的日常管理。除定期召开家长会外，还要积极组织家长参与办公会、伙委会、观摩活动、志愿服务等工作。通过官方网站、微信公众号等信息平台向社会及家长宣传展示各项活动。

二是建立信息公示制度。幼儿园应在显著位置设置长期固定的公示栏、公示墙等，主动接受社会和家长的监督。除公示幼儿园的基本信息、收费项目及标准、学前儿童食谱外，还应定期公示教职工配备情况、质量评估结果、经费使用情况、审计报告、年检结果等。

（3）发挥教职工代表大会作用

教职工代表大会制度是教职工参与民主管理和监督的主要载体，是维护教职工合法权益的重要保障，是完善基层民主制度建设的有效手段。通过教职工代表大会，幼儿园定期向职工代表通报幼儿园重大决策、园所规划、财务收支等情况，广泛听取关于幼儿园发展、管理、教育教学等工作的建议，尤其是要将教职工关注的重点热点问题和事关师生员工切身利益问题提交大会讨论，确保制度和方案的公平公正。

40 为何不得利用财政性经费、国有资产、集体资产或者捐赠资产举办或者参与举办营利性民办幼儿园？

《学前教育法》第三十四条第一款规定：“任何单位和个人不得利用财政性经费、国有资产、集体资产或者捐赠资产举办或者参与举办营利性民办幼儿园。”

这一规定明确了不得利用财政性经费、国有资产、集体资产或者捐赠资产举办或者参与举办营利性民办幼儿园。如不按上述规定执行，将会导致实践层面出现以下问题。

（1）违背公共性资产的属性

营利性民办幼儿园的举办目的主要是营利，且收费较高，主要是为少部分人群提供服务。财政性经费、国有资产、集体资产、捐赠资产都具有一定的公共属性，可以统称为公共资源或公共性资产，从不同方面为社会发展和公共事业的推进提供支持和保障。《学前教育法》明确了学前教育事业公益普惠的方向，因此对营利性和非营利性幼儿园采取差别化的支持政策。公共资产应当主要用于发展普惠性学前教育资源。

（2）造成公共资产流失

营利性民办幼儿园举办者可以取得办学收益，允许利用财政性经费、国有资产等举办营利性民办幼儿园，意味着使用公共性资产为少数个人或特定利益群体谋取利益，这与公共性资产的有关管理规定相矛盾，导致公共资产的监管难度加大，难以保证公共资产的安全和有效使用，从而造成资产的浪费或流失。

41 为什么公办幼儿园不能转制为民办幼儿园？

《学前教育法》第三十四条第二款规定：“公办幼儿园不得转制为民办幼儿园。公办幼儿园不得举办或者参与举办营利性民办幼儿园和其他教育机构。”

（1）转制为民办园有违公办园属性

公办幼儿园是利用财政性经费或者国有资产等举办或支持举办的幼儿园，是服务于社会公众的公益性组织，发挥着保基本、兜底线、引领方向、平抑收费的主渠道作用。公办幼儿园既是普惠性学前教育资源的主要组成部分，又是政府主导学前教育发展的重要实践载体，将公办幼儿园转制为民办幼儿园，既不符合学前教育公益普惠的发展方向，又违背了政府主导、以政府举办为主的学前教育的发展原则。

党的十八大以来，我国学前教育事业取得了极大的发展，学前教育普及普惠水平大幅提升。但是，现阶段在学前教育资源布局中仍然面临结构性矛盾的问题，城镇地区普惠性资源特别是公办资源不足，农村地区办园条件薄弱。2018年，《中共中央　国务院关于学前教育深化改革规范发展的若干意见》提出要“大力发展公办园”。2023年，《关于实施新时代基础教育扩优提质行动计划的意见》中提出，到2027年“巩固提升普惠性幼儿园覆盖率，公办园在园幼儿占比力争达到60%以上”。因此，优化普惠性资源布局结构，稳步增加公办资源供给，是推动学前教育普及普惠发展的重要举措。如果公办园以各种名义转制为民办园，将会造成公办率的降低，与国家发展学前教育的要求和方向相悖。

建设高质量的学前教育体系，维护教育的公益性和公平性，稳步增加优质公办学前教育资源供给，规范公办学前教育资源的使用，是让人民群众享受更优质学前教育资源，切实减轻家庭的教育负担，保障适龄儿童接受学前教育权利的重要举措。如果公办幼儿园以各种名义转制为民办幼儿园，将会突破公办幼儿园收费政府定价，调高收费标准，从而加重家庭的教育负担，违背教育公平原则。

（2）转制为民办园将造成国有资产流失

公办幼儿园是利用财政性经费或者国有资产等支持国家机关、国有企业事业单位等举办的幼儿园，其核心特质是利用财政性经费或国有资产等举办，如允许其转制办成民办幼儿园，则意味着公共资产的流失，同时还会带来借助公共资产为个人牟利等系列廉政风险，产生不稳定因素。

42 以中外合作方式设立幼儿园有哪些规定及注意事项？

《学前教育法》第三十四条第三款规定：“以中外合作方式设立幼儿园，应当符合外商投资和中外合作办学有关法律法规的规定。”

根据《中华人民共和国中外合作办学条例》和《中华人民共和国中外合作办学条例实施办法》的有关规定，中外合作办学是指中国教育机构与外国教育机构依法在中国境内合作举办以中国公民为主要招生对象的教育教学活动。中外合作办学有合作设立机构和合作举办项目两种形式。

从上述规定中我们可以明确：一是中外合作办园的主体是具有法人资格的中国教育机构和外国教育机构；二是中外合作办园的方式必须是合作办园，既不是合资办园，也不允许外国教育机构、其他组织或者个人单独办园；三是中外合作办园的主要招生对象是中国公民；四是教育教学的地点主要在中国境内；五是中外合作办园机构和项目都应当依法取得行政许可。中外合作办园要注意以下事项。

（1） 坚定不移地坚持中外合作办园的公益性原则

《中华人民共和国中外合作办学条例》明确规定："中外合作办学属于公益性事业，是中国教育事业的组成部分。"因此，中外合作办园要端正办学指导思想，抵制和纠正将中外合作办园当作幼儿园创收手段的错误认识和做法。

（2） 坚决捍卫中外合作办园的中方主导权

《外商投资准入特别管理措施（负面清单）》第22条规定："学前、普通高中和高等教育机构限于中外合作办学，须由中方主导（校长或者主要行政负责人应当具有中国国籍，理事会、董事会或者联合管理委员会的中方组成人员不得少于1/2）。"中外合作办园的教育自主性集中体现为中方的教育主导，包括意识形态的领导权、管理机制的决策权、内部治理的主控权和教学科研的话语权。

（3） 对外资进入学前教育的方式有所限制

要对中外合作办园的资金方面加以管控，禁止资本为躲避证监会监管用现金支付的方式和利用银行资金、债权和股票募集资金等非自有资金收并购幼儿园，禁止外资企业使用可变权益实体在国内开办幼儿园。

（4）加强对中外合作办园全过程的监督管理

要以引进优质学前教育资源为主，牢牢把好入口关。要切实加强中外合作办园的内涵建设，提高中外合作办学前教育的质量，引导鼓励中外合作办高质量的幼儿园。中外合作办园要严格按照国家规定的收费项目和学校所在地省级人民政府批准的收费标准进行收费，并将收费项目和标准进行公示。中外合作办学机构或项目的招生简章、招生广告应当及时报审批机关备案，中外合作办学机构或项目的办学报告应按规定时间向审批机关提交。各地政府应进一步规范中外合作办园的招生、收费及日常管理工作。

43 如何遏制社会资本在学前教育领域过度逐利？

《学前教育法》第三十五条规定："社会资本不得通过兼并收购等方式控制公办幼儿园、非营利性民办幼儿园。

幼儿园不得直接或者间接作为企业资产在境内外上市。上市公司不得通过股票市场融资投资营利性民办幼儿园，不得通过发行股份或者支付现金等方式购买营利性民办幼儿园资产。"

资本的本质是逐利的，如果社会资本进入学前教育领域后过于追求收益，为了获取利润而忽略或违背教育规律，势必会扰乱学前教育发展秩序，导致学前教育领域问题频出，最终影响学前教育事业的健康发展。为遏制社会资本在学前教育领域过度逐利，各地政府还要重点做好以下工作。

（1）严格落实社会资本进入学前教育领域的相关限制性规定

《中共中央　国务院关于学前教育深化改革规范发展的若干意见》中

明确提出："社会资本不得通过兼并收购、受托经营、加盟连锁、利用可变利益实体、协议控制等方式控制国有资产或集体资产举办的幼儿园、非营利性幼儿园。""民办园一律不准单独或作为一部分资产打包上市。上市公司不得通过股票市场融资投资营利性幼儿园，不得通过发行股份或支付现金等方式购买营利性幼儿园资产。""金融监管部门要对民办园并购、融资上市等行为进行规范监管。"各地有关部门要严格落实上述规定，对社会资本在学前教育领域过度逐利的行为进行限制。

（2）加大收费管理力度

各地政府要完善幼儿园收费政策，突出学前教育的公益属性。对非营利性民办幼儿园收费实行政府指导价管理；对营利性民办幼儿园加强收费调控，引导经营者合理确定调价频率和幅度，遏制过高收费。各有关部门要加大对民办幼儿园收费的专项检查力度，查处并曝光一批违规收费的典型案例，防止民办幼儿园以各种名义乱收费并从中牟利。

（3）加强财务监管力度

《中华人民共和国民办教育促进法实施条例》规定："非营利性民办学校收取费用、开展活动的资金往来，应当使用在有关主管部门备案的账户。有关主管部门应当对该账户实施监督。""营利性民办学校收入应当全部纳入学校开设的银行结算账户。""在每个会计年度结束时，民办学校应当委托会计师事务所对年度财务报告进行审计。"有关部门首先应加大对民办幼儿园账户使用情况的监督管理，重点关注记账科目是否正确、往来资金记录是否清晰等。其次，应加强对年度财务会计报告和审计报告的审核，重点关注幼儿园有无利益关联方交易、有无资金抽逃或挪用办学经费等。

（4）加大违法惩处力度

《中华人民共和国民办教育促进法》《中华人民共和国民办教育促进法实施条例》中对民办学校举办者、实际控制人等抽逃资金或挪用办学经费、非法从学校获利、进行关联交易损害学校利益和师生权益等行为的法律责任进行了明确规定，视其情节严重程度分别给予没收违法所得、从业禁止、治安管理处罚和追究刑事责任等。各级政府应加大对违法行为的处罚力度，形成威慑效应，通过强化民办幼儿园举办者的主体责任，引导其自觉营造并维护良好发展环境。

第四章
教职工

44 为什么强调全社会应当尊重幼儿园教师？

《学前教育法》第三十六条规定："幼儿园教师应当爱护儿童，具备优良品德和专业能力，为人师表，忠诚于人民的教育事业。全社会应当尊重幼儿园教师。"

幼儿园教师是学前教育发展的第一资源。推进全社会涵养尊师文化，提振师道尊严，不仅是对幼儿园教师个人劳动的肯定，更关系到亿万儿童的健康成长，关系到学前教育事业的健康发展。

（1）落实党中央、国务院决策部署的重要举措

幼儿园教师和其他教育阶段的教师一样，是履行教育教学职责的专业人员。同时，由于教育对象的年龄特征，使得幼儿园教师的工作又有一定特殊性。学前期是许多重要品质和能力形成的关键时期，学前儿童身心发展的基本特征决定了幼儿园教师工作的多面性、复杂性、特殊性以及对其专业素养的高要求。

"保教结合"是幼儿园教师专业性的重要表现，幼儿园教师既要"爱孩子像妈妈"，又要"爱孩子赛妈妈"，将关爱与照顾行为建立在生理学、心理学、卫生学等科学知识基础之上。例如，学前儿童的生理发育特点导致他们往往缺乏自理和自护能力，日常的饮食饮水、休息睡眠、增减衣物、躲避危险等都需要教师的帮助和提醒。科学安排、照料学前儿童生活，培养他们自理自立、安全健康的生活能力，是幼儿园教师的重要工作内容和任务。

幼儿园教师是专业的教育工作者，要在一日生活中观察、了解孩子，捕捉教育契机，进行有针对性的教育引导。学前儿童的学习场所往往不是

“课堂”，而是各种生活、游戏等交往场景，幼儿园教师如何让孩子玩出高水平，如何在玩中发现他们的已有经验、个性特征和发展需要，如何顺势利导开智启蒙，将社会文化和教育目标自然融入幼儿自发的游戏和各种喜爱的活动中，更是其专业知识、专业能力和教育智慧的集中体现。

因此，学前儿童的成长不仅需要科学指导，更需要情感陪伴，幼儿园教师的专业性决定其具有不可替代性。

（2）营造尊师重教的良好氛围

当前，社会对幼儿园教师职业还存在一些误解，幼儿园教师被认为只是“看孩子”、被称呼为“阿姨”“保姆”等现象还一定程度存在，这些误解挫伤了幼儿园教师的积极性和工作热情。

只有全社会充分认识到幼儿园教师的地位和在学前儿童成长中不可替代的作用，充分肯定和认同幼儿园教师的专业性，幼儿园教师才能真正有尊严地从事儿童教育工作，在职业中收获幸福感，也才能真正推动造就一支热爱儿童、勇于奉献、有职业尊严感的高素质的幼儿园教师队伍，为保障儿童健康成长，办好为人民满意的学前教育贡献力量。

（3）尊重教师是公民的基本义务

《中华人民共和国教育法》《中华人民共和国教师法》等相关法律也明确要求，全社会都应当尊重教师，强调了教师的权利和地位，要求保障教师的合法权益，提高教师的社会地位。幼儿园教师是教师队伍的重要组成部分，是履行幼儿园教育教学工作职责的专业人员，在法律上与其他学段的教师享有同等的地位。

45 幼儿园教师应当具备什么资格条件？

《学前教育法》第三十七条规定："担任幼儿园教师应当取得幼儿园教师资格；已取得其他教师资格并经县级以上地方人民政府教育行政部门组织的学前教育专业培训合格的，可以在幼儿园任教。"

（1）取得幼儿园教师资格

幼儿园教师应当贯彻国家教育方针，具有良好思想品德，热爱教育事业，尊重和爱护学前儿童，具有专业知识和技能以及相应的文化和专业素养，为人师表，忠于职责，身心健康；必须具有《中华人民共和国教师法》规定的幼儿园教师资格。

根据《教师资格条例》《〈教师资格条例〉实施办法》等规定，取得幼儿园教师资格应满足：中国公民，遵守宪法和法律，幼儿师范学校毕业及其以上学历，具备承担教育教学工作所必需的基本素质和能力，《普通话水平测试等级标准》二级乙等以上标准，国家教师资格考试合格等要求。

纳入免试认定改革范围的教育类研究生和师范生，培养目标是幼儿园教师且参加学校组织的教育教学能力考核合格的，可以申请认定幼儿园教师资格，其他申请认定的条件不变。

（2）已取得其他教师资格的教师须经专业培训

担任幼儿园教师应取得幼儿园教师资格，但在一些幼儿园师资紧张的地区，部分幼儿园会聘用持有其他学段教师资格证书的教师，或接收中小学转岗到幼儿园的教师。这种做法也符合《教师资格条例》第五条"取得教师资格的公民，可以在本级及其以下等级的各类学校和其他教育机构担任教师”的规定。

《学前教育法》强调，未取得幼儿园教师资格的其他学段教师，必须经县级以上地方人民政府教育行政部门组织的学前教育专业培训，合格后才能进入幼儿园工作。这体现了对组织培训的有关部门的基本要求。同时，鼓励有条件的地方积极开展省级层面的学前教育专业培训。省级人民政府教育行政部门应强化责任意识，科学制定培训规划，对培训的标准、内容、形式，尤其是培训成效严格把关，引导培训紧密结合幼儿园工作实际，重点提升教师的科学保教实践能力，以此确保所有在幼儿园工作的教师都达到幼儿园教师专业标准。

46 与一般幼儿园教师相比，担任园长应该具备什么资格条件？

《学前教育法》第三十八条第二款、第三款规定：“幼儿园园长应当具有本法第三十七条规定的教师资格、大学专科以上学历、五年以上幼儿园教师或者幼儿园管理工作经历。国家推行幼儿园园长职级制。幼儿园园长应当参加县级以上地方人民政府教育行政部门组织的园长岗位培训。”

园长是履行幼儿园领导与管理工作职责的专业人员，在贯彻落实党的教育方针和党中央、国务院教育决策中起着至关重要的作用。与一般教师相比，《学前教育法》对园长的资格条件作出了更多的要求，对于落实立德树人根本任务、规范办园行为、提高学前教育教学质量意义重大。

（1）把好入口关，对资质提出明确要求

《学前教育法》要求，园长应具备幼儿园教师资格，并具备大学专科

以上学历，确保幼儿园能够由真正专业的人来领导和管理，从而保障幼儿园正确的办园方向，科学开展保育教育工作实践。

（2）具备五年以上的相关工作经历

《学前教育法》对幼儿园园长的工作经历提出了更高的要求。为了提高我国园长的专业素质，必须严格园长准入条件，提高准入门槛。提高工作经历要求有助于选拔出更有经验的园长，确保园长具备较高的专业素质和管理经验，推进幼儿园各项工作高效有序进行，促进幼儿园的良性发展和质量提升。

（3）应经过园长岗位培训

新任园长应获得由教育行政部门颁发的“任职资格培训合格证书”后，方可担任园长岗位。《学前教育法》要求幼儿园园长应当参加县级以上地方人民政府教育行政部门组织的园长岗位培训，在此基础上，鼓励省级教育行政部门组织园长岗位培训，能更有效地贯彻落实国家的教育方针和理念，保障园长培训质量，确保园长能够准确把握政策要求，依法依规办园。

省级教育行政部门要落实《学前教育法》的要求，高度重视幼儿园园长岗前培训，结合法律法规和政策文件，编制有针对性的培训课程，及时将相关国家政策法规培训到位，确保“不培训，不上岗”；加大对培训机构的管理，防止机构在培训中出现与国家教育方针不符的培训内容和行为，以及急功近利、短视的做法。通过优化培训，不断促进园长的专业化发展，发挥高质量园长在规划管理园所、引领师幼成长发展、落实办学思想和教育理念上的重要作用。

资料链接

《幼儿园园长专业标准》规定："秉承先进教育理念和管理理念，突出园长的领导力和执行力。不断提高规划幼儿园发展、营造育人文化、领导保育教育、引领教师成长、优化内部管理和调适外部环境等方面的能力；坚持在不断的实践与反思过程中，提升自身的专业能力。"

47 如何加强幼儿园园长的任职管理？

《学前教育法》第三十八条第一款规定："幼儿园园长由其举办者或者决策机构依法任命或者聘任，并报县级人民政府教育行政部门备案。"

（1）严格做好背景审查

高素质园长队伍建设必须从准入抓起。教育行政主管部门、幼儿园举办者等应严格按照《学前教育法》第三十六、第三十七条、第四十二条、第四十四条以及《幼儿园园长专业标准》等相关法律法规要求，对拟任命或聘任园长的思想政治素养、职业道德、教师资格、教育背景、工作经验、岗位培训情况、健康状况、从业禁止性行为记录等各方面进行审核。通过严格的背景审查，保障幼儿园园长队伍具有必备基本素质和专业能力。

（2）加强园长备案管理

公办幼儿园园长一般由教育行政主管部门任命。其他类型的幼儿园在任命园长后，要按照相关法律法规和教育行政部门的规定，及时主动地将园长的个人信息、任职资格等情况报送当地教育行政部门进行依法备案。教育行政部门要通过年检、考核等多种途径，督促幼儿园做好园长的备案管理工作。

通过备案管理，可以确保园长的任命和变更信息及时更新，有助于教育行政部门进一步掌握幼儿园园长的任命和聘任情况，为日常与幼儿园及时有效沟通提供条件；也便于对幼儿园的管理进行监督和指导，若园长出现不当行为，可以及时作出相应处理。园长备案管理是推进依法治教、依规办园，提升学前教育治理能力现代化水平的重要要求。

（3）加强对园长的日常监督和管理

教育行政部门应建立定期和不定期的监督检查机制，根据《幼儿园督导评估办法》《中小学幼儿园校（园）长任期结束综合督导评估工作的意见》等政策法规相关要求，制定具体的考核标准和程序，对园长的领导能力和办园行为等进行重点监督和考核。

如果园长本人、园内教职工等出现违法违规行为，园长作为幼儿园的管理者和第一责任人，按照《学前教育法》第四十四条、第七十八条、第七十九条、第八十条、第八十一条、第八十二条等有关规定，视情节轻重追究相关责任，包括但不限于处分、解除聘用或劳动合同、纳入从业禁止人员名单、吊销资格证书、承担民事责任、治安管理处罚等，甚至会依法承担相关刑事责任。

资料链接

《中华人民共和国民法典》第一千一百九十九条规定："无民事行为能力人在幼儿园、学校或者其他教育机构学习、生活期间受到人身损害的，幼儿园、学校或者其他教育机构应当承担侵权责任；但是，能够证明尽到教育、管理职责的，不承担侵权责任。"

48 担任保育员、卫生保健人员及其他工作人员应具备什么资格条件？

《学前教育法》第三十九条规定："保育员应当具有国家规定的学历，并经过幼儿保育职业培训。卫生保健人员包括医师、护士和保健员，医师、护士应当取得相应执业资格，保健员应当具有国家规定的学历，并经过卫生保健专业知识培训。幼儿园其他工作人员的任职资格条件，按照有关规定执行。"

幼儿园是学前儿童生活、活动和学习的重要场所，除幼儿园教师外，保育员、卫生保健人员及其他工作人员在保障学前儿童身心健康发展中也发挥着重要作用。各级政府主管部门、幼儿园应认真依照本法，对教职工准入资质加强审查，进一步明确幼儿园各类人员的资质要求，定期督促各类人员接受专业培训，并负责对园内工作人员开展工作进行具体指导和监督。

（1）保育员的任职资格

保育员是从事学前儿童基本生活照料、保健、自理能力培养和辅助教育工作的人员。随着学前教育的发展，保育员的职能也从单纯地保育照料、卫生保健扩展到实施保教结合、支持儿童的全面发展。根据《幼儿园工作规程》等相关标准，担任幼儿园保育员须具备高中毕业及以上学历，并接受过专业幼儿保育职业培训，以确保他们具备必要的教育和文化知识开展保育工作，严格执行幼儿园安全、卫生保健制度，协助教师开展教育活动，促进学前儿童在身体、认知、情感、审美及社会性等方面的全面发展。

（2）卫生保健人员的任职资格

卫生保健人员是指在幼儿园负责学前儿童的卫生保健、健康检查、疾病预防、营养指导等工作的专业人员，包含了医师、护士和保健员。幼儿园卫生保健人员要对全园幼儿的身体健康负责，是提高幼儿园卫生保健工作水平，预防和减少疾病发生，保障儿童身心健康和安全的重要人员。根据《托儿所、幼儿园卫生保健管理办法》《幼儿园工作规程》等相关标准，医师应当取得卫生行政部门颁发的《医师执业证书》，护士应当取得《护士执业证书》，保健员应当具有高中毕业以上学历，并经过当地妇幼保健机构组织的卫生保健专业知识培训。县级以上各级人民政府卫生行政部门应将幼儿园的卫生保健工作作为公共卫生服务的重要内容，加强监督和指导，加强对卫生保健人员的专业培训，确保儿童的健康成长和教育环境安全。

（3）其他工作人员的任职资格

在幼儿园工作的其他人员，如保安员、财会人员、食堂炊事人员，也是学前儿童在园期间可能接触的重要他人，对儿童的身心发展会产生直接或间接的影响，因此也应当具备相应从业资质。针对此类人员，国家和地方都有相关规定，为进一步细化和规范幼儿园工作的各类人员资质提供了依据和参考。《中小学幼儿园安全管理办法》《中小学、幼儿园安全防范要求》《国务院办公厅关于加强中小学幼儿园安全风险防控体系建设的意见》等文件要求，保安员应依照保安服务管理条例取得相关资格证，具备应急处置能力，能够切实履行安保职责，部分地区还对专职保安人员的年龄作出要求，如《江苏省中小学幼儿园治安保卫工作规定（试行）》中规定，幼儿园专职保安人员不得超过50岁。财会人员的任职条件应当严格按照国家会计法律制度执行，如深圳市福田区在招聘中明确要求具备会计从业资格证或初级会计专业资格，具备财务及会计相关专业的本科及以上学位。由东莞市标准化协会组织起草的《中小学校、幼儿园食堂食品安全管理指南》中要求，厨师、营养师等应取得必需的从业资格，并持有符合规定的健康证。

49 如何完善幼儿园教师职务（职称）评审制度？

《学前教育法》第四十条第一款、第二款规定："幼儿园教师职务（职称）分为初级、中级和高级。幼儿园教师职务（职称）评审标准应当符合学前教育的专业特点和要求。"

实施幼儿园教师职务（职称）评审制度，是促进幼儿园教师队伍建设的重要举措。职务（职称）评审制度为教师提供了晋升和发展的机会，能够增强教师的专业认同感，评审制度的完善有助于促进教师队伍的稳定和优化，对保障学前教育高质量发展具有重要作用。

（1）健全符合学前教育工作实际的评审标准

学前教育并非单一的科目或学科，它是一个综合性的教育阶段，涵盖了多个领域的内容。目前，针对幼儿园教师开展学前教育工作的特征和要求的评审标准还须进一步完善。各地在教师职务（职称）评审中存在“重结果、轻过程”“重论文比赛、轻日常教育教学实践”等问题。应进一步完善评审标准，聚焦保育教育过程，突出过程导向。

一是不把论文、课题、奖项、荣誉称号等作为幼儿园教师职称晋升的限制性条件，修正功利性的教师评价导向，形成健康的幼儿园教师职务（职称）评审环境和生态。

二是评审中强调幼儿园教师的一线实践经验，突出学段特点。要将幼儿园教师以游戏为基本活动的情况落实，对儿童的观察、解读、回应和引导，促进儿童主动学习和全面发展等能力作为关键指标纳入考察范围。

三是紧密结合幼儿园教师的日常工作，突出评审的过程性。如部分幼儿园突出过程性评审，将日常教育教学材料作为职称评审的主要依据，既能快速有效地区分不同水平的教师，还能大大减轻教师准备职称评定材料的负担，真正引导和督促教师将精力和实践投入于日常保育和教育教学工作中。

（2）完善各层级的人才比例

应根据学前教育事业发展需要，根据相关文件设置幼儿园教师职务（职称）各个层级的合理比例，不同层级教师应具备相应层次的教育教学和研究能力。应不断优化人才结构，形成合理的幼儿园初、中、高级人才梯队，让更多教师能够有晋升职称的机会和更为广阔的发展空间，支持学前教育事业的健康和可持续发展。

（3）加强对薄弱地区教师职务（职称）评审的倾斜力度

可探索尝试通过“定向评价、定向使用”，对中高级岗位实行总量控制、比例单列等方式，帮助这些教师获得更多的专业发展支持和资源。在职称评审中，应把长期扎根乡村和艰苦边远地区幼儿园、关爱特殊儿童等条件重点纳入考核，优先推荐工作年限长、业绩突出的乡村教师。通过职务（职称）评审政策倾斜，提高乡村等地区幼儿园教师的职业吸引力，鼓励和吸引更多教师到农村和欠发达地区从事教育工作。

50 如何配备幼儿园教职工？

《学前教育法》第四十一条规定：“国务院教育行政部门会同有关部门制定幼儿园教职工配备标准。地方各级人民政府及有关部门按照相关标准保障公办幼儿园及时补充教师，并应当优先满足农村地区、革命老区、民族地区、边疆地区和欠发达地区公办幼儿园的需要。幼儿园及其举办者应当按照相关标准配足配齐教师和其他工作人员。”

幼儿园教职工包含了园长、副园长、教师、保育员、卫生保健人员、炊事员和其他工作人员等岗位，各类教职工在各自工作岗位上都发挥着重要作用。依标准配备幼儿园教职工是保障幼儿园保教质量、促进学前教育可持续发展的重要基础。如专任教师、保育员的基本配置不达标，将会严重影响正常保教活动的开展和保教质量。因此，推进幼儿园教职工配备工作，应从国家、地方政府和幼儿园等不同层级着手。

（1）国家制定幼儿园教职工配备标准

幼儿园教职工配备标准是为了确保幼儿园能够提供足够的师资来满足幼儿教育和保育的需求，促进其健康成长。因此，国家要从实现学前教育高质量发展的角度出发，适应人口变化形势，制定合理的幼儿园教职工配备标准。目前，国家已经出台了《幼儿园教职工配备标准（暂行）》《托儿所幼儿园卫生保健管理办法》等相关规定，依据服务类型，对教职工与幼儿比例，专任教师和保育员、园长、卫生保健人员等人员的配备比例作出具体要求，为各地幼儿园配备教职工提供基本依据。同时，鼓励有条件的地区在不造成资源浪费的前提下，提高配备标准，满足学前教育高质量发展的需要。

（2）地方依标保障幼儿园配备

在现实层面，有些幼儿园或举办者出于节省办园成本、编制限制等考虑，容易出现人员不配、少配、配备不齐等问题。

国家标准为各级各类幼儿园的合格标准，各地可根据当地经济社会发展水平和学前教育发展的实际情况，制定适合本地的具体实施方案。当前，全国已有部分省市出台了公办幼儿园教职工编制标准。制定了公办园编制标准的地区，应当依据当地编制标准配备教师，严禁“有编不补”、长期使用代课教师。在配备方式上，可通过事业单位调剂、跨区域动态调整、公费师范生培养等多种方式，盘活编制资源，优先补充幼儿园教师，推动公办园专任教师和管理人员纳入编制管理。

地方政府要督促民办幼儿园及其举办者必须明确法律责任，严格遵守相关标准配足配齐教师和其他工作人员，保障幼儿园的规范管理与有序运行。

（3）优先满足欠发达地区公办幼儿园教师需要

由于历史、地理等因素限制，欠发达地区的学前教育师资往往相对匮乏和薄弱，限制了当地学前教育的发展。公办园是这些地区普惠性学前教育服务的重要提供者，地方各级人民政府及有关部门在按照相关标准配备教师时，应探索通过加大政策倾斜、推进公费师范生、实行专项计划和定向委培等多种方式，优先满足农村地区、革命老区、民族地区、边疆地区等欠发达地区公办幼儿园的需要，缩小不同地区之间的教育差距，促进教育起点公平。

资料链接

2017年《教育部办公厅关于各地出台公办幼儿园教职工编制标准情况的通报》："多数地方对教职工编制按照教职工与幼儿的一定比例核定，比例从1:5—1:10不等。如新疆为1:5—1:7，北京为1:5.5—1:6，广东为1:7—1:10。一些地方明确专任教师按班师比或生师比确定。如浙江按班师比1:1.5—1:2的标准执行，安徽、江苏分别按照师生比1:15和1:16的比例核定""天津、广东等地规定专任教师和保育员应占到幼儿园教职工总数的80%以上；山东要求专任教师不低于教职工总数的91%"。

51 幼儿园教职工应遵守怎样的职业道德规范?

《学前教育法》第四十二条规定:“幼儿园园长、教师、保育员、卫生保健人员、安全保卫人员和其他工作人员应当遵守法律法规和职业道德规范,尊重、爱护和平等对待学前儿童,不断提高专业素养。”

幼儿园是学前儿童生活和学习的主要场所,教职工是幼儿除了父母家人之外接触最多、相处时间最长的成年人,他们既要引导幼儿获得早期学习与发展,也承担着立德树人的重要责任。多年来,国家通过《幼儿园工作规程》《幼儿园教师专业标准(试行)》《新时代幼儿园教师职业行为十项准则》等法律法规和相关文件,对幼儿园教职工的职业道德规范提出了明确要求。

(1)树立正确的职业信念

幼儿园教职工肩负着为党育人、为国育才的职责使命,应始终坚定政治方向,拥护中国共产党的领导,贯彻党的教育方针;自觉爱国守法,忠于祖国,忠于人民,自觉遵守法律法规,依法履行教师职责权利;带头践行社会主义核心价值观,弘扬真善美,传递正能量。

幼儿园教职工应认识本职工作的意义,热爱学前教育事业,具有崇高的职业理想,尊重教育规律,认真履行职责,全身心投入日常的幼儿园保教工作之中。

(2)具有良好的道德修养

幼儿园教职工自身的言行有可能成为学前儿童模仿的对象,本身就是十分重要的教育手段。“身正为范”对幼儿园教职工的道德修养提出了更高的要求。教职工应在日常的工作和生活中规范自己的言行举止，如遵守劳动纪律，尊重社会公德，举止文明礼貌，衣着整洁得体，秉持公平诚信，坚守廉洁自律等，从而影响幼儿、教育幼儿。

幼儿园教职工在与同事、家长交往的过程中，也要体现良好的道德修养：尊重同事，为人正直，光明磊落，团结协作，共同为幼儿的健康成长、全面发展而努力；尊重家长，以诚相待，及时与家长沟通交流，不得索要、收受家长财物，不得利用家长资源谋取私利。

（3）关爱、尊重幼儿

幼儿园教职工应关爱幼儿，重视幼儿身心健康，将保护幼儿的生命安全放在首位。《幼儿园工作规程》规定，幼儿园教职工必须具有安全意识、掌握基本急救常识和防范、避险、逃生、自救的基本方法，在紧急情况下应当优先保护学前儿童的人身安全；应当尊重、爱护学前儿童，严禁虐待、歧视、体罚和变相体罚、侮辱幼儿人格等损害学前儿童身心健康的行为。

幼儿园教职工应以关怀、接纳、尊重的态度与幼儿交往，维护幼儿的合法权益，尊重幼儿的个体差异，平等对待每一位幼儿，帮助每个幼儿愉快地、有尊严地度过童年生活。

（4）科学保教

对幼儿保育和教育的正确态度与行为也是一名合格的幼儿园教职工应具备的专业规范。教职工应当坚持以儿童为本，在保教工作中遵循学前儿童身心发展的规律和幼儿园教育的规律，推进科学保教；将保育与教育有机结合、相互统一，做到“保中有教，教中有保”；以学前儿童的生活为基础，以游戏为基本活动，发展素质教育；不断加强学习提升自己，聚焦实践中的困惑和问题，进一步将科学保教理念有效转化为科学保教实践。

52 幼儿园与教职工签订聘用合同或者劳动合同有哪些要求？

《学前教育法》第四十三条规定："幼儿园应当与教职工依法签订聘用合同或者劳动合同，并将合同信息报县级人民政府教育行政部门备案。"

聘用合同和劳动合同是教职工与幼儿园之间建立劳动关系的重要法律凭证，也是解决教职工与幼儿园之间劳动争议的重要依据。合同既能够保障教职工合法权益，也有助于幼儿园依照合同更科学、有效地对教职工进行规范和管理。

（1）依法签订聘用合同或劳动合同

幼儿园与教职工应遵照《中华人民共和国劳动法》《中华人民共和国劳动合同法》《中华人民共和国教师法》《事业单位人事管理条例》《关于在事业单位试行人员聘用制度的意见》等相关法律法规的规定，签订聘用合同或劳动合同。

在签订原则上，幼儿园与教职工订立和变更聘用合同或劳动合同，应当遵循合法、公平、平等自愿、协商一致、诚实信用的原则，不得违反法律、行政法规的规定。在签订合同前，合同双方应如实告知与合同直接相关的基本情况，明确双方工作有关的权利和义务。

在合同签订的内容上，聘用合同或劳动合同应包含双方基本信息、合同期限、工作内容和工作地点、工作时间和休息休假、劳动保护和劳动条件、劳动报酬、劳动纪律、社会保险、合同终止的条件、违反合同的责任等基本条款，以及当事人协商约定的其他内容。

在合同签订的周期、程序和形式上，幼儿园与教职工建立劳动关系，应当订立书面劳动合同；已建立劳动关系，未同时订立书面劳动合同的，应当自用工之日起一个月内订立书面劳动合同；在用工前订立劳动合同的，劳动关系自用工之日起建立。

（2）幼儿园应将合同信息报县级人民政府教育行政部门备案

在现实情况下，部分幼儿园未与教职工签订聘用合同或劳动合同，或者即使签订了合同也可能存在不合法、不规范等问题。教育行政部门是学前教育的主管部门，县级政府对属地幼儿园负有管理责任。通过合同信息备案制度，教育行政部门能够加强对幼儿园的监管，督促幼儿园依法依规签订劳动合同，防止出现已形成用工关系但未签订书面合同而对劳动者造成的损失；及时发现和纠正幼儿园在签订合同时的不规范行为，保护劳动者的合法权益。通过对幼儿园法律法规的宣传教育，提高幼儿园管理者和教职工的法律意识，使其充分认识到签订规范合同的重要性。鼓励和支持幼儿园建立健全内部管理制度，提高幼儿园的自我约束和自我管理能力，以此保障教职工和幼儿园双方的合法权益。

53 幼儿园教职工有哪些从业禁止情形？已经在岗人员有这些情形的应该如何处理？

《学前教育法》第四十四条规定：“幼儿园聘任（聘用）园长、教师、保育员、卫生保健人员、安全保卫人员和其他工作人员时，应当向教育、公安等有关部门查询应聘者是否具有虐待、性侵害、性骚扰、拐卖、暴力伤害、吸毒、赌博等违法犯罪记录；发现其有前述行为记录，或者有酗酒、严重违反师德师风行为等其他可能危害儿童身心安全情形的，不得聘任（聘用）。

幼儿园发现在岗人员有前款规定可能危害儿童身心安全情形的，应当立即停止其工作，依法与其解除聘用合同或者劳动合同，并向县级人民政府教育行政部门进行报告；县级人民政府教育行政部门可以将其纳入从业禁止人员名单。

有本条第一款规定可能危害儿童身心安全情形的个人不得举办幼儿园；已经举办的，应当依法变更举办者。”

学前儿童是社会“最稚嫩的群体”，关系千家万户，是党和国家的未来。要呵护好学前儿童的在园生活，对学前教育从业人员的资格审查和管理至关重要。作为针对从事学前教育的教师及其他相关人员的一种强制性行为规范，学前教育从业禁止制度旨在加强学前教师队伍建设，保护学前儿童的安全和身心健康，提高学前教育行业的整体水平。

（1）有违法犯罪记录的人员禁止从事幼儿园工作

有虐待、性侵害、性骚扰、拐卖、暴力伤害、吸毒、赌博等违法犯罪记录的人员禁止从事幼儿园工作，这类人员将对幼儿人身安全和心理健康构成严重威胁，同时也会威胁到幼儿园其他教职员工的安全。

为了更好地对这些违法犯罪记录进行审核查证，《中华人民共和国未成年人保护法》《关于建立教职员工准入查询性侵违法犯罪信息制度的意见》等法律法规和政策文件明确规定由教育部建立统一的信息查询平台，与公安部部门间信息共享与服务平台对接，实现性侵违法犯罪人员信息核查，面向地方教育行政部门提供教职员工准入查询服务。幼儿园在聘任（聘用）相关工作人员时，应首先向教育、公安等有关部门查询，确认无相关违法犯罪记录后方可聘任（聘用）。

（2）酗酒、严重违反师德师风行为的人员禁止从事幼儿园工作

幼儿园教职工是学前儿童日常接触的重要他人。学前儿童模仿能力强，但难以辨识行为对错，易受教职工不良行为的影响。为保护儿童身心健康和促进其全面发展，为幼儿园聘用教职工前须严格审核，确保其品行端正，无酗酒及其他可能不利于未成年人身心健康成长的不良行为，为学前儿童营造健康、安全、积极的成长环境。

违反师德师风行为不仅会损害幼儿园师资队伍形象，更可能对学前儿童的身心健康造成不可逆的伤害。对照《新时代幼儿园教师职业行为十项准则》《幼儿园教师违反职业道德行为处理办法》等文件，幼儿园在聘任（聘用）教职工时，应对教职工进行严格的背景审查和职业道德评估。

54 为什么要对教职工进行健康检查?

《学前教育法》第四十五条规定："幼儿园应当关注教职工的身体、心理状况。幼儿园园长、教师、保育员、卫生保健人员、安全保卫人员和其他工作人员，应当在入职前和入职后每年进行健康检查。"

（1）对学前儿童的健康、安全具有重要意义

幼儿园是儿童聚集的场所，也是疾病传播的易发区。学前儿童免疫力相对较低，为保障儿童的健康和安全，幼儿园教职工必须具备良好的健康状况，符合相关的卫生要求。

教职工的心理健康也是儿童心理健康的重要保证，是教师完成工作职责的前提条件。为学前儿童创造一个安全、温暖的心理环境，教职工应具

备情绪稳定、自我调控能力强等心理素质特性，有助于引导儿童学会恰当表达和调控情绪。作为榜样和引导者，教职工应始终保持良好的情绪状态，以积极、愉快的情绪影响学前儿童。

（2）健康检查的具体要求

入职前须进行健康检查。根据《托儿所幼儿园卫生保健管理办法》的有关规定，托幼机构工作人员上岗前必须经县级以上人民政府卫生行政部门指定的医疗卫生机构进行健康检查，取得《托幼机构工作人员健康合格证》后方可上岗。检查项目依据《托幼机构工作人员健康检查表》进行，包括身体基础检查、传染病检查、心理健康评估等。精神病患者、有精神病史者不得在托幼机构工作。通过对教职工入职前进行健康检查，避免患有传染病或精神疾病的个体对学前儿童的身心健康构成威胁，保障幼儿园教育环境的安全性。

入职后须每年进行健康检查。幼儿园应当组织在岗工作人员每年进行1次健康检查。在健康检查中发现，在岗人员患有传染性疾病的，应当立即离岗治疗，治愈后方可上岗工作。

各地须严格落实规范，依法进行检查，定期督促一些薄弱园加强对教职工每年健康检查。如果幼儿园出现聘用未进行健康检查、健康检查不合格的工作人员或者未定期组织工作人员健康检查，将由卫生行政部门责令限期改正，通报批评；逾期不改的，给予警告；情节严重的，由教育行政部门依法给予行政处罚。

55 如何保障幼儿园教职工的工资福利？

《学前教育法》第四十六条规定："幼儿园及其举办者应当按照国家规定保障教师和其他工作人员的工资福利，依法缴纳社会保险费，改善工作和生活条件，实行同工同酬。县级以上地方人民政府应当将公办幼儿园教师工资纳入财政保障范围，统筹工资收入政策和经费支出渠道，确保教师工资及时足额发放。民办幼儿园可以参考当地公办幼儿园同类教师工资收入水平合理确定教师薪酬标准，依法保障教师工资待遇。"

幼儿园教职工是学前教育活动的直接参与者，待遇权益保障则是其最为关心的问题。长期以来，幼儿园教职工工资待遇偏低影响了他们的归属感和工作积极性，阻碍了学前教育的可持续健康发展。

（1）逐步提高幼儿园教师的工资水平

当前，相比于其他学段的教师，幼儿园教师的工资水平相对偏低。各级政府应进一步加大学前教育财政投入和支持水平，不断优化经费投入和使用结构，将提高教师待遇和工资水平作为重要保障内容。各地应认真落实幼儿园教职工待遇保障政策：对于公办园的教师，应将所有在园工作的教师工资纳入财政保障范围，统筹工资收入政策和经费支出渠道，以确保教师工资及时足额发放；对于公办园中保育、安保、食堂等服务，可按照政府购买服务范围的规定，纳入政府购买服务范围，所需资金从地方财政预算中统筹安排；对于民办幼儿园的教师，应当参照当地公办园同类教师工资收入水平，合理确定本园教师薪酬标准，进一步加强管理和监督，保障民办园教职工工资待遇。

（2）五险一金足额足项缴纳

五险一金作为一种劳动收入的再分配，是对幼儿园教师劳动付出给予的间接物质报酬，对于稳定教师队伍，让广大幼儿园教师安心从教具有重要意义。

除国家对社会保险和住房公积金收缴的统一规定，《中共中央　国务院关于学前教育深化改革规范发展的若干意见》第五条明确规定，“各类幼儿园依法依规足额足项为教职工缴纳社会保险和住房公积金”，同时，社会保障、医疗保障、税务等有关部门应当对幼儿园教职工社会保险缴纳情况进行督导检查。

（3）加大边远地区、欠发达地区幼儿园教师的福利保障

在推动教育公平、促进社会和谐与进步的过程中，边远地区、农村地区、欠发达地区工作的幼儿园教师以及从事特殊教育事业的幼儿园教师发挥着不可替代的作用，他们坚守在最偏远、最艰苦的地区，为学前教育事业发展、国家人才培养作出了重要贡献。各地应结合本地区实际情况，制定具体的实施细则，明确福利保障的标准和发放程序。鼓励有条件的地方提高补助标准，拿出务实举措，真正帮助教师解决困难、改善生活条件。通过加大补偿与组合激励措施，使得这一批教师“引得来”“留得住”“干得好”“有发展”。

（4）建立健全评价与督查机制

可探索建立落实幼儿园教师工资待遇的评价与督查机制，如将教师待遇保障落实情况与幼儿园等级评估认定、生均财政拨款等挂钩。对工资待遇明显低于行业水平及社会保障不完善的幼儿园应及时纠正，切实保障教

职工薪酬待遇合理且发放到位。应推动建立幼儿园教师晋级增薪制度，让长期奋斗于一线，真正热爱学前教育事业的幼儿园教师得到应有的回报。

56 如何做好师资培养？

《学前教育法》第四十八条规定："国务院教育行政部门应当制定高等学校学前教育专业设置标准、质量保证标准和课程教学标准体系，组织实施学前教育专业质量认证，建立培养质量保障机制。

省级人民政府应当根据普及学前教育的需要，制定学前教育师资培养规划，支持高等学校设立学前教育专业，合理确定培养规模，提高培养层次和培养质量。

制定公费师范生培养计划，应当根据学前教育发展需要专项安排学前教育专业培养计划。"

（1）国家建立学前教育专业师资培养的标准体系

国务院教育行政部门应当建立高等学校学前教育专业设置标准、质量保证标准和课程教学标准体系。标准制定应体现专业性，符合国家、地区教育改革发展和幼儿园教师队伍建设的需要。各高校要依据标准设置自己的专业，构建专业课程体系。学前教育专业质量认证应强调以师范生的学习效果为导向，对专业教学进行全方位、全过程评价，并将评价结果应用于教学改进，推动专业人才培养质量的持续提升。通过"以评促建、以评促改、以评促强"，推动专业建设的不断提升。应逐步建立起包含保障体系、内部监控、外部评价、持续改进等关键环节的学前教育专业师资培养质量保障机制，确保师资培养质量得到全方位监控和保障。

（2）省级人民政府因地制宜制定学前教育师资培养规划

省级人民政府需要紧密结合本地学前教育发展的实际需求，合理确定师资培养规模，与高等学校共同制定学前教育师资培养规划。应关注不同区域、不同层次幼儿园的师资需求，有针对性地开展师资培养。规划中应对政府在学前师资培养规划、投入、建设、监管等方面的责任进一步强化。

应逐步建立健全激励机制，为学前教育专业学生提供升学渠道，鼓励他们通过函授、自考或全日制升学等方式提升自身的学历和专业水平。重点支持建设一批师范教育基地，构建开放、协同、联动的现代学前教师教育体系。加强学前师范生专业能力发展中心建设和师范专业建设，创新培养模式，优化培养课程体系，突出保教融合，加强儿童发展、幼儿园保育教育实践类课程建设。鼓励高水平师范院校建立教师教育协同创新平台，推动优质课程资源共享、学科建设经验分享、教育科研课题共同研究，提升整体办学水平。

（3）结合实际，加大公费师范生培养力度

公费师范生政策是通过政府加大投入保障，提升教师培养层次，以适应教育强国建设要求的重要政策举措。对于吸引乐教、适教的优秀人才选择学前教育事业，缓解教育资源相对匮乏地方的师资紧张，提高教师的职业吸引力和社会地位具有重要意义。应努力完善公费师范生培养政策，各省制定公费师范生计划时，可结合当地实际和学前教育发展的需要，专项安排学前教育专业培养计划。根据地方财力增长情况，分阶段、分年度把公费师范生培养作为补充公办园教师配备的一项重要途径，特别是解决一些艰苦边远地区、薄弱地区教育资源匮乏、师资力量不足等问题。

57 如何开展幼儿园教职工培训?

《学前教育法》第四十九条规定:“县级以上人民政府教育、卫生健康等有关部门应当按照职责分工制定幼儿园园长、教师、保育员、卫生保健人员等工作人员培训规划,建立培训支持服务体系,开展多种形式的专业培训。”

教师是立教之本、兴教之源,强国必先强教,强教必先强师。2025年1月中共中央、国务院印发的《教育强国建设规划纲要(2024—2035年)》明确要求“建设高素质专业化教师队伍,筑牢教育强国根基”。教育从来不是一成不变的,伴随着新时代学前教育改革的不断深入,幼儿园教职工要及时地进行知识更新,不断地学习相关的法律法规和规范性文件,不断地反思和改进教育实践,在持续学习与不断完善自身素质的过程中实现专业发展,以适应不断变化的教育需求。因此,需要加大对幼儿园教职工的培训力度,建设高质量的教职工队伍。

(1)依法落实培训职责

县级以上人民政府教育、卫生健康等相关部门应根据各自的职责分工,制定幼儿园教职工培训规划,分类、分层组织幼儿园园长、教师定期培训和全员轮训工作。

教育行政部门应按照《中共中央 国务院关于全面深化新时代教师队伍建设改革的意见》等文件要求,负责统筹好国家、省、市、县、园五级培训网络,加强对幼儿园教职员工的思想政治教育、师德师风培养和园长、教师的专业能力培训等。卫生健康部门应根据《托儿所幼儿园卫生保健管理办法》规定,定期组织卫生保健人员、保育员开展卫生保健专业知识培训。

（2）聚焦实践开展培训

师德为先。培训工作应把教职工思想政治和师德师风建设放在首要位置。教育行政部门、各幼儿园应围绕立德树人根本任务，加强对教职员工的理想信念教育，建立健全教师定期理论学习制度，开展党史、新中国史、改革开放史、社会主义发展史学习教育，提高教师的政治意识、政治能力；严格落实师德师风第一标准，加强师德师风培养，把学习贯彻习近平总书记关于教育的重要论述作为教师教育和培训的重要任务，将师德师风和教育家精神融入教师培养培训全过程，推动教师以德施教、以德立身。

实践为重。教育行政等部门应结合当前幼儿园教育改革发展形势、要求，组织开展师资培训需求调研，把握教职工在实践工作中的困惑、问题和难点。在此基础上，按照《幼儿园园长专业标准》《幼儿园教师专业标准》等文件要求，依照不同岗位、不同职业发展阶段、不同教职工的需求，以问题为中心，案例为载体，因需设计培训内容和方式，开展分层分类精准培训，不断提高培训的针对性和实效性。

形式多样。各地应完善线下集中培训、在线培训、校本研修融合的混合式培训，以案例式、体验式、探究式、项目式、综合性学习等为主要教学方式，采用多种培训方式和途径，推进教职工常态化学习。支持师范院校与优质幼儿园协同建立培训基地，强化专业学习与跟岗实践相结合，切实提高教职工的专业水平和科学保教能力。有条件的地区可以积极推动人工智能与教职工培训融合，形成人工智能支持教职工终身学习、持续发展的机制。

（3）完善支持保障机制

各地要完善好落实好幼儿园教职工的培训保障机制，从政策、资金、人员、平台、管理统筹等各个角度为幼儿园教职工队伍培训提供保障。地方应保障教师培训经费的投入，确保培训经费的稳定性和持续性，有效支持和推动教师培训工作的开展。保障教职工参与在职培训的权利，尤其是民办园教职工均能参与到培训中，将民办幼儿园教职工纳入教师继续教育学时管理，使其真正在培训中获益。同时，要按照专兼结合的原则，建设一支素质优良、结构合理的培训者队伍，加强培训者团队建设。加大对培训委托机构的管理，对培训内容做好把关，确保正确方向。不断完善和加强培训课程资源建设。建立健全教职工培训的评价反馈机制，对教职工学习过程和效果进行综合评价，适时提供反馈和跟踪指导，提高培训实效。

第五章
保育教育

58 如何理解幼儿园要坚持保育与教育相结合的原则？

《学前教育法》第五十条规定：“幼儿园应当坚持保育和教育相结合的原则，面向全体学前儿童，关注个体差异，注重良好习惯养成，创造适宜的生活和活动环境，有益于学前儿童身心健康发展。”

（1）由幼儿身心发展的特点所决定

3—6岁幼儿仍处于发展的初期阶段，他们身体柔弱，心理稚嫩，离不开成人的保护、照料和教育。有效的保育措施，例如营养均衡的膳食、充足规律的睡眠、安全舒适的成长环境以及必要的疾病预防和健康监测，能够保障幼儿生命安全和正常的生长发育。同时，丰富多元且符合幼儿身心特点的教育活动，包括游戏活动、科学探究、艺术创作等，能够激发幼儿的好奇心、求知欲和创造力，有效促进其身心全面和谐发展。可见，保育与教育有机结合，才能最大限度地满足幼儿身心发展的需求，为未来的学习和生活打下坚实的基础。

（2）保育与教育相结合是我国幼儿园教育的特色和根本原则

早在1938年10月“陕甘宁边区儿童保育院”成立之时，毛泽东主席就为其题词“好好的保育儿童”。在不同历史时期，“必须把保护幼儿的生命和促进幼儿的健康放在首位”都是我国幼儿园教育的首要准则。在此基础上，幼儿园一直都积极开展丰富多彩的教育活动，以满足幼儿身心发展的多种需要。正是在我国幼儿园教育长期的发展和实践中，逐渐形成了保育和教育相结合的传统和特色，并且成为了我国幼儿园教育的根本原则。我国学前教育领域的重要文件《幼儿园工作规程》《幼儿园管理条例》《幼儿园教育指导纲要（试行）》当中，都强调了保育和教育相结合的原则。贯彻和落实这一原则，有效地促进了我国幼儿园教育的高质量发展，有效地保障了幼儿身体和心理各方面的健康和谐发展。

（3）应做到“保中有教，教中有保”

在幼儿园教育实践中，保育与教育往往是在同一过程中实现的。其中，“保中有教”，强调幼儿园保育工作中应当包含着教育性因素；“教中有保”，强调幼儿园教育工作中应当渗透保育的内容。例如，在日常生活中引导幼儿根据需要自主饮水、盥洗、如厕、增减衣物等，在支持幼儿养成良好生活卫生习惯的同时，也提升了幼儿的自理能力；在游戏活动中支持幼儿自主选取、收纳和整理图画书、玩具等，在支持幼儿获得分类、合作、动作发展等多种学习经验的同时，也帮助幼儿养成了良好的生活和劳动习惯。班级教师和保育员在日常保教工作中应当做到分工不分家，在统一的班级工作目标和总体安排下，共同完成保教结合、促进幼儿全面和谐发展的教育任务。

资料链接

《幼儿园工作规程》第三条规定：“幼儿园的任务是：贯彻国家的教育方针，按照保育与教育相结合的原则，遵循幼儿身心发展特点和规律，实施德、智、体、美等方面全面发展的教育，促进幼儿身心和谐发展。”

《幼儿园管理条例》第十三条规定：“幼儿园应当贯彻保育与教育相结合的原则，创设与幼儿的教育和发展相适应的和谐环境，引导幼儿个性的健康发展。”

59 幼儿园为什么既要面向全体儿童又要关注个体差异？

《学前教育法》第五十条规定：“幼儿园应当坚持保育和教育相结合的原则，面向全体学前儿童，关注个体差异，注重良好习惯养成，创造适宜的生活和活动环境，有益于学前儿童身心健康发展。”

幼儿园保育和教育既要面向全体儿童，又要关注个体差异，是对我国以往学前教育相关政策的延续和深化。我国学前教育发展历程中的诸多重要文件，如《幼儿园教育指导纲要（试行）》《国务院关于当前发展学前教育的若干意见》《幼儿园工作规程》中都以不同形式提出“既要面向全体儿童，又要关注个体差异”。

（1）全体学前儿童都平等地享有被关注和接受教育的权利

幼儿园作为学前儿童教育的重要阶段，应当坚持“面向全体学前儿童”的原则，确保每一名学前儿童都能平等地接受教育。这种平等不仅体现在教育资源的公平分配上，更重要的是体现在教师公平对待每名学前儿童的态度和方式上。一方面，幼儿园应通过平等接纳所有学前儿童、提供普惠性教育资源、加强师资培训、创设包容性环境以及促进家园共育等措施，确保每名学前儿童都能在公平、优质的教育环境中健康成长。另一方面，无论学前儿童来自何种家庭和文化背景、具有何种个人特点和学习能力，教师都应给予他们同等的尊重、关爱和教育支持，遵循学前儿童成长发展的共同规律，为他们提供适宜他们年龄特点的环境和条件，保障他们的身心健康发展。

（2）要关注学前儿童发展的个体差异

学前儿童的发展既具有年龄特点，也具有个体差异。每一名学前儿童都是独一无二的个体，有着各自的性格特点、兴趣爱好、天赋潜能和生活经验。这就决定了幼儿园教育不能采用“一刀切”的方式实施保育和教育，应关注个体差异，并根据每一名儿童的特点和需求，提供多样化的学习环境和教育活动，让每一名儿童都能生动、活泼、富有个性地发展。这不仅有助于激发儿童的学习兴趣和积极性，培养他们的自信心和自主能力，为他们的未来发展奠定坚实的基础，同时有助于培养多样化人才，满足未来社会多元化、复杂化的需求。

资料链接

《幼儿园教育指导纲要（试行）》提出：“幼儿园的教育是为所有在园幼儿的健康成长服务的，要为每一个儿童，包括有特殊需要的儿童提供积极的支持和帮助。”

《国务院关于当前发展学前教育的若干意见》规定：“遵循幼儿身心发展规律，面向全体幼儿，关注个体差异”。

《幼儿园工作规程》提出：要“注重个体差异，因人施教”，要“面向全体幼儿，热爱幼儿”。

60 幼儿园应如何加强安全管理？

《学前教育法》第五十一条规定：“幼儿园应当把保护学前儿童安全放

在首位，对学前儿童在园期间的人身安全负有保护责任。

幼儿园应当落实安全责任制相关规定，建立健全安全管理制度和安全责任制度，完善安全措施和应急反应机制，按照标准配备安全保卫人员，及时排查和消除火灾等各类安全隐患。幼儿园使用校车的，应当符合校车安全管理相关规定，保护学前儿童安全。

幼儿园应当按照国家有关规定投保校方责任保险。”

学前儿童的自我保护能力较弱，幼儿园必须将保护学前儿童安全放在首位。目前，大多数幼儿园已建立安全管理制度和责任体系，配备了安全保卫人员，开展安全教育和应急演练，并定期排查隐患等。幼儿园要加强安全管理，应做好如下工作。

（1）提升师幼的安全意识和能力

师幼安全意识和能力的提升是幼儿园安全管理工作的关键。幼儿园应当采取多种措施切实提升全体教职工的安全意识和能力，如定期开展全员安全培训、组织安全制度相关规定测试、围绕幼儿园安全问题研讨交流等，使“安全”成为全体教职工心中的头等大事，确保“安全警钟长鸣”。对于幼儿，应当根据《幼儿园保育教育质量评估指南》要求，“切实把安全教育融入幼儿一日生活，帮助幼儿学习判断环境、设施设备和玩具材料可能出现的安全风险，增强安全防范意识，提高自我保护能力”。例如，在游戏活动后，教师可以与儿童一起回顾游戏中涉及安全问题的情节和场景，询问他们在游戏中遇到了什么安全隐患或危险情况，以及他们是如何应对的，鼓励儿童分享自己的游戏体验和感受。也可以从游戏中挑选出具有代表性的安全案例，这些案例可以是正面的（儿童成功避免危险）或负面的（儿童遇到危险但未能妥善处理），引导儿童探讨为什么某些行为是安全的或是存在安全隐患的。通过游戏活动，引导儿童学会识别安全警示标志，掌握基本安全规则，进而提升幼儿辨别风险、远离危险、不做危险举动的安全意识和自我保护能力。

（2）建立健全安全管理制度和安全责任制度

《中共中央 国务院关于学前教育深化改革规范发展的若干意见》要求："幼儿园必须把保护幼儿生命安全和健康放在首位，落实园长安全主体责任，健全各项安全管理制度和安全责任制。"《中小学幼儿园安全管理办法》也要求幼儿园应"全面落实安全工作责任制"。

幼儿园园长是安全工作的第一责任人，对幼儿园的安全工作负全面领导责任。幼儿园业务干部、教师及其他教职工等，也应按照职责分工，承担相应的安全管理责任。对于未履行安全责任的行为，《学前教育法》第七十九条规定：未依法加强安全防范建设、履行安全保障责任，或者未依法履行卫生保健责任的幼儿园，由县级以上地方人民政府教育等有关部门按照职责分工责令限期改正，并予以警告；有违法所得的，退还所收费用后没收违法所得；情节严重的，责令停止招生、吊销办学许可证。

根据《幼儿园工作规程》《幼儿园管理条例》等相关规定，幼儿园应建立健全各项安全管理制度，建立全覆盖的安全风险防控体系。例如：幼儿园要健全房屋设备、消防、门卫、食品药品、幼儿接送交接、幼儿就寝值守和活动组织等安全防护和检查制度，加强人防、物防、技防建设，构建联防联控有效机制等。

（3）确保安全制度的有效落实

安全制度不是挂在墙上的标语，而是需要落实到每一项日常工作中。为了确保安全制度的有效落实，幼儿园应做好以下工作。

一是设立安全管理机构，配备专兼职安全保卫人员，聘用专职门卫和保安员，做好安全防范工作。依据GB/T 29315—2022《中小学、幼儿园安全防范要求》，幼儿园保安员应当按照不低于以下标准配备：非寄宿制幼儿人数少于100人的幼儿园至少配1名专职保安员。100人以上1000人以下的学校，至少配2名专职保安员。超过1000人（含）的学校，至少配3名专职保安员，每增加500名学生至少增配1名专职保安员。寄宿制幼儿总人数300人（不含）以下至少配备2名专职保安员，300人（含）以上每增加300人至少增配1名专职保安员。根据幼儿园非寄宿幼儿人数和寄宿幼儿人数分别计算应配备保安员数量，两者之和为幼儿园至少配备的保安员人数。

二是加强安全教育和培训，定期对教职工进行专业指导，提升其安全意识和应急处置能力，并通过家长会、安全讲座等形式，向家长普及学前儿童安全知识，共同营造安全的教育环境。

三是强化安全检查和隐患排查，建立健全的安全检查制度，定期对园内设施设备进行全面检查与维护，同时鼓励教职工和家长积极举报安全隐患问题，确保及时发现并整改潜在问题。

（4）按照规定投保校方责任保险

幼儿园应建立多元化的事故风险分担机制，按照国家有关规定投保校方责任保险。依据《国务院办公厅关于加强中小学幼儿园安全风险防控体系建设的意见》，学校举办者应当按规定为学校购买校方责任险，幼儿园投保校方责任险的费用，由各省（区、市）按照国家有关规定执行。各地要根据当地经济社会发展情况，结合实际，合理确定校方责任险的投保责任，规范理赔程序和理赔标准。

资料链接

《中华人民共和国未成年人保护法》第三十五条规定："学校、幼儿园应当建立安全管理制度，对未成年人进行安全教育，完善安保设施、配备安保人员，保障未成年人在校、在园期间的人身和财产安全。""学校、幼儿园不得在危及未成年人人身安全、身心健康的校舍和其他设施、场所中进行教育教学活动。""学校、幼儿园安排未成年人参加文化娱乐、社会实践等集体活动，应当保护未成年人的身心健康，防止发生人身伤害事故。"

《中华人民共和国未成年人保护法》第三十六条规定："使用校车的学校、幼儿园应当建立健全校车安全管理制度，配备安全管理人员，定期对校车进行安全检查，对校车驾驶人进行安全教育，并向未成年人讲解校车安全乘坐知识，培养未成年人校车安全事故应急处理技能。"

61 遇到学前儿童受到侵害的危险情形，幼儿园应该如何处置？

《学前教育法》第五十二条规定："幼儿园发现学前儿童受到侵害、疑似受到侵害或者面临其他危险情形的，应当立即采取保护措施，并向公安、教育等有关部门报告。

幼儿园发生突发事件等紧急情况，应当优先保护学前儿童人身安全，立即采取紧急救助和避险措施，并及时向有关部门报告。

发生前两款情形的，幼儿园应当及时通知学前儿童父母或者其他监护人。"

学前儿童身心稚嫩，需要特别保护。人在幼儿期遭受侵害，会对身心健康造成长期且严重影响。幼儿园必须消除风险，确保幼儿安全。

（1）明确何为危险情形

《学前教育法》列举了学前儿童受到侵害、疑似受到侵害或者面临其他危险情形以及幼儿园发生突发事件等紧急情况。其中，“受到侵害”包括身体侵害、心理侵害、性侵害等任何对学前儿童身心健康造成损害的行为。“疑似受到侵害”是指有迹象或证据表明学前儿童可能遭受了侵害，但尚未得到确凿证据确认的情况。“其他危险情形”则指其他可能对学前儿童人身安全、身心健康造成威胁或损害的各种情况。“突发事件等紧急情况”是指突然发生，造成或可能造成严重社会危害，需要采取应急处置措施予以应对的自然灾害、事故灾害、公共卫生事件和社会安全事件。

（2）及时采取保护和救助措施

如发现学前儿童遭遇侵害和疑似受到侵害时，幼儿园应立即采取行动，迅速将儿童带离危险环境，或采取其他必要的物理保护措施，防止侵害行为进一步发生。对于已经受到侵害的学前儿童，幼儿园应安排专业心理教师或心理咨询师及时进行心理疏导和安抚，帮助他们缓解心理创伤，恢复情绪稳定。对于目睹或受到惊吓的其他学前儿童，也应进行适当的安抚和心理支持，确保他们的心理健康。同时，应及时向公安、教育等有关部门报告，以便相关部门及时介入，采取进一步措施保护儿童权益。对于突发事件，幼儿园应制定应急预案，配备相应设施并定期进行必要的演练。发生突发事件等紧急情况时，应优先保护学前儿童这个最容易受到侵害的群体，立即采取避险措施和紧急救助，最大限度减少对学前儿童的伤害。同时，应及时向公安、应急、消防、医疗等有关部门报告，以获得专业救援和支持。

（3）及时告知学前儿童父母或其他法定监护人

学前儿童父母或其他法定监护人对学前儿童负有保护和教育的权利和义务，并代理其进行民事活动。学前儿童在幼儿园受到侵害或发生突发事件时，幼儿园应尽快与儿童的父母或其他法定监护人取得联系，告知他们事件的详细情况，包括儿童的安全状况、已采取的保护措施及后续处理计划等，并与他们保持密切沟通，及时向他们通报调查进展和结果，确保信息透明和家长的知情权。同时，应倾听家长的意见和建议，采取的处理方案要征得家长同意，家园配合共同解决问题。

资料链接

《中华人民共和国未成年人保护法》第三十七条规定："学校、幼儿园应当根据需要，制定应对自然灾害、事故灾难、公共卫生事件等突发事件和意外伤害的预案，配备相应设施并定期进行必要的演练。未成年人在校内、园内或者本校、本园组织的校外、园外活动中发生人身伤害事故的，学校、幼儿园应当立即救护，妥善处理，及时通知未成年人的父母或者其他监护人，并向有关部门报告。"

62 为什么幼儿园要重视卫生保健工作？

《学前教育法》第五十三条规定："幼儿园应当建立科学合理的一日生活制度，保证户外活动时间，做好儿童营养膳食、体格锻炼、全日健康观察、食品安全、卫生与消毒、传染病预防与控制、常见病预防等卫生保健管理工作，加强健康教育。"

幼儿园卫生保健工作是一项全面而细致的工作，它涉及饮食卫生与营养、疾病预防控制、体格锻炼等多个方面，这些工作的有效开展，对于保障学前儿童的身心健康、促进学前儿童的全面发展具有重要意义。

（1）保障在园儿童身心健康

身体健康是学前儿童全面发展的基础，没有健康的身体，其他发展无从谈起。首先，学前儿童年龄小，身体各系统发育尚未成熟，免疫力相对较弱，是易感人群，容易受到疾病的侵袭。幼儿园作为集体生活场所，孩子之间接触密切，疾病传播的风险较高。通过严格的卫生保健管理，如定期消毒、晨检、疫苗接种、疾病防控等措施，能有效减少病毒、细菌等病原体的传播，保障孩子的身体健康。其次，良好的卫生习惯需要从小培养。通过日常的卫生教育，如洗手、刷牙、保持环境整洁等，可以帮助孩子建立健康的生活习惯，这不仅有助于预防疾病，还能为孩子终身健康奠定基础。最后，幼儿正处于快速生长发育的关键期，营养摄入和作息规律对他们的身体发育至关重要。通过科学的膳食安排、合理的作息时间以及定期的健康检查，能够确保孩子获得充足的营养和休息，促进其身体和大脑的健康发育。

（2）卫生保健工作是做好幼儿园其他工作的前提

卫生保健工作是做好幼儿园其他工作的前提。高质量的卫生保健工作能够帮助师幼更加专注于保育与教育活动，为提升保育质量、更好地促进儿童全面发展提供保障和支持。

卫生保健工作也是家长最为关心的问题。做好卫生保健工作能有效增强家长的信任，构建和谐的家园关系。当家长看到幼儿园为孩子提供了安全健康的学习环境时，他们会对幼儿园的教育质量和管理水平产生更高的信任度，从而更加积极地参与幼儿园的教育活动。

资料链接

《中华人民共和国未成年人保护法》第三十四条规定：“学校、幼儿园应当提供必要的卫生保健条件，协助卫生健康部门做好在校、在园未成年人的卫生保健工作。”

63 幼儿园应如何做好卫生保健工作？

《学前教育法》第五十三条规定：“幼儿园应当建立科学合理的一日生活制度，保证户外活动时间，做好儿童营养膳食、体格锻炼、全日健康观察、食品安全、卫生与消毒、传染病预防与控制、常见病预防等卫生保健管理工作，加强健康教育。”

（1）合理安排一日生活

合理安排学前儿童的一日生活，包括睡眠、进餐、户外活动、自主游戏等各个环节，是幼儿园做好卫生保健工作的基础。这是因为规律生活符合人体正常生物钟和昼夜节律变化，有助于血液循环和新陈代谢，增强身体的抵抗力和免疫力，促进身体健康；有助于保持心理状态的稳定和平衡，减轻焦虑和压力，提高情绪和幸福感。在安排作息时，应确保学前儿童有足够的休息和运动时间，注重动静结合、劳逸结合，避免学前儿童长时间处于同一种状态。在开展活动时，通过室内活动与室外活动、集体活动与自由活动等形式的交替进行，使学前儿童的身心能够张弛有度、协调发展。

（2）建立严格的卫生保健制度

幼儿园应根据《托儿所幼儿园卫生保健工作规范》《托儿所幼儿园卫生保健管理办法》等相关卫生保健标准，制定完善的卫生保健制度，包括日常清洁消毒制度、膳食管理制度、健康检查制度、传染病防控制度、食品安全管理制度等，确保儿童的健康与安全。这些制度应明确各项工作的具体要求和操作流程，确保卫生保健工作的规范化和制度化。

制度制定后，关键在于执行与监督。幼儿园应设立专门的卫生保健管理机构或人员，负责监督各项制度的落实情况。同时，通过定期检查和评估，确保卫生保健工作得到有效执行。还应定期对教职工进行卫生保健知识培训，提高他们的卫生保健意识和操作技能。通过家长会、宣传栏等形式向家长宣传卫生保健知识，形成家园共育的良好氛围。

（3）做好疾病预防控制工作

幼儿园应通过多种方式向学前儿童传授卫生保健知识，提高他们的自我保健能力。通过组织各种形式的体育活动和游戏，增强学前儿童体质，提高他们对疾病的抵抗力，同时注重培养他们的运动兴趣和习惯，为他们的终身健康打下基础。利用家长会、宣传栏等形式向家长宣传疾病防控知识，形成家园共防的良好局面。

幼儿园应严格执行卫生消毒制度，定期对幼儿园环境、玩具、餐具等进行清洁消毒，杀灭病原体，减少疾病传播的风险。同时，幼儿园工作人员应加强个人卫生管理，教育学前儿童养成良好的卫生习惯。

幼儿园还要做好疾病防控工作，强化监测预警，落实幼儿园晨午检制度、传染病报告制度，因病缺勤追踪登记制度等，加强与当地疾病预防控制、卫生健康部门的密切协作，共同做好疾病的防控工作。

（4）加强营养膳食

依据《托儿所幼儿园卫生保健管理办法》，幼儿园应加强膳食管理，制定科学的食谱，食物要多样，尽量选择天然新鲜的食材，蔬菜水果、鱼肉蛋奶、大豆坚果等均衡摄入，控制零食摄入，确保学前儿童获得充足的营养。此外，幼儿园还要加强食品安全管理，落实《学校食品安全与营养健康管理规定》要求，把好食品卫生关和进货验收关，确保学前儿童的饮食安全。

64 招收残疾儿童的幼儿园如何根据儿童实际情况开展保育教育？

《学前教育法》第五十四条规定：“招收残疾儿童的幼儿园应当配备必要的康复设施、设备和专业康复人员，或者与其他具有康复设施、设备和专业康复人员的特殊教育机构、康复机构合作，根据残疾儿童实际情况开展保育教育。”

上述是对幼儿园提供和参与学前融合教育作出的法律规定，体现了国家对于学前残疾儿童发展权的有效保障。

（1）创设全纳的幼儿园融合教育环境

对于能适应幼儿园生活的残疾儿童来说，进入幼儿园，与正常儿童一起生活和游戏，是帮助他们融入社会的最佳途径。他们在学习方式、能力方面虽有一定的特殊性，但也和正常儿童一样，主要通过与环境、同伴和成人的互动来学习和发展。因此，为满足残疾儿童的特殊需求，幼儿园在配备必要的康复设施、设备和专业康复人员的同时，还应致力于创设一个对残疾儿童友好的、全纳的学习环境，对幼儿园场地、空间、材料等进行无障碍设计。如：设置便于轮椅通行的通道、便于肢体障碍儿童行走的道路；在卫生间安装便于腿部残疾儿童使用的手撑栏杆；在投放游戏材料时，通过投放多感官触摸材料，满足感觉统合失调儿童的需求，通过在不同位置投放声音类材料，为视觉障碍儿童辨别方位提供支持。

（2）提高保教人员的融合教育能力

对残疾儿童实施融合教育，需要幼儿园教师和专业康复人员具备一定的有关融合教育的专业理念、专业知识和专业能力。因此，招收残疾儿童的幼儿园，除了对本园保教人员进行学前教育专业培训，还应开展必要的融合教育培训，增强保育保健人员、专任教师对于残疾儿童的早期识别和早期干预的意识，以及帮助残疾儿童与正常儿童友好相处、互帮互助、共同发展的融合教育专业能力。其中，特别应提高教师在幼儿园一日生活中观察、解读和支持残疾儿童的专业实践能力，将对残疾儿童的个别化教育融入幼儿园日常保教工作中，并与园内的专业康复活动相配合，共同促进残疾儿童的发展。

（3）与其他特殊教育机构、康复机构合作

当幼儿园受自身资源、硬件条件、专业能力限制，无法满足残疾儿童的康复需求时，应与其他具有康复设施、设备和专业康复人员的特殊教育机构、康复机构合作。根据残疾儿童的实际情况共同制定专门的保育教育方案，通过签订医教结合服务协议，明确各自的责任分工，为残疾儿童提供更专业、更全面的康复服务。

65 教育行政部门如何开展幼儿园保育教育工作指导？

《学前教育法》第五十五条第一款规定："国务院教育行政部门制定幼儿园教育指导纲要和学前儿童学习与发展指南，地方各级人民政府教育行政部门依据职责组织实施，加强学前教育教学研究和业务指导。"

按照上述规定，中央和地方各级教育行政部门对幼儿园保育教育工作的指导主要包括制定标准和指导实践两方面。

（1）制定指导标准，为幼儿园开展保育教育工作提供指引

党和国家始终高度重视提升幼儿园保育教育质量，先后出台了一系列政策文件，为幼儿园开展保育教育工作提供指引。进入21世纪以来，教育部于2001年颁布《幼儿园教育指导纲要（试行）》，基于我国国情提出了幼儿园教育改革的新思想。2012年颁布《3—6岁儿童学习与发展指南》，明确提出我国3—6岁各年龄段儿童学习与发展的目标和相应的教育建议，帮助幼儿园教师和家长了解儿童学习与发展的基本规律和特点。为了加快建立健全教育评价制度，促进学前教育高质量发展，2022年教育部颁布《幼儿园保育教育质量评估指南》，聚焦幼儿园保育教育过程及影响保育教育质量的关键要素，主要围绕办园方向、保育与安全、教育过程、环境创设、教师队伍等五方面提出了15项关键指标和48个考查要点。这些文件发挥了“指挥棒”作用，为开展保育教育工作提供了指导和帮助。

（2）聚焦保教实践，加强幼儿园保育教育实践研究与指导

为了切实提升幼儿园保育教育质量，需要聚焦保教实践，加强幼儿园保育教育实践研究与指导。具体从以下三方面入手：一是明确学前教育教研定位。坚持教研为幼儿园教育实践服务，为教师专业发展服务，为教育管理决策服务，突出实践导向和问题导向，这些是我国学前教育教研的定位。为此，要求各级学前教育教研人员日常深入幼儿园保教实践，聚焦解决幼儿园和教师在保育教育实践中的困惑和问题，注重强化幼儿园的自我评估和激发教师积极主动反思，不断提高幼儿园的自我改进能力和教师的保教实践能力。二是完善学前教育教研体系。多年来，我国已建立健全了各级学前教育教研机构，同时充分发挥城镇优质幼儿园和乡镇中心幼儿园的辐射指导作用，推动区域保教质量整体提升。此外，还遴选优秀园长和

教师充实教研岗位，实现了每个区县至少配备一名学前教育专职教研员，形成了一支专兼结合的高素质专业化学前教育教研队伍。三是制定学前教育教研制度。目前，我国已建立并完善了教研指导责任区制度、区域教研制度和园本教研制度，实现了各类幼儿园教研指导全覆盖。

66 幼儿园为什么要以游戏为基本活动？

《学前教育法》第五十六条第一款规定："幼儿园应当以学前儿童的生活为基础，以游戏为基本活动，发展素质教育，最大限度支持学前儿童通过亲近自然、实际操作、亲身体验等方式探索学习，促进学前儿童养成良好的品德、行为习惯、安全和劳动意识，健全人格、强健体魄，在健康、语言、社会、科学、艺术等各方面协调发展。"

幼儿园以游戏为基本活动，是我国学前教育政策早已确定的保教原则。1989年出台的《幼儿园工作规程（试行）》就明确指出，幼儿园要"以游戏为基本活动"。在《幼儿园教育指导纲要（试行）》《国务院关于当前发展学前教育的若干意见》等文件中，也一再强调要坚持"以游戏为基本活动"，《3—6岁幼儿学习与发展指南》中特别指出要"珍视生活与游戏的独特价值"。这些都是依据学前儿童身心发展特点提出的科学理念。

（1）游戏是学前儿童发展的需要

游戏是学前儿童的天性，这种天性中蕴含着生长的需要和内在动力。对于年幼的孩子而言，其生理和心理正处于不断成熟的过程中。当身体和心理有某种发展需求时，其身体机能会自发地发挥作用，以满足这种需求。例如，学前儿童喜欢奔跑、走窄边、跨跳障碍物、投掷小物体等，这些行为实际上是他们发展动作、平衡感和肢体协调性的需要。游戏的自发性特点正是学前儿童发展需求的体现。如果为学前儿童提供适合的空间、时间和玩具材料，他们就能在游戏中获得最大的发展和满足。

（2） 游戏是学前儿童的学习方式

游戏为学前儿童的全面发展提供了无限可能。学前儿童正处于直观动作思维和具体形象思维的黄金发展期。游戏，以其独特的情境性、直观性和操作性，与学前儿童的思维特点完美契合，成为了他们最自然、最适合的学习方式。例如，一个简单的捉迷藏游戏，在寻找与躲藏间，学前儿童不仅锻炼了身体，更在欢笑中体验到了探索的乐趣与成功的喜悦。同时，游戏要求学前儿童五官并用，手脑协调，实现经验的全面交融。例如，在搭积木时，他们通过操作不同形状的材料，创造出自己心中的奇妙世界，这些活动无形中锻炼了观察力、想象力和创造力。此外，游戏不仅是个体展现自我的舞台，更是学前儿童学习社会交往的重要场所。在与小伙伴的玩耍中，他们学会了理解他人的想法和感受，学会了合作与分享，为未来的社交能力打下了坚实的基础。

（3） 游戏能为学前儿童可持续发展奠定素质基础

学前儿童在游戏中能够自主地选择、尝试、探索，从而激发内在的学习动力，这种内在动力是可持续学习的重要源泉，它使学前儿童愿意持续投入时间和精力去学习新知识、新技能。

同时，学前儿童在游戏中通过观察、操作、实践，逐渐积累了丰富的经验和知识，这些经验是日后学科学习、逻辑推理、问题解决等能力的基础。此外，在游戏中，学前儿童需要面对各种挑战，学会坚持、合作与创新，这就锻炼了学前儿童的注意力、记忆力、思维力等认知能力，为他们的后继学习提供了有力支持。

67 幼儿园如何落实以游戏为基本活动?

《学前教育法》第五十六条第一款规定："幼儿园应当以学前儿童的生活为基础，以游戏为基本活动，发展素质教育，最大限度支持学前儿童通过亲近自然、实际操作、亲身体验等方式探索学习，促进学前儿童养成良好的品德、行为习惯、安全和劳动意识，健全人格、强健体魄，在健康、语言、社会、科学、艺术等各方面协调发展。"

学前儿童以游戏为基本活动，游戏对于学前儿童学习与发展的重要性已被充分证实。为有效落实"以游戏为基本活动"的理念，幼儿园应从以下几个方面进行改进。

（1）确保一日活动中有充分连续的游戏时间

确保每天都有充分连续的游戏时间，是做到"以游戏为基本活动"的首要前提。《教育部关于大力推进幼儿园与小学科学衔接的指导意见》指出，要充分保证幼儿每天的户外游戏时间。只有为幼儿提供充分连续的游戏时间，幼儿才能全身心地投入游戏活动，充分地动手动脑、深入探究；才能深入地与同伴交流、互动，自主地思考和解决各种矛盾和问题；才能尽情地享受游戏中的发现和快乐，充分激发想象力和创造力。

（2）提供丰富适宜的游戏环境和材料

幼儿的游戏需要依托各种环境和材料，否则就无法进行。因地制宜地创设环境，意味着幼儿园要充分利用现有的空间和资源，创设出既符合学前儿童身心发展特点，又具有地方特色的游戏空间。例如，在宽敞的户外场地上，可以设置自然探索区，让学前儿童在亲近自然的过程中观察植物的生长、昆虫的爬行，培养他们的观察力和好奇心。在室内空间有限的条件下，可以通过巧妙设计，利用墙面、角落等空间，创设出角色扮演区、美工区等，确保各个游戏区域既相互独立又相互联系，便于学前儿童自由选择游戏内容，同时也有利于教师观察指导。

除了环境的创设，游戏材料的提供也是至关重要的。幼儿园应当根据学前儿童的年龄特点和发展需求，提供丰富多样的游戏材料。这些材料不仅要安全、卫生，更要具有可探索性和可组合性，应以低结构材料为主，激发学前儿童的好奇心和探索欲望。例如，提供不同形状和大小的积木，可以让学前儿童在搭建过程中锻炼空间感知和手眼协调能力。值得注意的是，游戏环境和材料需定期根据学前儿童的兴趣、季节变化等进行调整，鼓励学前儿童参与环境布置，从而在动态变化中保持游戏的新鲜感和吸引力，为学前儿童创造一个既安全又富有探索乐趣的成长乐园。

（3）最大程度地支持幼儿自由自主地开展游戏

教师应当最大程度地让幼儿成为游戏的主人，鼓励和支持幼儿根据自身兴趣、需要和经验水平，自主选择游戏内容、游戏材料和伙伴，主动地、创造性地开展游戏。

教师切忌高控和导演幼儿的游戏，应由“幼儿要玩”变为“要幼儿玩”。教师要认真观察幼儿在各类活动中的行为表现并做必要记录，根据一段时间的持续观察，对幼儿的发展情况和需要作出客观全面的分析，提供有针对性的支持，不要急于介入或干扰幼儿的活动。在此基础上，教师可以充分了解幼儿的兴趣、需求和发展水平，从而为他们提供更加适宜的环境、材料和有针对性的支持。

68 幼儿园如何促进学前儿童在健康、语言、社会、科学、艺术等各方面协调发展?

《学前教育法》第五十六条第一款规定:“幼儿园应当以学前儿童的生活为基础,以游戏为基本活动,发展素质教育,最大限度支持学前儿童通过亲近自然、实际操作、亲身体验等方式探索学习,促进学前儿童养成良好的品德、行为习惯、安全和劳动意识,健全人格、强健体魄,在健康、语言、社会、科学、艺术等各方面协调发展。”

(1)充分认识一日生活各环节与各类活动所具有的教育价值

幼儿园一日生活的各个环节及各类活动本身都自然地包含多方面的教育价值。如:入园离园、用餐饮水、如厕盥洗、午睡起床等生活环节,在养成幼儿的时间观念、文明行为、良好生活习惯、健康生活方式、自理能力等方面具有重要作用;室内外游戏、自然观察、劳动、阅读等活动,有利于培养幼儿的认知兴趣、探究精神、解决问题的能力、交往能力、合作精神、想象力、创造力以及良好的学习品质。教师充分认识到这一点并积极发挥其教育功能,是促进幼儿各方面协调发展的基础。

(2)理解并掌握幼儿各领域学习与发展的核心要素

教师认真学习《3—6岁儿童学习与发展指南》等文件,真正理解各领域对幼儿发展的意义和价值,把握教育要点及核心经验,将领域学习与发展目标烂熟于心,并了解各领域学习的基本方式与指导方法,是促进幼儿各方面协调发展的前提。

以幼儿科学学习为例。《3—6岁儿童学习与发展指南》强调:“幼儿的科学学习是在探究具体事物和解决实际问题中，尝试发现事物间的异同和联系的过程”；科学学习及科学教育的要点是“激发探究兴趣，体验探究过程，发展初步的探究能力”；亲近自然、直接感知、亲身体验、实际操作是幼儿科学学习的基本方法；支持引导幼儿在探究中认识周围事物和现象，丰富感性经验，逐步发展逻辑思维是教师的基本任务。当教师真正理解和掌握了上述内容，就可以将其运用在对活动过程的观察、分析中，并以此为依据反思、调整教育行为。例如：当发现幼儿已经掌握了让积木不倒的“秘密”时，就可以适当对他们提一些带有挑战性的任务，诸如搭建一座“比萨斜塔”或“电视塔”；在秋天进行户外活动时，引导大班儿童观察哪些树会落叶、会落叶的树和不落叶的树各有什么特点等。

（3） 优化教育过程，有效整合多方面学习与发展的经验

树立整合观念，运用对各领域核心要素的知识，分析、挖掘各种活动中潜在的多种教育价值，并通过主题（或项目）化的教学活动，融合多领域的学习内容，是促进幼儿各领域协调发展的关键。

幼儿的发展是一个整体，五个学习领域的划分是相对的。尽管每个领域都有独特的教育价值、学习与发展目标和学习内容，但不同领域之间往往又是相互渗透、紧密联系的，可以同时存在于一个活动中。比如：剪窗花既是中国传统节庆文化的一部分（社会），又是一种美工（艺术）和手眼协调活动（健康），同时，纸的折叠过程又会带给幼儿图形组合和等分等数学经验（科学）。一日生活和游戏本身存在着多种潜在的教育价值，这些价值可以通过日积月累而慢慢实现，教师清晰的意识和积极主动的行为，能促使这些教育价值更加充分有效地转化为幼儿实际的学习与发展。

教师组织教学活动，可以围绕一个儿童感兴趣的主题或问题，将不同领域的有关内容有机地组织在一起，在师幼互动的过程中自然地展开。幼

儿园经常进行的以节日、季节、重要社会事件（如“冬奥会”“无人驾驶汽车”等）以及各类幼儿感兴趣的内容（如“西游记”表演、“小小发明家”等）为主题的活动，都可以帮助幼儿获得健康、社会、语言、科学、艺术等多方面的学习经验。

在当前的教育实践中，存在着片面追求学前儿童在某一领域、某一方面发展的现象，主要表现为：过于注重知识技能的传授，通过语言课、数学课、舞蹈课等方式，追求学前儿童在识字、背诗、数数、跳舞等方面的显性成果，忽视了儿童在道德品质、性格特质、身体健康、学习品质等方面的培养。这种片面追求知识技能的做法，不仅违背了学前儿童整体性发展的原则，还有可能对他们的身心健康和长远发展造成不良影响。

69 如何加强学前儿童普通话教育？

《学前教育法》第五十六条第二款规定：“幼儿园应当以国家通用语言文字为基本保育教育语言文字，加强学前儿童普通话教育，提高学前儿童说普通话的能力。”

我国方言多样复杂，加强学前儿童普通话教育，是幼儿园教育实践中不可或缺的重要内容。学前期是儿童语言发展的关键期。在这一阶段，儿童的大脑发育迅速，具有学习语言的良好条件。加强普通话教育可以帮助儿童从小掌握国家通用语言，夯实终身发展基础，帮助儿童成长成才，增强对国家的认同感和归属感，促进铸牢中华民族共同体意识。为此，幼儿园应着重从以下两方面加以实施。

（1）创造自由宽松的普通话学习环境

学前儿童的语言能力是在交流和运用的过程中发展起来的。幼儿园应在一日活动中为儿童创设自由、宽松的语言交往环境，鼓励儿童使用普通话与成人、同伴进行交流。教师应特别注重让儿童想说、敢说、喜欢说普通话，并对他们的每一次表达都给予积极回应。当儿童不愿说、说错时，不要急于批评和纠正他们，而是允许他们按照自己的意愿和节奏学说普通话。在日常的保育教育活动中，幼儿园里的所有成人都应当使用普通话与儿童交流，发挥学说普通话的示范作用。同时，幼儿园还应当创设全语言的学习环境，为儿童提供丰富的普通话语言资源，如提供用普通话朗读的图画书、动画、电影、儿歌等音视频资源。这些资源不仅有助于儿童学习标准的普通话，还能激发他们学说普通话的兴趣。此外，家庭也是学前儿童学习普通话的重要环境。幼儿园应当主动与家长沟通，倡导家长在家中创设条件，调动儿童使用普通话交流的兴趣和积极性，形成家园共育的良好氛围。

（2）以适宜的方式支持学前儿童学习普通话

幼儿园应采用适宜的方式支持学前儿童学习普通话，开展丰富多彩的语言活动，鼓励儿童多说、多听、多看，避免用机械记忆和强化训练的方式开展普通话教育。幼儿园可以将普通话学习融入游戏和阅读活动中，支持儿童在轻松愉快的氛围中自然而然地掌握普通话。例如，通过角色扮演游戏，学前儿童可以在不同的角色中练习普通话，提高语言运用能力；每天和孩子聊一聊、说一说今天做了哪些事情，帮助他们学习按照一定的顺序、比较完整地用普通话进行讲述；经常和孩子一起讨论书中的内容，鼓励他们根据故事的情节和画面，对故事的结果进行预测或续编、创编，逐步提升普通话的理解能力和表达能力。

值得注意的是，每一个学前儿童的语言发展水平都是不同的，教师和家长应结合孩子的年龄特征、兴趣爱好、认知水平、语言发展状况等，在话语内容、语调、速度等方面适当调整，激发儿童说普通话的热情。对于语言发展较慢或不会普通话的新入园儿童，教师和家长应给予更多的耐心和鼓励，通过全语言环境的感染和一对一的师幼交流，帮助他们逐步提高普通话水平。当儿童出现语言表达错误时，教师可恰当给予引导纠正，但不能呵斥孩子，也不宜拘泥于某一个发音，更不宜增加儿童说普通话的心理压力。对于语言表达能力较弱的学前儿童，教师可以通过提问、引导等方式，鼓励他们多用普通话表达自己的想法和感受，表扬孩子说普通话的行为，逐步提高他们说普通话的愿望和说好普通话的能力。

70 幼儿园如何配备玩教具和幼儿图书？

《学前教育法》第五十七条第一款规定：“幼儿园应当配备符合相关标准的玩教具和幼儿图书。”

玩教具和图书不仅是学前儿童日常游戏和阅读的活动材料，也是促进他们全面发展和健康成长的重要载体。

（1）玩教具和图书应当符合国家安全标准

玩教具和图书应当安全、无质量问题，其制作材料应无毒环保、结构稳定牢固。要符合GB 6675.1—2014《玩具安全》、GB 40070—2021《儿童青少年学习用品近视防控卫生要求》等强制性国家标准，符合《幼儿园工作规程》《幼儿园管理条例》等文件的要求。

（2）玩教具和图书应当满足一定的数量要求

幼儿园的玩教具和图书只有保证一定的数量，才能够充分满足幼儿游戏和活动的需要，避免争抢、静坐等待等不良状况的发生。如《幼儿园保育教育质量评估指南》要求：玩具材料种类丰富，数量充足，能够保证多名幼儿同时游戏。幼儿园配备的图画书人均数量不少于10册，每班复本量不超过5册，并根据需要及时调整更新。《3—6岁儿童学习与发展指南》要求，为幼儿提供一定数量、符合幼儿年龄特点、富有童趣的图画书。

（3）配备符合幼儿年龄特点和身心发展水平的玩教具

幼儿园配备的玩教具应当让幼儿喜欢玩，能够玩，且能玩出花样和水平。低结构玩具材料结构简单、玩法多样，具有可变性、可塑性、可操作性，幼儿可以自由组合、排列，创造出多种多样的表现方式，进而充分激发他们的想象力和创造力。因此，幼儿园的玩教具应以低结构材料为主，要为幼儿提供丰富多样的游戏体验和学习机会，避免购买一些华而不实、难以操作的玩具。玩教具的购买和使用应遵循可持续发展的理念，尽量选择环保、可回收的材料，减少资源浪费。此外，应建立玩教具的管理制度，定期进行更新和维护，确保玩教具的完好性和使用效率，并积极引导教师合理有效地利用玩教具开展教育活动。

（4）配备符合学前儿童年龄特点的图书

幼儿图书的内容与形式应当符合幼儿的年龄特点和认知水平。幼儿正处于身心快速发展的关键时期，他们的注意力、理解力和记忆力都在逐步增强，但仍有其局限性。因此，图画书应选择那些文字简洁、画面生动、色彩和谐、情节有趣的作品，这些特点能够有效吸引幼儿的注意力，帮助他们更好地理解故事内容。同时，图书的难易程度也应适中，既不过于简单导致幼儿失去兴趣，也不过于复杂让幼儿感到挫败，从而确保幼儿在阅读过程中能够获得成就感和满足感。

在选择幼儿图画书时，幼儿园还应注重挑选能够体现中华优秀传统文化和现代生活特色的作品。一方面，可以通过引入传统节日、历史故事、经典诗词等传统文化元素，帮助幼儿了解和传承中华文化，培养他们的文化认同感和民族自豪感。另一方面，也可以结合现代生活特色，如科技发展、社会变迁等，让幼儿在阅读中感受时代的脉搏，拓宽他们的视野和认知范围。同时，幼儿园还应根据学前儿童的兴趣变化和教育需求，及时调整和更新图画书资源，保持儿童对阅读的兴趣和热情。

此外，由于学前儿童正处于身心发展的关键时期，他们的思想观念和价值观念尚未形成，容易受到外界环境的影响，因此幼儿园应加强对图画书内容的筛选和审核，确保所有书籍都符合国家法律法规和教育政策的要求，避免幼儿在阅读过程中受到不良信息的干扰和影响。同时，幼儿园还应加强对教职工的培训和教育，确保他们能够及时发现并处理存在问题的图画书，为幼儿营造一个安全、健康、积极的阅读环境。

（5）不得使用幼儿教材

“幼儿教材”是指为学前儿童统一配发人手一册（套）的教材、各类相关用书或资源包等。《幼儿园保育教育质量评估指南》明确指出：“幼儿园不得使用幼儿教材”。这一要求体现了对学前儿童身心发展特点和学习方式的尊重。学前儿童具有极强的好奇心和探索欲，主要通过直接感知、实际操作和亲身体验的方式进行学习。为幼儿配发人手一册的教材，往往会导致幼儿静坐听讲，不符合幼儿的学习方式和特点，容易引发他们的厌烦和抵触情绪，进而影响他们学习的积极性和主动性。

71 为什么要对在幼儿园推行使用的课程教学类资源进行审定？

《学前教育法》第五十七条第二款规定：“在幼儿园推行使用的课程教学类资源应当经依法审定，具体办法由国务院教育行政部门制定。”

幼儿园课程教学类资源，是指为幼儿园教师设计开展幼儿园保育教育活动提供参考的教师指导用书、参考用书及与之配套的资源（文本资源、音视频资源等）。幼儿园课程教学类资源作为幼儿在园学习的重要载体，对幼儿园教育质量和幼儿的身心发展具有重要影响，必须依法审定。

（1）幼儿园课程教学类资源具有意识形态属性，承载着育人使命

幼儿园所选择的课程教学类资源集中反映了其办园方向和课程理念，影响教师向幼儿传递的价值观与教育内容。虽然在使用定位上，进入幼儿园的课程教学类资源与中小学教材不同，但是在意识形态属性上二者完全一致。幼儿园课程教学类资源承载着“培养什么人”“怎样培养人”和“为谁培养人”的育人使命，通过审定、把关幼儿园课程教学类资源的思想性和科学性，确保其充分体现党和国家的意志，有利于落实立德树人的根本任务，培养幼儿的民族归属感和文化认同感，增强幼儿的文化认同和文化自信。

（2）科学、优质的课程教学类资源能有效促进幼儿身心健康发展

课程教学类资源作为幼儿学习的重要载体，对于幼儿的身心发展产生着重要影响。科学、优质的课程教学类资源能根据幼儿的身心发展特点和学习方式系统编排内容，通过科学合理的知识结构，帮助幼儿形成正确的价值观，促进其在认知、情感和社会性等方面的发展。反之，如果使用了有科学性、思想性、知识性错误的课程教学类资源，不仅违背幼儿的认知发展规律，还加重家长的负担，造成焦虑、恐慌的心理，破坏教育生态。因此，基于当前幼儿园课程教学类资源存在的问题，亟须对其进行全面审定与规范，确保其科学性与适宜性。

（3）审定幼儿园课程教学类资源是强化幼儿园保育教育资源监管的重要体现

长期以来，幼儿园课程教学类资源主要由市场提供，由幼儿园自主选择，部分地区由教育行政部门或教研部门推荐或指定使用，但是一直没有建立规范的审定机制，存在不少风险和隐患。现在对在幼儿园推行使用的课程教学类资源进行审定，是以法治手段强化幼儿园保育教育资源监管的重要体现，能够有效规范和管理幼儿园课程教学类资源，通过动态审查机制和准入标准筛选优质资源，确保其内容符合幼儿的认知规律与发展需求。当前一些地区在课程资源审核方面已经开始探索，建立审核机制，印发用书目录，积累了一定的经验。

72 幼儿园如何利用社区的教育资源？

《学前教育法》第五十七条第三款规定：“幼儿园应当充分利用家庭、社区的教育资源，拓展学前儿童生活和学习空间。”

社区是儿童从一出生就接触的社会环境，也是对儿童最早产生影响的外部环境。社区中的很多资源都可以成为幼儿园教育资源。幼儿园应把统筹用好社区的各类教育资源作为强化实践育人的重要途径，积极拓展园外教育空间，密切儿童在园生活、家庭生活和社会生活的联系，帮助儿童开阔视野、增长见识。

（1）挖掘和整理社区的教育资源

社区中的教育资源类型多样，如：社区的地理位置、空间布局，社区所在地的风俗民情、名胜古迹、革命传统，社区内的各类生活设施、服务机构与组织，社区中不同领域和行业的工作人员，等等。这些都是社区宝贵的教育资源。幼儿园应以实地走访、问卷调查、访谈等形式，对这些资源进行摸底调查和统计，之后筛选和整理出与儿童生活密切的、儿童感兴趣的教育资源，再充分利用这些教育资源开展相关活动。如：邀请社区居民中的手艺人到幼儿园，向儿童介绍中华民族传统技艺；邀请社区内公安、消防人员和儿童互动，介绍交通安全、用火安全等知识。

（2）构建和完善教育资源共享机制

幼儿园应与社区及社区内的有关单位构建教育资源共享机制，通过建立长期稳定的合作关系，实现教育资源的优化配置，才能最大程度满足儿童学习和发展的需要。

构建和完善教育资源共享机制离不开幼儿园和社区的共同努力。一方面，幼儿园应发挥专业优势，积极向社区居民宣传科学育儿知识，帮助社区居民全面认识学前教育的重要价值，还可以社区儿童中心、游戏小组、家长学校等为阵地，面向区域内的儿童开展图书阅读、自主游戏、科学探究等活动，并结合儿童的表现情况，向其家长讲解他们在活动中获得的学习经验。另一方面，社区应根据儿童的年龄特点和学习需要，向幼儿园提供社会实践教育基地和资源目录清单，并协助幼儿园与有关单位开展合作，有针对性和常态化地开展志愿服务、法治教育、安全教育和研学活动等，让社区真正成为儿童生活、学习、成长的“社会课堂”。

73 幼儿园如何做好家长工作？

《学前教育法》第五十七条第三款规定：“幼儿园应当充分利用家庭、社区的教育资源，拓展学前儿童生活和学习空间。”

第五十八条第一款规定：“幼儿园应当主动与父母或者其他监护人交流学前儿童身心发展状况，指导家庭科学育儿。”

上述规定明确了幼儿园在开展家长工作时，应着重完成以下任务。

（1）在平等互信的基础上加强家园沟通

家长是促进儿童发展的责任主体，与幼儿园享有平等的地位。与家长建立平等、尊重、信任的伙伴关系，是幼儿园做好家长工作的重要前提。因此，幼儿园应把家长当作亲密的合作伙伴，建立并不断完善家园沟通制度。比如，家长委员会制度、家长开放日制度、家访制度等，采用日常交流、专门沟通等多种方式，不仅可以向家长宣传学前教育政策和科学保育理念，还可以了解家长对幼儿园各项工作的看法和期望。在家长表达意见和建议时，幼儿园应充分理解家长对幼儿园工作的关注，在平等互信的基础上，做到渠道畅通、认真倾听、积极反馈。只有这样，幼儿园和家长才能达成共识、统一行动，从而增强家园合作的实效性。

（2）合理利用儿童家庭的教育资源

家庭是儿童学习和发展的重要场所。家庭的经济状况，家长的文化水平、职业、兴趣爱好等，都会对儿童产生潜移默化的影响。同时，家庭中也蕴藏着丰富的教育资源，比如，家长可提供的图书、玩具、废旧材料等物质资源，家庭氛围、家风文化等精神资源。因此，在做家长工作时，应充分利用这些资源，发挥家庭教育的优势。

幼儿园在利用家庭的教育资源时，要以平等互信为前提，以协作共育为目的，避免把家长看作提供各种教育资源的“工具人”。在具体实践中，可以先通过家访了解家庭可以提供哪些教育资源，之后再根据资源需求和家庭的实际情况，邀请家长参与制订活动计划、准备活动材料、协助开展活动等。在此过程中，家长可以进一步了解幼儿园保教活动的开展情况，以及家庭教育资源在幼儿园的运用情况。

（3）为家长提供科学育儿指导

为家长提供科学育儿指导，是我国《幼儿园工作规程》明确规定的幼儿园的任务之一，也是幼儿园家长工作的重要内容。

每位家长都非常关心孩子的发展。为此，幼儿园应指导教师及时与家长分享儿童的在园生活和成长情况。教师除了利用入园和离园的随机交流、家访、家长会等途径，还应根据儿童的发展情况及时与家长做一对一的专门沟通。在沟通时，教师应以日常对儿童在生活、游戏等活动中行为表现的观察和记录为素材，向家长详细介绍儿童的情况；利用专业知识对儿童的行为表现进行分析，帮助家长了解儿童在幼儿园一日活动中获得了哪些学习经验；向家长介绍教师根据观察和分析，为儿童提供了哪些针对性支持，并为家长如何在家中观察、分析、支持儿童的发展提供具体建议。这些做法实际上就是在对家长进行科学育儿指导。通过指导，家长不仅了解了儿童的情况和幼儿园保育教育工作的情况，理解了儿童在一日活动中获得的学习经验，也收获了科学育儿的理念、知识和方法。

74 家长如何配合、支持幼儿园开展保育和教育活动？

《学前教育法》第五十八条第二款规定：“父母或者其他监护人应当积极配合、支持幼儿园开展保育和教育活动。”

上述规定重申了《中华人民共和国家庭教育促进法》关于家长在实施家庭教育、促进儿童健康成长过程中的主体责任，强调了家长有责任与幼儿园协同行动，共同促进儿童全面发展。

（1）加强与幼儿园和教师的沟通与合作

家长要积极参加幼儿园开展的家长开放日、家长会等家园沟通活动，通过多种途径主动与教师保持沟通，了解儿童在园的生活和学习情况，以及幼儿园保育教育工作的情况。同时，家长也要主动与教师分享儿童在家中的情绪表现、身心状况和同伴交往情况，与教师共同探讨、分析儿童的行为表现和可能的教育支持策略。当对幼儿园保育教育活动和教师的安排有不同意见时，家长要秉持尊重和信任的态度，认真倾听幼儿园和教师的想法，坦诚地表达自己的意见，从最大限度尊重和保护儿童利益、促进儿童发展的立场出发，寻求共识，解决分歧，共同为儿童提供和谐一致的成长环境。

此外，作为幼儿园重要的合作伙伴，家长也是幼儿园保育教育质量评估的重要主体。家长通过与园长、教师的沟通和交流，对幼儿园的保育教育质量进行客观评价，并提出建设性的意见和建议，能助力幼儿园不断提升保育教育质量。

（2） 主动配合、支持幼儿园的保育和教育活动

家长应遵守幼儿园各项规章制度，如接送时间、着装要求、用药登记、安全规定等，确保儿童能够安全、有序地参与幼儿园生活和活动。家长应积极参加幼儿园组织的家园共育活动，如：根据自身实际情况担任志愿者，与教师共同策划和组织活动，积极提供保育教育活动所需的教育资源，和孩子共同参与亲子活动，等等。通过与园长、教师的沟通，深入了解幼儿园保育教育的科学理念和方法，并在家中积极落实幼儿园关于促进儿童学习与发展的各项教育建议。此外，家长还应积极参加幼儿园组织的家庭教育指导活动，自觉学习家庭教育的理念、知识和方法，并主动和教师交流。

（3） 不断提高自身的科学育儿素养

育儿是一项重要的家庭责任，需要一定的知识和技巧。因此，家长需要不断提高自身的科学育儿素养，具体可以从以下方面入手：阅读介绍儿童身心发展特点和教育的书籍，丰富有关育儿的科学知识；积极参加育儿讲座、线上育儿论坛等，通过咨询、讨论等方式解决自己在育儿方面的困惑；定期撰写育儿笔记，将育儿方面的所思所想记录下来，也可以与专业

人士进行分享和交流。总之，家长可以通过多种途径提高自身的科学育儿素养，其中关键的是要将学、思、用相结合，才能对孩子产生积极的影响。

75 如何做好幼儿园与小学科学衔接？

《学前教育法》第五十九条第一款规定：“幼儿园与小学应当互相衔接配合，共同帮助儿童做好入学准备和入学适应。”

（1）坚持双向衔接的理念

幼儿园和小学应坚持双向衔接的理念，根据《3—6岁儿童学习与发展指南》《教育部关于大力推进幼儿园与小学科学衔接的指导意见》《义务教育课程方案和课程标准（2022年版）》等文件精神，坚持儿童为本，关注儿童身心发展的连续性、整体性和可持续性，通过协同合作，科学做好入学准备和入学适应，帮助儿童从幼儿园顺利过渡到小学。

（2）将入学准备教育贯穿于幼儿园保育教育全过程

儿童入小学所需要的各种基本能力和素质要尽早培养，从儿童入园起，教师就应该为其进入下一阶段的学习和生活作准备，围绕儿童入学所需的关键素质，有目的、有计划地将入学准备教育贯穿于幼儿园保育教育全过程。同时，还要根据大班儿童即将进入小学的特殊需要，有针对性地帮助儿童做好生活、社会和学习等多方面的准备，让儿童对小学生活充满期待和向往。

（3）强化小学的衔接意识

小学应将入学适应教育作为深化义务教育课程教育改革的重要任务，纳入一年级教育教学计划，坚持按课程标准零起点教学，并将教育教学方式与幼儿园教育相衔接。还要将小学一年级上学期设置为儿童入学适应期，调整一年级的课程安排，采取游戏化、生活化、综合化等方式实施教育，注重儿童的探究性、体验式学习。

76 为什么要强调防止和纠正幼儿园教育“小学化”？

《学前教育法》第五十九条第二款规定：“幼儿园不得采用小学化的教育方式，不得教授小学阶段的课程，防止保育和教育活动小学化。小学坚持按照课程标准零起点教学。”

根据上述规定，幼儿园教育“小学化”是法律明令禁止的办学行为。

幼儿园教育“小学化”是指幼儿园违背儿童身心发展规律和幼儿园教育规律，采用机械、强化、高强度训练等方法提前教授小学课程内容的教育行为，主要表现为教学方式、行为规范、教育环境等方面的“小学化”。这种错误倾向和做法，对儿童身心健康发展和学前教育质量提升造成了多方面的不良影响。

（1）幼儿园教育“小学化”损害儿童的身心健康

帮助儿童做好入学准备工作，主要是提高儿童的入学适应性，而不是提前教授给儿童小学的知识。由于小学的学习内容与幼儿园有很大差异，抽象的知识学习超出了儿童的发展水平和接受能力，使他们不能理解和接受，久而久之，儿童在学习中会缺乏内在动力，逐渐产生“学习是痛苦的”“学习是枯燥无味的”等想法，甚至引发厌学倾向，这将对儿童的身心健康和长远发展带来难以弥补的损害。

（2）幼儿园教育“小学化”禁锢儿童的思维发展

儿童的学习是在游戏和日常生活中进行的，他们主要通过直接感知、实际操作和亲身体验来获取经验。“小学化”的教育活动则主要是让儿童通过集体上课等方式掌握知识和技能，这样做不仅会禁锢儿童的思维发展，还会扼杀他们的好奇心和兴趣，将不利于培养儿童的想象力和创造力，还可能使他们出现学习后劲不足的情况。

（3）幼儿园教育“小学化”不利于培养儿童良好的学习习惯

对儿童的后继学习和终身发展具有关键和长远影响的，不是提前学习的某些学科知识和技能，而是良好的学习习惯。在“小学化”的教育活动中，儿童对所学内容不感兴趣，做小动作、说话等行为就会增多，长此以往，就会形成注意力不集中、不爱思考等习惯。有的儿童还会因为提前学习的内容不准确、不规范而导致入学后难以改正，结果适得其反。

（4）幼儿园教育“小学化”加大幼小衔接的难度

通过“小学化”的教育活动，儿童获得的入学准备素养主要是关于学习方面的知识和技能，缺少身心准备、生活准备和社会准备方面的关键素养，这样没有帮助儿童做好全方位的入学准备工作，导致幼儿园向小学过渡的“陡坡”不但没有缓下来，反而增加了新的挑战和任务，加大了幼小衔接的难度。

77 如何防止和纠正幼儿园教育“小学化”?

《学前教育法》第五十九条第二款规定：“幼儿园不得采用小学化的教育方式，不得教授小学阶段的课程，防止保育和教育活动小学化。小学坚持按照课程标准零起点教学。”

防止和纠正幼儿园教育“小学化”，实施全方位的科学衔接，才能不断提高入学准备和入学适应教育的有效性。此外，还应加强综合治理，持续营造良好的教育生态。

（1）加大宣传力度

幼儿园教育“小学化”会对儿童的身心健康和长远发展产生不利影响。通过开展一系列相关的政策解读活动、培训活动和宣传活动，能让更多人认识和了解“小学化”在教学方式、行为规范和教育环境等方面的表现及其危害，从而更好地理解和落实科学的幼小衔接理念。

（2）加强业务指导

教育行政部门应定期对幼儿园进行业务指导，引导幼儿园坚持保育和教育相结合，真正落实以游戏为基本活动，促进儿童在游戏和生活中快乐成长。同时，还要重点加强对幼儿园教师的业务指导，引导他们树立正确的幼小衔接理念，认真做好幼小衔接工作。

（3）完善监督机制

完善监督机制能有效防止和纠正幼儿园教育“小学化”。首先，建立审核机制，主要是严格审核幼儿园的办园行为及其使用的课程教学类资源，确保幼儿园能按照国家标准科学办园、科学保教。其次，建立幼儿园保育教育质量监测和评估机制，主要对各类幼儿园的情况进行动态监督，如发现“小学化”问题，要坚决予以纠正和整治。最后，建立全民监督机制，鼓励家长和其他社会人士关注学前教育，并对“小学化”问题积极举报和监督。

78 为什么校外培训机构等其他任何机构不得对学前儿童开展半日制或者全日制培训？

《学前教育法》第五十九条第三款规定：“校外培训机构等其他任何机构不得对学前儿童开展半日制或者全日制培训，不得教授学前儿童小学阶段的课程。”

中共中央办公厅、国务院办公厅于2021年印发的《关于进一步减轻义务教育阶段学生作业负担和校外培训负担的意见》（以下简称《“双减”意见》）对学前教育阶段校外培训治理提出了明确要求。如：为了保护儿童的视力，且避免其沉迷网络，要求不得开展面向学龄前儿童的线上培训；为了避免违反儿童成长规律的培训行为，严禁以学前班、幼小衔接班、思维训练班等名义面向学龄前儿童开展线下学科类（含外语）培训；明确要求各地不再审批新的面向学龄前儿童的校外培训机构。

但部分校外培训机构在达不到国家办园标准的情况下，以半日制或全日制托管的名义招收学前儿童，长时间集中安排教授识字、写字、算术等小学课程内容，违背了儿童的身心发展特点，严重损害了儿童的身心健康，扰乱了幼儿园办园秩序。为此，《学前教育法》在《“双减”意见》的基础上，对学前教育阶段校外培训机构提出了明确要求。

第六章
投入保障

79 如何理解学前教育以政府投入为主、家庭合理负担保育教育成本、多渠道筹措经费的投入机制?

《学前教育法》第六十条第一款规定："学前教育实行政府投入为主、家庭合理负担保育教育成本、多渠道筹措经费的投入机制。"

学前教育是非义务教育，应调动多方力量来支持学前教育事业发展，统筹各类资源发展学前教育事业。按照非义务教育成本分担原则，《学前教育法》在强调政府投入为主的同时，提出家庭合理分担、多渠道筹措经费的投入机制。

（1） 政府承担学前教育投入的主要责任

首先，以政府投入为主是落实国家政策的要求。《中华人民共和国教育法》第五十四条第一款规定："国家建立以财政拨款为主、其他多种渠道筹措教育经费为辅的体制，逐步增加对教育的投入，保证国家举办的学校教育经费的稳定来源。"《教育领域中央与地方财政事权和支出责任划分改革方案》指出，学前教育实行以政府投入为主、受教育者合理分担、其他多种渠道筹措经费的投入机制。

其次，以政府投入为主能强化学前教育的公益普惠属性。学前教育是国民教育体系的重要组成部分，是重要的社会公益事业，政府必须在学前教育投入中发挥主要作用。落实公共财政的投入责任，能从运行机制上保障公平、优质、普惠的学前教育不走样、不变调。

最后，以政府投入为主是世界各国发展学前教育的主流趋势。学前教育以公共财政投入为主是全球范围的共识，也是世界主要发达国家的基本政策取向。2020年，在经济合作与发展组织中政府承担学前教育成本的比例均值为85.8%。

（2）家庭应当合理分担学前教育成本

家庭是学前教育的受益者，在我国当前的现实条件下，家庭应当分担一部分学前教育成本。需要注意的是，家庭分担要合理，要充分考虑家庭经济状况和支付能力，确保家庭不因费用过高而承受过大压力，确保学前儿童不因上不起而失去接受学前教育的机会。

（3）社会参与学前教育投入

社会投入也是学前教育经费的重要来源，要积极动员社会力量参与学前教育投入、多种渠道补充幼儿园经费，包括但不限于民办幼儿园举办者投入、境内外社会各界及个人对教育的资助和捐赠。鼓励和支持社会力量办园，是国家一贯坚持的政策导向。从《国务院关于当前发展学前教育的若干意见》到《中共中央　国务院关于学前教育深化改革规范发展的若干意见》，都强调国家支持、鼓励社会力量办园，并作了明确的规定，提出了坚持公办民办并举的原则。

资料链接

《教育领域中央与地方财政事权和支出责任划分改革方案》规定："学前教育、普通高中教育、职业教育、高等教育等其他教育，实行以政府投入为主、受教育者合理分担、其他多种渠道筹措经费的投入机制，总体为中央与地方共同财政事权，所需财政补助经费主要按照隶属关系等由中央与地方财政分别承担，中央财政通过转移支付对地方统筹给予支持。"

《关于进一步加强和规范教育收费管理的意见》指出："坚持实施非义务教育培养成本分担机制。非义务教育实行以政府投入为主、受教育者合理分担、其他多种渠道筹措经费的投入机制。"

80 为什么要强调确保财政性学前教育经费在同级财政性教育经费中占合理比例？

《学前教育法》第六十条第二款规定："各级人民政府应当优化教育财政投入支出结构，加大学前教育财政投入，确保财政性学前教育经费在同级财政性教育经费中占合理比例，保障学前教育事业发展。"

考虑到学前教育发展的实际情况和建设高质量学前教育体系的需求，《学前教育法》强调优化教育财政投入支出结构，确保财政性学前教育经费在同级财政性教育经费中占合理比例，为持续加大学前教育财政投入、保障学前教育事业健康发展作出了制度安排。

（1）持续加大学前教育投入，是学前教育发展的有力保障

十多年来，我国学前教育财政投入力度持续加大，中央财政支持学前教育发展专项资金累计投入2615亿元，带动各地进一步加大财政投入。全国财政性学前教育经费从2011年的416亿元增加到2023年的3150亿元。持续加大的财政投入为学前教育的快速发展提供了有力保障。我国学前教育资源总量迅速增加，2024年全国幼儿园25.3万所，在园幼儿3584万人，全国学前三年毛入园率由2011年的62.3%提高到2024年的92%。这个重

要的历史性跨越与持续加大的学前教育投入密不可分。

在投入保障方面，我们需要建立完善财政投入长效机制，将财政补助经费列入各级政府预算，确保财政性学前教育经费在同级财政性教育经费中占合理比例，建立起各级财政补助经费分担机制，制定并落实公办幼儿园生均财政拨款标准或生均公用经费标准以及普惠性民办幼儿园生均财政补助标准，健全学前教育资助政策，做到“预算有科目，拨款有标准，分担有机制，资助有制度”。

（2）确定合理比例，确保学前教育有持续稳定的财政投入

可以将财政性教育经费比作一块“大蛋糕”，政府会将这块“大蛋糕”按照一定的比例“切”给各个学段。我们要确保学前阶段“蛋糕”的合理性、稳定性，就必须明确相应的比例，并在制度上予以保障。这个比例应当是合理的，要考虑教育发展的重点，兼顾各学段的需求和平衡。

学前教育在各级各类教育中基础最弱、保障最低。在资金分配的过程中，对财政性学前教育经费进行单列并明确一定的比例，可以保证学前教育资金在安排时不被随意挪用或占用。这对学前教育发展有重大意义，也是我国法律的重大突破。

近些年，我国学前教育投入持续加大，比例日趋合理。财政性学前教育经费占比从2011年的2.24%提高到2023年的6.25%。如宁波市和青岛市要求各县（区、市）财政性学前教育经费占同级财政性教育经费的比例不低于8%，不举办高中段教育的县（区、市）达到12%以上。这些举措有力地保障了财政性学前教育经费在同级教育财政性经费中占合理比例，防止了经费被随意挪用或占用。但部分地方仍投入不足，影响了学前教育的发展。根据《教育强国建设规划纲要（2024—2035年）》的要求，下一步，要持续巩固提升学前教育普及水平，进一步提高学前教育质量，推动实现基础教育普及水平和质量稳居世界前列的目标。因此，教育部会同相

关部门推动各地依法建立完善学前教育财政投入长效机制，确保学前教育有持续稳定的财政投入。

81 如何建立学前教育的财政投入保障机制？

《学前教育法》第六十一条规定："学前教育财政补助经费按照中央与地方财政事权和支出责任划分原则，分别列入中央和地方各级预算。中央财政通过转移支付对地方统筹给予支持。省级人民政府应当建立本行政区域内各级人民政府财政补助经费分担机制。"

（1）明确中央和地方对学前教育财政投入的责任

中央和地方各级政府都要承担起学前教育财政投入的责任。《教育领域中央与地方财政事权和支出责任划分改革方案》明确指出："学前教育总体为中央与地方共同财政事权，所需财政补助经费主要按照隶属关系等由中央与地方财政分别承担。"我国实行"国务院领导、省市统筹、以县为主、乡镇支持"的学前教育管理体制。与之相应，中央政府承担领导和协调的角色，通过实施转移支付的方式，为各地学前教育发展提供支持、引导地方高质量发展，发挥中央财政的激励、引导、支持作用。省级政府应当根据中央的指导和本地区的实际情况，建立本行政区域内各级人民政府学前教育财政补助经费分担机制，发挥省级财政的统筹作用，健全投入机制，明确分担责任。县级政府需要根据县域内学前教育的发展安排必要的资金，县级财政承担投入主体责任。有条件的乡镇要对辖区内的幼儿园给予支持。

（2）明确学前教育财政经费应列入各级财政预算

《中华人民共和国预算法》明确规定："各级政府、各部门、各单位的支出必须以经批准的预算为依据，未列入预算的不得支出。"为了确保学前教育财政投入的稳定性和连续性，《学前教育法》强调将学前教育财政补助经费列入中央和地方各级预算，确保各级财政都有稳定的经费投入，防止随意性投入，如"有钱多投，没钱不投"。

（3）明确地方各级政府的财政分担比例

学前教育实行以县为主的管理体制，县级政府承担保障学前教育发展的主要责任。但部分地区县级财政困难，仅靠县级力量，难以支持幼儿园稳定运转。《学前教育法》立足实际，坚持问题导向，建立财政补助经费省市县分担的制度性安排，强调加大省市统筹力度，明确省市县各级政府在学前教育投入上的责任和投入比例，建立动态调整机制，保障学前教育的长期制度性投入；加强对薄弱地区的支持，不断缩小区域发展差距，确保辖区内不同地区的均衡发展。

82 如何扶持薄弱地区发展学前教育？

《学前教育法》第六十二条规定："国务院和省级人民政府统筹安排学前教育资金，重点扶持农村地区、革命老区、民族地区、边疆地区和欠发达地区发展学前教育。"

学前教育是增进民生福祉、惠及社会大众的社会公益事业。由于经济基础薄弱、财政投入不足等各方面原因，农村地区、革命老区、民族地区、边疆地区和欠发达地区的学前教育发展水平相对滞后。为进一步构建覆盖城乡、布局合理、公益普惠、安全优质的学前教育公共服务体系，需要扶持和帮助薄弱地区发展学前教育。国务院和省级政府统筹安排资金，对薄弱地区进行支持，能够有效补足薄弱地区学前教育投入短板问题，促进这些地区的学前教育事业发展。

（1）党中央、国务院高度重视薄弱地区学前教育发展

2010年，《国务院关于当前发展学前教育的若干意见》明确指出，“中央财政设立专项经费，支持中西部农村地区、少数民族地区和边疆地区发展学前教育和学前双语教育”。2018年，《中共中央　国务院关于学前教育深化改革规范发展的若干意见》要求中央财政继续安排支持学前教育发展资金，重点向中西部农村地区和贫困地区倾斜。自2011年以来，我国中央财政支持学前教育发展资金，绝大部分用于倾斜支持中西部农村地区、革命老区、边疆地区、欠发达地区，有效支持了薄弱地区扩大普惠性学前教育资源供给，完善体制机制，提高保教质量。《学前教育法》专门指出中央和省级财政需要扶持薄弱地区发展学前教育，按照《中央财政支持学前教育发展资金管理办法》要求，省级财政和教育部门充分发挥统筹作用，分配学前教育发展资金时重点向农村、边远、贫困和民族地区倾斜。加大对薄弱地区的支持，有利于稳定的财政保障，推动学前教育高质量发展。

（2）逐步缩小学前教育的区域、城乡差距

十余年来，中西部和农村学前教育快速发展，学前教育在区域、城乡方面的差距明显缩小。2012年到2024年，全国新增的幼儿园约83.8%集中在中西部地区，2016年到2024年，海南、青海、河南、陕西等12个中

西部省份的普惠性幼儿园覆盖率提高超过25个百分点。每个乡镇基本办有一所公办中心园，大村独立办园、小村联合办园，基本满足了老百姓在家门口入园的愿望。各地政府也积极发挥省级统筹作用，支持薄弱地区学前教育发展。例如，新疆维吾尔自治区自2010年起以南疆四地州为重点，加快普及学前教育，加大经费投入，逐步保障南疆全域和北疆农村学前三年适龄幼儿免费入园；同时，创新实施“嵌入式建园”模式（在塔什库尔干塔吉克自治县等地，幼儿园建到牧民定居点），为边远地区适龄儿童提供入园机会。甘肃省全面推进乡（镇）村幼儿园一体化管理，并通过优质园结对帮扶的带队活动帮助农村园提质，引导1000多所城区优质园结对帮扶3000多所农村园和民办园，促进每个乡镇办好1所公办园。

83 如何对普惠性幼儿园提供合理的财政补助？

《学前教育法》第六十三条第一款、第二款规定：“地方各级人民政府应当科学核定普惠性幼儿园办园成本，以提供普惠性学前教育服务为衡量标准，统筹制定财政补助和收费政策，合理确定分担比例。省级人民政府制定并落实公办幼儿园生均财政拨款标准或者生均公用经费标准，以及普惠性民办幼儿园生均财政补助标准。其中，残疾学前儿童的相关标准应当考虑保育教育和康复需要适当提高。”

普惠性幼儿园是我国学前教育发展的主体。2024年全国有普惠性幼儿园22.1万所，在园幼儿3584万人，普惠性幼儿园覆盖率达到91.6%。普惠性幼儿园已在我国幼儿园办园格局中占据了最重要的位置，覆盖了最广大的儿童，影响着我国学前教育事业的发展方向和发展格局。保障对普惠性幼儿园的财政投入，可以在整体上为我国学前教育事业发展提供保障。

（1） 科学核定普惠性幼儿园办园成本

普惠性幼儿园要有质量、可持续地运行，需要负担必需的办园成本。幼儿园的办园成本包括教职工的工资福利支出、设施设备购置、图书及玩具配备、日常运营维护等费用。科学核定办园成本是合理确定财政补助和收费政策的前提。《学前教育法》强调科学核定普惠性幼儿园的办园成本，旨在推动各地以确保基本办园质量为标准，围绕园舍场地、设施设备、教职工配备等必备条件确定办园成本项目，科学核算所需成本支出，真实反映幼儿园日常运转的经费需求，解决普惠性幼儿园因经费不足而运转困难的问题，也避免公共经费的浪费。

地方各级政府需要根据本辖区的实际情况，制定出适合本辖区的普惠性幼儿园办园标准，对幼儿园的园舍场地、师资力量、教育设施、安全标准、卫生条件等进行科学合理的规划和规定，在此基础上对本辖区普惠性幼儿园的办园成本进行科学核定。

（2） 统筹制定财政补助和收费政策

要确保普惠性幼儿园有稳定的经费来源维持正常运转，必须统筹制定财政补助和收费政策。党的二十届三中全会要求，“健全人口发展和支持服务体系”“有效降低生育、养育、教育成本”。为落实党中央、国务院的决策部署，积极回应人民群众的期盼，各级政府在统筹考虑财政补助和收费政策过程中，要合理确定政府和家庭的分担比例，减轻家庭教育负担。例如，浙江要求政府与家庭分担学前教育的比例不得低于6:4，有效保障了财政投入，减轻了家庭教育负担。

（3）制定普惠性幼儿园生均财政补助标准

制定普惠性幼儿园生均财政补助标准，按标准对普惠性幼儿园给予财政补助，意味着政府对普惠性幼儿园有稳定的财政投入，对保障普惠性幼儿园健康运转具有重要意义。

对公办幼儿园，《学前教育法》要求制定公办幼儿园生均财政拨款标准或生均公用经费标准。2023年，《关于实施新时代基础教育扩优提质行动计划的意见》明确提出“各地公办园生均公用经费标准原则上应于2024年达到600元/年·人”，对公办幼儿园生均公用经费标准提出了底线要求。各地应落实国家标准，有条件的地方可进一步提高，目前各地均制定了公办幼儿园生均公用经费标准。下一步，低于国家标准的地方要逐步提高标准，已经达到标准的地方要确保落实到位。特别是对差额拨款、自收自支的公办幼儿园，要足额拨付财政补助经费，提高办园质量。

对于普惠性民办幼儿园，如果财政补助不到位，就很难调动其提供普惠性服务的积极性，也难以保障教育质量。目前，一些地方通过多种形式完善普惠性民办幼儿园补助政策，包括普惠性民办幼儿园生均财政补助、租金补助、扩充学位补助、教育用地优惠、房租优惠、税费减免、水电煤费用优惠等。其中，普惠性民办幼儿园生均财政补助是政府对普惠性民办幼儿园制度化、常态化、长期性的投入，能够较好地适应园所发展的需求。目前，各地制定的普惠性民办幼儿园生均财政补助标准，存在偏低、落实不到位的情况。下一步，应进一步加大对普惠性民办幼儿园支持力度，依法落实生均财政补助标准，有条件的地方可进一步提高。

资料链接

《关于实施新时代基础教育扩优提质行动计划的意见》提出："健全成本分担机制。各地公办园生均公用经费标准原则上应于2024年达到600元/年·人，个别确有困难的地方可延至2025年。有条件的地方可进一步提高，目前标准高于600元的地方不得下调。落实普惠性民办园补助标准。根据办园成本、经济发展水平和群众承受能力等因素，合理确定公办园收费标准，并定期动态调整。"

84 为什么提出有条件的地方要逐步推进实施免费学前教育？

《学前教育法》第六十三条第三款规定："有条件的地方逐步推进实施免费学前教育，降低家庭保育教育成本。"

逐步推进实施免费学前教育，消除因经济差异造成的教育不公平，保障适龄儿童受教育权益，进一步普及学前教育，对提高全民族素质具有重要作用，也是国际上发展学前教育的主流趋势。

（1）减轻家长负担，增强人民群众的获得感

2010年后，随着政府对学前教育财政投入力度的加大，家长分担比例有效降低。逐步推行免费学前教育，能进一步减轻家庭教育负担，也是政府回应民生关切、体现以人民为中心发展理念的重要举措，能进一步促进社会公平与和谐发展，显著增强人民群众的获得感和幸福感，增强人民

群众对教育公平和社会进步的信心。

（2）符合国际学前教育发展的主流趋势

2022年，联合国教科文组织的《教育监测报告》显示，全球有92个国家实施免费学前教育政策。我国政府先后签署了《仁川宣言》和《塔什干宣言》，向国际社会作出承诺：到2030年实施至少一年的学前免费教育。随着我国各级政府持续加大学前教育财政投入力度，家庭负担比例逐步降低，在条件允许的情况下，实施免费学前教育，既顺应国际发展趋势，又履行了庄严的国际承诺。

（3）逐步推行免费学前教育具有可行性

党的二十届三中全会审议通过的《中共中央关于进一步全面深化改革、推进中国式现代化的决定》明确提出，要探索逐步扩大免费教育范围。考虑到各地学前教育发展情况差异较大，综合考虑学前教育免费的民生影响，《学前教育法》强调有条件的地方逐步推进实施免费学前教育。各地可根据自身实际情况，积极探索试点，待条件成熟后，逐步扩大推广。

资料链接

《仁川宣言》提出："我们也鼓励提供至少1年有质量的免费义务学前教育，让所有的孩子都有机会获得有质量的儿童早期发展、看护和教育。"

85 如何理解降低家庭保育教育成本？

《学前教育法》第六十三条第三款规定：“有条件的地方逐步推进实施免费学前教育，降低家庭保育教育成本。”

《中共中央关于进一步全面深化改革、推进中国式现代化的决定》提出完善人口发展战略的宏观目标。完善人口发展战略的着眼点和发力点，就在于完善生育支持政策体系和激励机制，着眼全生命周期提高人口综合素质。学前教育关系到儿童的健康发展，较低的保育教育成本能够减轻家庭养育压力，提高生育意愿，进而对优化人口结构、提升人口素质产生积极影响。学前教育是事关“幼有所育”的民生工程，与国家人口发展战略密切相关。

教育强国建设是党的重要战略部署，《教育强国建设规划纲要（2024—2035年）》对未来十年教育强国发展的要求作出了规划。降低家庭保育教育成本，让更多的家庭享受到高质量的学前教育服务，不仅能够提高整个社会的教育水平，还有助于缩小学前教育在城乡、区域之间的差距，为教育强国建设奠定坚实基础。

要持续提升学前教育的普惠水平和普惠质量，就要采取各种措施降低家庭的保育教育成本。

第一，大力发展普惠性学前教育。发展学前教育要坚持政府主导，以政府举办为主，大力发展普惠性学前教育。构建以普惠性资源为主体的办园体系，使老百姓普遍享受到收费合理、质量可靠的学前教育服务。

第二，制定老百姓“可承受”的收费标准。一方面，对公办幼儿园和普惠性民办幼儿园实行政府定价或政府指导价管理，并建立定期调整机制。政府加强对普惠性幼儿园的收费管理，加大对普惠性幼儿园的财政扶持。以生均财政拨款、减免租金、以奖代补等方式对普惠性民办幼儿园提供支持，有效分担普惠性民办幼儿园的办园成本，从而使普惠性民办幼儿园向家长收取的费用降下来，让普通民众“上得起”。另一方面，必要时可以对实行市场调节价的营利性民办幼儿园开展成本调查，引导合理收费，遏制过高收费。

第三，健全学前教育资助制度。为家庭经济困难的适龄儿童等接受普惠性学前教育提供资助，降低家庭的保育教育费用支出，有效减轻经济困难家庭的负担。

第四，有条件的地方逐步推进实施免费学前教育。在实施免费学前教育的地区，家长原本需要缴纳的保育教育费用将由财政负担，从而极大地减轻了家庭的负担。逐步推行免费学前教育，能够有效保障处境不利的适龄儿童接受学前教育的机会。

学前教育是民生需求，人民群众对学前教育的需求不仅是要让学前儿童能入园、入好园，而且要以较低的成本入好园。因此，降低家庭保育教育成本是回应民生需求的重要举措。

资料链接

《中共中央关于进一步全面深化改革、推进中国式现代化的决定》提出：“健全人口发展支持和服务体系。以应对老龄化、少子化为重点完善人口发展战略，健全覆盖全人群、全生命周期的人口服务体系，促进人口高质量发展。完善生育支持政策体系和激励机制，推动建设生育友好型社会。有效降低生育、养育、教育成本，完善生育休假制度，建立生育补贴制度，提高基本生育和儿童医疗公共服务水平，加大个人所得税抵扣力度。加强普惠育幼服务体系建设，支持用人单位办托、社区嵌入式托育、家庭托育点等多种模式发展。把握人口流动客观规律，推动相关公共服务随人走，促进城乡、区域人口合理集聚、有序流动。”

86 如何理解国家建立学前教育资助制度？

《学前教育法》第六十五条规定："国家建立学前教育资助制度，为家庭经济困难的适龄儿童等接受普惠性学前教育提供资助。"

自2011年开始，我国建立学前教育资助制度，资助家庭经济困难儿童、孤儿和残疾儿童接受普惠性学前教育，提出"地方先行、中央补助"原则，鼓励各地根据自身实际情况，确定资助对象和资助标准，中央财政通过转移支付资金予以奖补支持。学前教育资助制度的建立，有力支持了处境不利的适龄儿童接受学前教育。

学前教育资助制度的建立降低了家庭分担的学前教育成本。过去十多年，我国学前教育儿童的资助金额不断增加，力度持续加大，从2012年到2023年，我国学前教育学生资助人次从391万增加到703万。但各地学前教育资助制度仍存在资助水平差异较大、一些地区资助水平偏低等情况。将学前教育资助制度写入《学前教育法》，能为此项工作的开展提供法律保障，使适龄儿童接受学前教育的权利得到进一步保障。

第七章
监督管理

87 政府及各有关部门如何加强对幼儿园安全的监督与管理?

《学前教育法》第六十七条第一款规定:“县级以上人民政府及其有关部门应当建立幼儿园安全风险防控体系,强化幼儿园周边治安管理和巡逻防控工作,加强对幼儿园安全保卫的监督指导,督促幼儿园加强安全防范建设,及时排查和消除安全隐患,依法保障学前儿童与幼儿园安全。”

安全是学前教育的基础防线,关系到亿万儿童的身心健康成长,幼儿园安全受到全社会的广泛关注。因为幼儿园的孩子小,自理能力和自我保护能力弱,安全工作出不起事、出不得事。加强政府对幼儿园安全的监管,确保办园安全,是构建安全优质学前教育公共服务体系的基本要求。

(1) 落实相关部门的管理责任

《国务院办公厅关于加强中小学幼儿园安全风险防控体系建设的意见》(以下简称《意见》)指出,各地要高度重视学校安全风险防控工作,建立党委领导、政府主导、相关部门和单位参加的学校安全风险防控体系建设协调机制,定期研究和及时解决学校安全工作中的突出问题。各相关部门和单位要制定具体细则或办法,加强沟通协调,协同推进防控机制建设,形成各司其职、齐抓共管的工作格局。该《意见》还对卫生计生、市场监督管理、住房城乡建设、交通运输、质量监督、公安消防等有关部门的责任作出了具体规定。

《学前教育法》将县级以上人民政府及其有关部门应当建立幼儿园安全风险防控体系上升到法律层面,各级政府及有关部门要按照国家的要求和职责分工,建立联防联控机制,切实将对幼儿园安全监管的责任落实到位,保证幼儿园的安全保卫、卫生保健、食品安全等方方面面工作都有人管、不推诿，该谁的事谁上。

（2）建立健全幼儿园安全风险防控体系建设

幼儿园安全风险防控体系主要是指通过人防、物防和技防等防范措施，及时消除隐患，预防事故发生。《中共中央　国务院关于学前教育深化改革规范发展的若干意见》专门就强化幼儿园安全提出了明确要求："提升人防、物防、技防能力，建立全覆盖的幼儿园安全风险防控体系。"加强幼儿园安全风险防控体系建设，就是督促幼儿园健全落实房屋设备、消防、门卫、食品药品、幼儿接送交接、幼儿就寝值守和活动组织安排等安全防护制度和检查制度，把好安全管理的各个环节。通俗地说就是"守好门、看好人"。

人防主要是指政府部门和幼儿园通过设置安全管理机构和配备专职安保人员，保障安全工作顺利开展。幼儿园应当建立安全工作机构，配备专职安全管理人员。物防主要是指幼儿园通过配置安全防护物质实体，提高幼儿园安全保护实效性。幼儿在园期间，实行封闭化管理，并根据条件在园门口设置硬质防冲撞设施，阻止人员、车辆等非法进入校园。技防主要是指通过现代化科技手段提升幼儿园的安全防范能力，切实保障幼儿园安全。要完善安全技术防范系统，在幼儿园公共活动区域要安装视频图像采集装置，并与属地公安教育部门联网，采集的视频图像信息保存期限达到法定时长；安装一键式报警装置并保持完好有效，与属地接警平台联网；有条件的幼儿园可探索使用人工智能、物联网等信息技术手段，赋能幼儿园安全管理。

（3）加强对幼儿园安全工作的监督指导

一是要健全监督指导工作机制。教育部门要制定幼儿园安全工作考核目标，并纳入教育督导评估体系。公安机关要将幼儿园纳入治安保卫重点单位加强监督指导。

二是落实监督指导常态化措施，特别是要加强幼儿园周边治安管理和巡逻防控工作，建立定期检查机制。按照《加快推动全国中小学幼儿园安全防范建设三年行动计划》的要求，省级教育部门要会同公安机关每学期至少开展一次校园安全督导检查，市县的教育、公安部门每学期至少开展两次校园及周边地区安全检查和督导，各级责任督学要对校园及周边安全情况实施经常性督导检查，发现问题隐患要及时督促幼儿园处理整改，并通报属地教育部门。

三是要建立通报、约谈及问责机制。公安、教育部门要建立健全校园日常监管、重大隐患督办、约谈通报等工作机制，随时通报校园安全风险、定期组织开展联合检查和集中整治，推进校园安全重点难点问题解决。加大违规的惩治力度，对未履行安全保障责任的，要依法追究有关单位和人员责任，让法律条文“硬”起来。

（4）加大安全教育的宣传力度

要深入组织开展宣传培训，引导各地各幼儿园全面了解幼儿园安全管理的法律规定、政策，知敬畏、存戒惧、守底线，营造依法保障在园幼儿安全的良好工作氛围。比如，《中小学幼儿园应急疏散演练指南》要求幼儿园每季度至少要开展一次应急疏散演练。每年暑期前，教育部会印发关于做好中小学幼儿园学生暑期有关工作的通知，要求加强宣传引导，普及安全知识，切实提高家长和幼儿的安全意识和自防自护自救能力。

88 为什么要对公办幼儿园和普惠性民办幼儿园实行政府定价或政府指导价管理？

《学前教育法》第六十八条第一款规定："省级人民政府或者其授权的市级人民政府根据办园成本、经济发展水平和群众承受能力等因素，合理确定公办幼儿园和非营利性民办幼儿园的收费标准，并建立定期调整机制。"

（1）保障学前教育的公益性和普惠性

学前教育关系国计民生，是重要的社会公益事业。公办幼儿园和普惠性民办幼儿园主要面向大众，是提供公益性、普惠性学前教育服务的主要渠道。根据《中华人民共和国价格法》规定，重要的公益性服务价格可以实行政府指导价或者政府定价。《中华人民共和国民办教育促进法》指出，民办教育事业属于公益性事业，非营利性民办学校收费的具体办法由省、自治区、直辖市人民政府制定。

《学前教育法》强调公办幼儿园、普惠性民办幼儿园收费实行政府定价或政府指导价管理。政府通过财政性经费、补贴等方式对公办幼儿园、普惠性民办幼儿园进行支持，并对这两类幼儿园进行政府定价或政府指导价管理，将收费标准限制在合理范围内，能最大限度保障学前教育服务的普惠性和公益性，确保公共财政取之于民、用之于民，使老百姓享受到优质实惠的学前教育。

（2）有效避免幼儿园乱收费行为

实行政府定价或政府指导价管理可以规范普惠性民办幼儿园的收费

行为，包括对收费项目、收费标准和收费频率的规范，防止乱收费现象。过去，一些民办幼儿园存在过度逐利倾向，通过名目繁多的服务、豪华的设施设备等随意抬高成本，收取高额费用，导致部分民办幼儿园整体收费过高，出现“入园贵”现象。因此，《学前教育法》强调加强对民办幼儿园收费的监管，要求在合理核定办园成本的基础上，明确收费标准，解决长期以来民办幼儿园不规范收费乱象，防止以非营利之名行营利之实，坚决遏制过高收费和过度逐利行为。

资料链接

《中华人民共和国价格法》第三条规定：

“政府指导价，是指依照本法规定，由政府价格主管部门或者其他有关部门，按照定价权限和范围规定基准价及其浮动幅度，指导经营者制定的价格。

“政府定价，是指依照本法规定，由政府价格主管部门或者其他有关部门，按照定价权限和范围制定的价格。”

89 为什么要对公办幼儿园和非营利性民办幼儿园建立收费标准定期调整机制？

《学前教育法》第六十八条第一款规定：“省级人民政府或者其授权的设区的市级人民政府根据办园成本、经济发展水平和群众承受能力等因素，合理确定公办幼儿园和非营利性民办幼儿园的收费标准，并建立定期调整机制。”

因为经济社会发展、物价变动等因素影响，幼儿园的办园成本不断变化，收费标准不能长期不变。保教费是幼儿园收入的主要来源之一。若收费标准长期得不到调整，会导致幼儿园经费不足，影响幼儿园保育教育质量提升。过去，我国存在公办幼儿园收费过低、民办幼儿园收费不规范的局面。建立收费标准定期调整机制的目的，就是在科学核定幼儿园办园成本，动态调整公办幼儿园收费标准，对享受政府财政补助的民办幼儿园采取最高收费限价，保障幼儿园正常运转。

在财政投入或财政补助有固定标准的情况下，保教费需要根据幼儿园的办园成本来确定，并结合经济发展水平、群众承受能力等因素进行调整。对幼儿园收费标准建立定期调整机制，有利于幼儿园有质量、可持续运转，推进学前教育普及普惠安全优质发展。《幼儿园收费管理暂行办法》提出，公办幼儿园保教费标准的制定或调整，由省级教育行政部门根据当地城乡经济发展水平、办园成本和群众承受能力等实际情况提出意见，经省级价格主管部门、财政部门审核后，三部门共同报省级人民政府审定；享受政府财政补助的民办幼儿园，可由当地人民政府有关部门以合同约定等方式确定最高收费标准，由民办幼儿园在最高标准范围内制定具体收费标准，报当地价格、教育、财政部门备案后执行。

对于如何定期调整收费标准，我国一些地区已有相关的经验。例如，《山东省幼儿园收费管理办法》规定："对公办幼儿园、普惠性民办幼儿园以及其他非营利性民办幼儿园，实行保教费动态调整机制，原则上每3—5年核定一次保教费收费标准。"《陕西省幼儿园收费管理实施细则》规定："各设区市发改部门应会同教育、财政等部门建立公办幼儿园保教费标准动态调整机制，原则上每3—5年核定1次保教费收费标准。"

资料链接

《关于进一步加强和规范教育收费管理的意见》提出："建立健全教育收费标准动态调整机制。各地应按照规定的管理权限和属地化管理原则，综合考虑经济社会发展水平、教育培养成本和群众承受能力等因素，合理确定公办学校学费（保育教育费）、住宿费等收费标准，建立与拨款、资助水平等相适应的收费标准动态调整机制。”

《关于实施新时代基础教育扩优提质行动计划的意见》提出：“根据办园成本、经济发展水平和群众承受能力等因素，合理确定公办园收费标准，并定期动态调整。”

90 如何加强对营利性民办幼儿园的收费监管？

《学前教育法》第六十八条第二款规定：“县级以上地方人民政府及有关部门应当加强对幼儿园收费的监管，必要时可以对收费实行市场调节价的营利性民办幼儿园开展成本调查，引导合理收费，遏制过高收费。”

民办教育事业属于公益性事业，无论是非营利性民办幼儿园，还是营利性民办幼儿园，都要将公益性放在首位，教育活动必须符合国家和社会的公共利益。根据《中华人民共和国民办教育促进法》的规定，营利性民办幼儿园的收费标准实行市场调节，由学校自主决定，其收费应主要用于教育教学活动、改善办学条件和保障教职工待遇。《营利性民办学校监督管理实施细则》也指出，营利性民办学校应当坚持教育的公益性，始终把培养高素质人才、服务经济社会发展放在首位，实现社会效益与经济效益相统一。民办幼儿园，特别是营利性民办幼儿园的举办者和从业者应提高认识，端正办学目的，在资本的逐利性和教育的公益性发生冲突时，优先保障公益性，主动自律收费行为。政府也需要加强对幼儿园收费的监管，引导合理收费，遏制过高收费。

（1） 明确责任主体，加强收费监管

部分营利性民办幼儿园对教育的公益性认识不深刻，在市场经济中一味追求高收费、高回报，存在“贵族化”倾向、收费过高等情况。政府应承担主体责任，加强对营利性民办幼儿园收费的监管，必要时开展成本调查，坚决防止过高收费。

营利性民办幼儿园的收费监管职责主要由县级以上地方人民政府承担，价格、教育、财政等部门应联合强化对幼儿园收费行为的监督管理，确保相关收费制度的完善与合理，对营利性幼儿园的资金往来进行监管，对过高收费、违规收费、乱收费的幼儿园，要坚决予以查处。教育部等三部门联合印发的《关于实施新时代基础教育扩优提质行动计划的意见》提出：“民办幼儿园收费应全部缴入经教育行政部门备案的银行账户，统一管理；教育行政部门要会同市场监管、发展改革等部门加大对民办园收费专项检查力度，查处并曝光一批违规收费的典型案例，防止以各种名义乱收费。”

（2） 做好成本监审，完善监管内容

营利性幼儿园收费监管最为重要的是做好成本监审。成本监审是指定价机关通过审核经营者成本，核定政府制定价格成本的行为。这是政府制定价格的重要程序，是价格监管的重要内容。根据《中华人民共和国价格法》《政府制定价格成本监审办法》等法规，各级政府按照定价权限，结合本地实际，开展幼儿园教育培养成本调查工作，规范教育培养

成本调查行为。

《幼儿园收费管理暂行办法》以及各省颁布的相关政策详细列举出了幼儿园收费监管的内容，包括收费项目、标准、审批、公示、退费、减免、禁止性行为等。县级以上地方政府及有关部门在进行收费监管时，需要了解营利性幼儿园合理的办园成本构成，摸清营利性幼儿园日常运行成本的权重，为审核收费标准和监管收费提供依据。第一，应推动建立目录清单制度，目录清单之外不得收取其他费用。第二，要完善收费审批原则和程序，营利性民办幼儿园的收费标准一般根据保育教育和住宿成本合理确定，报当地价格主管部门、教育行政部门备案后执行。第三，建立收费公示制度，营利性民办幼儿园应向社会公示收费项目、服务内容等相关内容。第四，定期开展收费检查监督，将幼儿园收费作为全国治理教育乱收费和每年开展的全国教育收费专项检查重点内容之一。

综上，加强对营利性民办幼儿园的收费监管，能够确保收费项目、标准、方式科学合理，抑制过高收费，保障受教育者的合法权益，保障学前教育的公益属性。

资料链接

《营利性民办学校监督管理实施细则》规定："营利性民办学校按学期或者学年收费，收费项目及标准应当向社会公示30天后执行。不得在公示的项目和标准外收取其他费用，不得以任何名义向学生摊派费用或者强行集资。"

91 学前儿童伙食费如何做到专款专用?

《学前教育法》第六十九条第一款规定："学前儿童伙食费应当专款专用。"

学校食品安全与营养健康，事关师生身体健康，事关亿万家庭幸福，事关社会和谐稳定。学前儿童伙食费专款专用可以保障幼儿园伙食卫生、安全、可口、营养健康，让幼儿吃得安全，让家长放心，落实"健康第一的教育理念"。

第一，建立合理的食堂财务管理制度。幼儿园应根据相关规定，结合本单位食堂的实际情况，建立相应的制度。坚持为师生服务的宗旨，坚持"公益性"原则。按照食堂"非营利"要求，降低食堂运行成本，保证食堂收支平衡，严禁以任何方式从食堂盈利。明确职责权限，建立健全财务管理制度，内部分工明确、责任清楚，确保不相容岗位分离，做到钱账分管。

第二，合理确定伙食费收费标准。幼儿园应综合考虑幼儿的营养需要、当地经济发展水平、物价水平等因素，合理确定伙食标准和配餐方案。幼儿园自主经营的食堂收取幼儿伙食费，应坚持公益性原则，不得以营利为目的。

第三，加强伙食费收支管理。幼儿园食堂财务纳入幼儿园财务统一管理，实行专账核算，专款专用。收取伙食费应积极推行网上缴费方式，由幼儿家长直接将伙食费缴入幼儿园指定的银行账户，不得转入个人账户，不得公款私存。伙食费不得由老师、家委会、食堂管理领导小组等集体或个人收取。实行配餐或托餐方式供餐的幼儿园，伙食费可由幼儿园统一收取并按照代收费管理。收取的伙食费上交幼儿园指定银行账户。伙食费的收支结余应转入下一会计年度继续使用。严禁任何部门、单位和个人以任何理由截留、挤占、挪用伙食费资金。

第四，完善伙食费成本核算。建立伙食成本核算制度，食堂成本核算，严格控制伙食成本开支范围。自主经营的食堂成本，以日常经营服务活动所必需的原材料、人工等各项直接支出为核算依据，不包括财政投入的房屋建筑物折旧和其他固定资产折旧。

第五，做好伙食费退费管理。幼儿因故退（转）园的，幼儿园应当根据已发生的实际保教成本情况退还幼儿家长预收的费用。具体退费办法由省级教育、价格和财政部门制定。

第六，做好相关信息公示工作。幼儿园应公开伙食费收费标准和食材采购信息，每学期要在幼儿园醒目位置公开伙食费收费标准、大宗食材采购品种、数量、价格及金额，及时公示大宗食材统一采购流程、中标单位等信息。

92 幼儿园为什么要执行收费公示制度？公示内容有哪些？

《学前教育法》第六十九条第二款规定：“幼儿园应当执行收费公示制度，收费项目和标准、服务内容、退费规则等应当向家长公示，接受社会监督。”

幼儿园收费公示制度是指幼儿园通过设立公示栏、公示牌、公示墙等形式，向社会公示收费项目、收费标准等相关内容，并在招生简章和入学通知书中注明，便于社会监督幼儿园严格执行国家教育收费政策，保护学生及其家长自身合法权益的制度。对于家长而言，幼儿园收费公示是对其权利和权益的保障，让家长有途径了解幼儿园的收费情况，保障其知情权、选择权，帮助家长选择合适的幼儿园。对于幼儿园而言，收费公示可以促使幼儿园在社会监督下提供质量与收费相匹配的保育教育服务，能够提升其教育服务质量和公众满意度。

幼儿园应严格执行收费公示制度，对收费项目、收费标准等内容予以公示，加强社会监督，不得以任何名义收取与新生入园相挂钩的赞助费。对按规定应当公示而未公示的收费，或公示内容与规定政策不符的收费，家长有权拒绝缴纳。收费政策变动时，幼儿园要及时更新公示内容，确保公示内容合法、有效。幼儿园收费公示的主要包括四方面。

第一，公示收费项目和收费标准。幼儿园须列出所有收费项目及其具体金额，如保育教育费、住宿费、伙食费、服务性收费和代收费等，明确收费的依据和计费单位。对于服务性收费和代收费，要坚持家长自愿和非营利性原则，即时发生、即时收取、据实结算、多退少补。

第二，公示服务内容。幼儿园须详细说明其提供的具体服务内容，包括教育、保育、餐饮等，并说明服务性收费和代收费的项目。

第三，公示退费规则。幼儿园须明确退费政策，包括退费条件、计算方法和时间，以及特殊情况下的退费处理规则。

第四，公示联系方式。幼儿园应设立投诉电话、邮箱或其他关于收费的有效沟通渠道，方便家长和社会各界对收费问题进行投诉和咨询。

93 幼儿园可以收取哪些费用？不可以收取哪些费用？

《学前教育法》第六十九条第三款规定：“幼儿园不得违反有关规定收取费用，不得向学前儿童及其家长组织征订教学材料，推销或者变相推销商品、服务等。”

（1）幼儿园可以收取的费用

根据《幼儿园收费管理暂行办法》的规定，幼儿园可收取的费用有四种。

一是保教费，即保育教育费，指幼儿园为在园儿童提供保育教育服务收取的费用。需要注意，保教费应按月或按学期收取，不得跨学期预收。公办幼儿园保教费标准根据年生均保育教育成本的一定比例确定。民办幼儿园保教费根据保育教育成本合理确定，报当地价格主管部门、教育行政部门备案后执行。

二是住宿费，指寄宿制幼儿园为在园住宿儿童提供住宿服务收取的费用。公办幼儿园的住宿费标准按照实际成本确定，不得以营利为目的。民办幼儿园的住宿费根据住宿成本合理确定，报当地价格主管部门、教育行政部门备案后执行。

三是服务性收费，是指幼儿园在完成正常的保教任务外，为在园幼儿提供幼儿家长自愿选择的服务而收取的费用。所有服务性收费都须经省级人民政府批准后才能执行。

四是代收费，指幼儿园为方便幼儿在园学习和生活，在幼儿家长自愿的前提下，为提供服务的单位代收代付的费用。所有代收费都需经省级人民政府批准后才能执行。幼儿园为在园幼儿教育、生活提供方便而代收代管的费用，应遵循“家长自愿，据实收取，及时结算，定期公布”的原则，不得与保教费一并统一收取。

各地应根据《幼儿园收费管理暂行办法》的要求，研究制定本地的实施细则，并根据各地学前教育发展和家长实际需要，不断完善具体的收费项目。比如，2023年印发的《山东省学前教育与托育服务收费管理办法》，在服务性收费中增加了车辆接送服务费和延时托管费。

（2）幼儿园不可以收取的费用

根据《幼儿园收费管理暂行办法》的规定，幼儿园在收取保教费、住宿费及省级人民政府批准的服务性收费、代收费之外，不得再向幼儿家长收取其他费用。不得在保教费外以开办实验班、特色班、兴趣班、课后培训班和亲子班等特色教育为名向幼儿家长另行收取费用，不得以任何名义向幼儿家长收取与入园挂钩的赞助费、捐资助学费、建校费、教育成本补偿费等费用；不得收取书本费；不得向学前儿童及其家长组织征订教学材料，推销或者变相推销商品、服务等。

（3）对违反规定收取费用的幼儿园予以处罚

根据《学前教育法》第七十九条的规定，对违反规定收取费用的幼儿园，由县级以上地方人民政府教育等有关部门按照职责分工责令限期改正，并予以警告；有违法所得的，退还所收取费用后没收违法所得；情节严重的，责令停止招生、吊销办学许可证。

94 如何加强幼儿园财务审计与监督？

《学前教育法》第七十条第二款规定："幼儿园应当按照有关规定实行财务公开，接受社会监督。县级以上人民政府教育等有关部门应当加强对公办幼儿园的审计。民办幼儿园每年应当依法进行审计，并向县级人民政府教育行政部门提交经审计的财务会计报告。"

加强对幼儿园财务审计与监督，为规范使用经费提供了重要保障，需重点做好以下两方面工作。

（1）加强对公办幼儿园的审计

公办幼儿园的经费主要来源于财政拨款，对其审计有助于确保经费使用的合法合规性，防止资金流失或者被挪用、挤占。因此，应严格按照收支两条线来管理经费，并审核经费的使用情况。在开展审计工作时，除了常规审计，还应针对特定领域或特定资金开展专项审计。对于审计中发现的问题，应及时组织力量调查处理，并予以反馈。

（2）督促民办幼儿园每年提交经审计的财务会计报告

在过去，有的地区已经实施了针对民办幼儿园的审计工作，并取得了显著成效，但是长期以来对民办幼儿园的审计并没有实现制度化。现在以法律形式对民办幼儿园加强监管，要求其每年应当依法进行审计，并向县级人民政府教育行政部门提交经审计的财务会计报告。一方面，有助于政府部门了解民办幼儿园的财务状况，从而为制定相关政策和措施提供参考；另一方面，有助于及时发现和解决民办幼儿园在财务管理方面存在的问题，加强对其财务管理的监督和规范，防止其游离于监管之外，从而确保财务活动的合规性、透明度和可持续性。

95 如何加强学前教育经费的管理与监督？

《学前教育法》第七十一条规定："县级以上人民政府及其有关部门应当建立健全学前教育经费预算管理和审计监督制度。任何单位和个人不得侵占、挪用学前教育经费，不得向幼儿园非法收取或者摊派费用。"

学前教育经费是影响学前教育事业健康可持续发展的重要因素。根据教育部的统计数据，相比义务教育和高中阶段教育，学前教育经费投入较少。因此，加强学前教育经费的管理与监督，提高学前教育经费的使用率就显得尤为重要。

（1）建立学前教育经费预算管理制度

各级政府要建立学前教育经费预算管理制度，将学前教育经费列入财政预算，明确其在同级财政性教育经费中的比例，并保持稳定的经费投入。在制定这一制度时，需要统筹考虑在园儿童规模、资源结构调整、经济发展等因素，确定年度预算总体规模，并按照预算管理要求履行申报、审核、批复等程序，及时下达并督促预算执行。

（2）优化学前教育经费的支出结构和分配使用

根据区域学前教育发展的实际情况，各级政府应制定完善的经费使用管理制度，优化经费的支出结构，明确经费的来源、分配、使用等环节的要求，确保经费使用的合理性和有效性。同时，要避免“重硬件轻软件”的问题，重点加大师资队伍建设等方面的投入。

（3）健全学前教育经费绩效考核机制

各级政府应对学前教育经费的使用、管理情况开展绩效考核，通过设定明确可量化的绩效目标，比如，普惠性幼儿园覆盖率、公办园在园幼儿占比等，并将这些目标细化为具体的量化指标。通过考核这些指标的实现情况来评估经费使用的效益，必要时可组织开展专项绩效跟踪工作和绩效评价工作。

（4）强化学前教育经费的审计与监督

各级政府要对学前教育经费的预算编制、执行过程、使用效果等进行全过程监管，可借助审计、监察等部门的专业力量开展定期审计和监督。通过对比实际使用与预算的差异，分析经费使用的效益，提出改进建议，以实现经费使用的透明化和规范化。

（5）加大对违规行为的处理力度

任何单位和个人不得侵占、挪用学前教育经费，不得向幼儿园非法收取或者摊派费用。对于侵占、挪用学前教育经费的行为和其他未履行学前教育管理和保障职责的情形，根据《学前教育法》《财政违法行为处罚处分条例》等国家有关法律规定，进行严肃处理。情节严重的，对直接负责的主管人员和直接责任人员依法给予处分；构成犯罪的，依法追究刑事责任。

96 为什么要建立健全幼儿园基本信息备案及公示制度？

《学前教育法》第七十二条规定："县级人民政府教育行政部门应当建立健全各类幼儿园基本信息备案及公示制度，利用互联网等方式定期向社会公布并更新政府学前教育财政投入、幼儿园规划举办等方面信息，以及各类幼儿园的教师和其他工作人员的资质和配备、招生、经费收支、收费标准、保育教育质量等方面信息。"

幼儿园基本信息备案及公示制度是一项旨在提高幼儿园管理透明度和规范性的措施。利用互联网等方式定期将学前教育财政投入、幼儿园规划举办等方面的信息公开，是完善幼儿园规范监管的突破性举措，是社会监督的手段之一。

（1）有利于对管理部门进行监督

幼儿园基本信息备案及公示制度通过提交备案、审核信息、公示信息、更新信息、违规处理等环节，具体监督各级学前教育管理部门的工作。通过定期公布和更新这些相关信息，能向公众展示政府在学前教育领域的投入和规划情况，促使管理部门按照要求制定并落实有关政策，做到规范管理、高效履职。

（2）有利于对幼儿园进行监督

幼儿园基本信息备案及公示制度有利于对幼儿园的日常管理进行有效监督。通过公布人员资质和配备、招生、经费收支、收费标准、保育教育质量等信息，可以让社会各界更加直观地了解幼儿园的情况，确保这些情况与公示内容相符。比如，幼儿园将收费项目、收费标准等信息进行备案并公示，公众就可以根据实际收费情况，监督幼儿园是否严格按照公示的收费标准进行收费，避免出现乱收费问题。

（3）便于家长了解各种信息

幼儿园基本信息备案及公示制度能让家长了解政府在学前教育领域的投入和规划情况，了解幼儿园的办园情况和保教水平，这些都是家长关心的问题。建立这一制度，不仅便于家长了解相关信息，还能对幼儿园工作起到监督作用，促使幼儿园做到开放办园。

97 为什么要开展学前教育督导评估工作？

《学前教育法》第七十三条规定：“县级以上人民政府教育督导机构对学前教育工作执行法律法规情况、保育教育工作等进行督导。督导报告应当定期向社会公开。”

教育督导是《中华人民共和国教育法》规定的一项基本教育制度，是督促落实教育法律法规和教育方针政策、规范办学行为、提高教育质量的重要制度安排。开展学前教育督导评估工作，主要有以下三方面考虑。

（1）国家对做好学前教育督导评估工作提出了明确要求

党中央、国务院高度重视学前教育督导评估工作。《中共中央　国务院关于学前教育深化改革规范发展的若干意见》要求“以县为单位对普及学前教育情况进行评估，省级为主推动实施，国家审核认定”“加强办园行为督导，实行幼儿园责任督学挂牌督导制度”。《教育督导条例》指出，县级以上地方人民政府要对本行政区域内的学校和其他教育机构教育教学工作开展督导，“国务院教育督导机构承担全国的教育督导实施工作，制定教育督导的基本准则，指导地方教育督导工作”。开展学前教育督导评估是推动党中央决策部署落地落实的具体举措。

（2）学前教育发展过程中的一些现实问题需要解决

近些年学前教育督导评估发现，一些地方幼儿园证照不齐、无证办园问题依然存在，一些幼儿园办园条件不达标，保教活动不规范，教职工配备不齐，教师待遇保障不到位，教师资质、管理、培训等方面也存在一些问题。特别是一些民办园，在党建思政、办园条件、经费投入、教师待遇、“小学化”倾向等方面还存在不少问题。这些问题需要外部监督，督促整改。

（3） 促进学前教育高质量发展的必然要求

习近平总书记在中共中央政治局第五次集体学习时强调：“要紧扣建设教育强国目标，深化新时代教育评价改革，构建多元主体参与、符合我国实际、具有世界水平的教育评价体系。”建设教育强国，需要健全教育决策、执行、监督有机衔接和相互促进的治理体系。推进学前教育治理能力现代化，充分发挥督导评估引领指导、问题诊断、督促整改的作用，对于推动学前教育普及普惠安全优质发展，助力教育强国建设意义重大。

98 如何开展学前教育督导评估工作？

《学前教育法》第七十三条规定：“县级以上人民政府教育督导机构对学前教育工作执行法律法规情况、保育教育工作等进行督导。督导报告应当定期向社会公开。”

教育督导应充分发挥引领指导、问题诊断、督促整改的作用，推动国家有关学前教育法律法规政策落实落地。

（1） 建立县域学前教育普及普惠督导评估制度

为了贯彻落实《中共中央　国务院关于学前教育深化改革规范发展的若干意见》，教育部于2020年印发《县域学前教育普及普惠督导评估办法》，建立县域学前教育普及普惠督导评估认定制度，启动国家督导评估认定工作。评估内容包括普及普惠水平、政府保障情况、幼儿园保教质量保障情况等三个方面，设置了17条具体指标和标准，其中核心是“四条”，即普及普惠程度达标、办园条件合格、管理制度健全、社会认可度高。评估程序包括县级自评、市级初核、省级评估和国家认定等4个环节，依次进行。截至目前，全国有454个县（市、区）通过了国家督导评估认定，其中浙江省绍兴市等8个地市全域通过。通过督导评估，推动解决了这些县（市、区）学前教育投入不足、教师待遇保障不到位、幼儿园安全隐患等一系列问题，推动学前教育从“幼有所育”向“幼有优育”迈进。

（2）幼儿园责任督学挂牌督导

教育部于2019年印发《幼儿园责任督学挂牌督导办法》，建立了幼儿园责任督学挂牌督导制度，要求“县（市、区）人民政府教育督导部门为行政区域内每一所经审批注册的幼儿园（含民办）配备责任督学，实施经常性督导”。责任督学每月对挂牌幼儿园的安全管理、规范办园、师德师风建设等情况进行日常督导和监管。截至目前，全国幼儿园已实现责任督学挂牌督导全覆盖，有力地促进了幼儿园规范办园行为。

99 如何加强对幼儿园的质量监管？

《学前教育法》第七十四条规定：“国务院教育行政部门制定幼儿园保育教育质量评估指南。省级人民政府教育行政部门应当完善幼儿园质量评估标准，健全幼儿园质量评估监测体系，将各类幼儿园纳入质量评估范畴，并向社会公布评估结果。”

2022年，教育部颁布《幼儿园保育教育质量评估指南》，文件以坚持正确方向、儿童为本、科学评估、以评促建为基本原则，从总体要求、评估内容、评估方式、组织实施等方面作出具体规定，构建起系统全面的评估指标体系。2023年，教育部印发《幼儿园督导评估办法》，引导幼儿园树立科学保教理念、规范办园行为、提升保教质量，推动学前教育普及普惠安全优质发展。具体来说，加强对幼儿园的质量监管，需要做好以下四方面工作。

（1）树立科学的评估导向

经过连续实施三期行动计划，学前教育实现了基本普及目标，迈入全面普及和高质量发展的新阶段。但是，长期以来，各地幼儿园保教质量评估普遍存在“重结果轻过程、重硬件轻内涵、重他评轻自评”等倾向，难以适应学前教育高质量发展的新要求，亟须以《幼儿园保育教育质量评估指南》和《幼儿园督导评估办法》的文件精神为指引，树立科学的评估导向，加强规范引导。

（2）积极开展自评探索

支持幼儿园开展自评探索可以从以下三方面入手：第一，教育行政部门要指导幼儿园建立常态化的自评机制，使幼儿园将自评融入日常管理和保育教育活动中，并定期进行自评。第二，各级教研部门要深入实践，聚焦班级观察，开展实地督导评估，引导教师反思自身教学行为，并提出改进措施。第三，教育行政部门要调整和改革本地幼儿园保教管理规定，尽量少组织评比活动，使幼儿园将时间和精力集中在专心自评、开展保教活动等方面。

（3）在实践基础上完善评估标准

各省级人民政府教育行政部门按照本法和《幼儿园保育教育质量评估指南》的要求，建立党委领导、政府教育督导部门牵头、部门协同、多方参与的组织实施机制，进一步健全幼儿园保教质量评估监测体系。根据前期实践经验和探索，对于束缚幼儿园自评或者无益于改进保教实践的指标予以修改或删减，逐步完善评估标准，使评估标准既要有效提升幼儿园保教质量，又要注重统筹实施，避免重复评估。

（4）建立专业的评估队伍

专业的评估队伍在幼儿园质量监管中发挥着重要作用。通过对幼儿园进行深入、科学、全面的评估，能发现幼儿园在保育教育过程中存在的问题和不足，并提出针对性的改进建议，有助于幼儿园树立正确的保教质量关，科学开展保教活动。因此，在建立专业的评估队伍时要注重选拔专业的评估人员，他们不仅要具备学前教育保育和教育方面的专业知识，还要具备实践经验和评估技能。在对幼儿园开展质量监管时，这些评估人员能用欣赏的眼光看待幼儿园的发展，能看懂保教实践，能客观评价教师。对于所发现的问题，能提出解决思路或提出建设性的意见，从而帮助幼儿园和教师向更高水平发展。

第八章
附　则

100 幼儿园提供托育服务需要满足什么条件？

《学前教育法》第八十四条规定：“鼓励有条件的幼儿园开设托班，提供托育服务。

幼儿园提供托育服务的，依照有关法律法规和国家有关规定执行。”

幼儿园提供托育服务是学前教育服务国家人口战略，优化生育支持政策的重要举措。2021年，《中共中央　国务院关于优化生育政策促进人口长期均衡发展的决定》指出：“鼓励和支持有条件的幼儿园招收2至3岁幼儿。”实践中，低龄幼儿自理能力更弱，需要的安全保障更高。幼儿园提供托育服务要坚持积极稳妥原则，既要助力减轻家庭负担，又要避免不顾条件、一哄而上带来安全和质量问题。

（1）在满足学前儿童入园需求的基础上开办

首先，幼儿园应该在满足学前儿童入园的基础上，再利用空余学位开设托班，提供托育服务。近年来，我国学前教育取得跨越式发展，实现了基本普及，但底子薄、欠账多、发展不平衡不充分的矛盾依旧突出，因此，各地鼓励幼儿园开设托班的前提是要按法定要求先实现普及普惠目标，尚未实现学前教育普及的地区，要优先解决好学前儿童入园问题，杜绝一边存在“大班额”，一边办托班的情况。

（2）具有举办托班的硬件设施和师资条件

幼儿园要具备为低龄幼儿提供安全、有质量托育服务的条件，确保托育服务的规范性。托班幼儿年龄更小，对师资和环境的要求更高。同时，和学前儿童相比，托班幼儿在年龄特征、身心发展特点、养育和教育方法等方面均存在明显差异。开设托班不能简单照搬小班的软硬件条件，有托班申办意愿的幼儿园必须在确保安全的基础上，解决好场地、设施、人员等问题，在硬件、软件方面均达到低龄幼儿看护要求，不能“凑合着上”。

（3）招收能适应集体生活的幼儿

一般而言，幼儿年龄越小，自理能力越弱，需要的安全保障越高，幼儿园需要投入的师资和设施成本越大。按照国家相关政策规定，幼儿园提供托育服务要根据幼儿园自身条件和辐射范围内的生源状况，优先考虑招收有一定自理能力，能听得明白、说得清楚基本要求，能适应集体生活的幼儿，避免过早、过快向下延伸，给幼儿园带来过重的资金、师资等压力。调查显示，2023年全国托位实际使用率仅为46.7%，现有托位利用率不高。如果一味地推进幼儿园向下延伸办托班，可能造成资源的浪费。

资料链接

《国务院办公厅关于促进3岁以下婴幼儿照护服务发展的指导意见》指出：“鼓励支持有条件的幼儿园开设托班，招收2至3岁的幼儿。”

《教育强国建设规划纲要（2024—2035年）》第九条指出：“支持有条件的幼儿园招收2至3岁幼儿。”

《国务院关于推进托育服务工作情况的报告》指出：“托育服务质量良莠不齐，不敢托、不放心的现象较为普遍，‘家庭送托难’与‘机构收托不足’并存，2023年全国托位实际使用率仅为46.7%。”

附录

中华人民共和国学前教育法

（2024年11月8日第十四届全国人民代表大会常务委员会第十二次会议通过）

目　录

第一章　总　则

第一条　为了保障适龄儿童接受学前教育，规范学前教育实施，促进学前教育普及普惠安全优质发展，提高全民族素质，根据宪法，制定本法。

第二条　在中华人民共和国境内实施学前教育，适用本法。

本法所称学前教育，是指由幼儿园等学前教育机构对三周岁到入小学前的儿童（以下称学前儿童）实施的保育和教育。

第三条　国家实行学前教育制度。

学前教育是国民教育体系的组成部分，是重要的社会公益事业。

第四条 学前教育应当坚持中国共产党的领导，坚持社会主义办学方向，贯彻国家的教育方针。

学前教育应当落实立德树人根本任务，培育社会主义核心价值观，继承和弘扬中华优秀传统文化、革命文化、社会主义先进文化，培育中华民族共同体意识，为培养德智体美劳全面发展的社会主义建设者和接班人奠定基础。

第五条 国家建立健全学前教育保障机制。

发展学前教育坚持政府主导，以政府举办为主，大力发展普惠性学前教育，鼓励、引导和规范社会力量参与。

第六条 国家推进普及学前教育，构建覆盖城乡、布局合理、公益普惠、安全优质的学前教育公共服务体系。

各级人民政府应当依法履行职责，合理配置资源，缩小城乡之间、区域之间学前教育发展差距，为适龄儿童接受学前教育提供条件和支持。

国家采取措施，倾斜支持农村地区、革命老区、民族地区、边疆地区和欠发达地区发展学前教育事业；保障适龄的家庭经济困难儿童、孤儿、残疾儿童和农村留守儿童等接受普惠性学前教育。

第七条 全社会应当为适龄儿童接受学前教育、健康快乐成长创造良好环境。

第八条 国务院领导全国学前教育工作。

省级人民政府和设区的市级人民政府统筹本行政区域内学前教育工作，健全投入机制，明确分担责任，制定政策并组织实施。

县级人民政府对本行政区域内学前教育发展负主体责任，负责制定本地学前教育发展规划，统筹幼儿园建设、运行，加强公办幼儿园教师配备补充和工资待遇保障，对幼儿园进行监督管理。

乡镇人民政府、街道办事处应当支持本辖区内学前教育发展。

第九条 县级以上人民政府教育行政部门负责学前教育管理和业务指

导工作，配备相应的管理和教研人员。县级以上人民政府卫生健康行政部门、疾病预防控制部门按照职责分工负责监督指导幼儿园卫生保健工作。

县级以上人民政府其他有关部门在各自职责范围内负责学前教育管理工作，履行规划制定、资源配置、经费投入、人员配备、待遇保障、幼儿园登记等方面的责任，依法加强对幼儿园举办、教职工配备、收费行为、经费使用、财务管理、安全保卫、食品安全等方面的监管。

第十条 国家鼓励和支持学前教育、儿童发展、特殊教育方面的科学研究，推广研究成果，宣传、普及科学的教育理念和方法。

第十一条 国家鼓励创作、出版、制作和传播有利于学前儿童健康成长的图书、玩具、音乐作品、音像制品等。

第十二条 对在学前教育工作中做出突出贡献的单位和个人，按照国家有关规定给予表彰、奖励。

第二章　学前儿童

第十三条 学前儿童享有生命安全和身心健康、得到尊重和保护照料、依法平等接受学前教育等权利。

学前教育应当坚持最有利于学前儿童的原则，给予学前儿童特殊、优先保护。

第十四条 实施学前教育应当从学前儿童身心发展特点和利益出发，尊重学前儿童人格尊严，倾听、了解学前儿童的意见，平等对待每一个学前儿童，鼓励、引导学前儿童参与家庭、社会和文化生活，促进学前儿童获得全面发展。

第十五条 地方各级人民政府应当采取措施，推动适龄儿童在其父母或者其他监护人的工作或者居住的地区方便就近接受学前教育。

学前儿童入幼儿园接受学前教育，除必要的身体健康检查外，幼儿园不得对其组织任何形式的考试或者测试。

学前儿童因特异体质、特定疾病等有特殊需求的，父母或者其他监护人应当及时告知幼儿园，幼儿园应当予以特殊照顾。

第十六条 父母或者其他监护人应当依法履行抚养与教育儿童的义务，为适龄儿童接受学前教育提供必要条件。

父母或者其他监护人应当尊重学前儿童身心发展规律和年龄特点，创造良好家庭环境，促进学前儿童健康成长。

第十七条 普惠性幼儿园应当接收能够适应幼儿园生活的残疾儿童入园，并为其提供帮助和便利。

父母或者其他监护人与幼儿园就残疾儿童入园发生争议的，县级人民政府教育行政部门应当会同卫生健康行政部门等单位组织对残疾儿童的身体状况、接受教育和适应幼儿园生活能力等进行全面评估，并妥善解决。

第十八条 青少年宫、儿童活动中心、图书馆、博物馆、文化馆、美术馆、科技馆、纪念馆、体育场馆等公共文化服务机构和爱国主义教育基地应当提供适合学前儿童身心发展的公益性教育服务，并按照有关规定对学前儿童免费开放。

第十九条 任何单位和个人不得组织学前儿童参与违背学前儿童身心发展规律或者与年龄特点不符的商业性活动、竞赛类活动和其他活动。

第二十条 面向学前儿童的图书、玩具、音像制品、电子产品、网络教育产品和服务等，应当符合学前儿童身心发展规律和年龄特点。

家庭和幼儿园应当教育学前儿童正确合理使用网络和电子产品，控制其使用时间。

第二十一条 学前儿童的名誉、隐私和其他合法权益受法律保护，任何单位和个人不得侵犯。

幼儿园及其教职工等单位和个人收集、使用、提供、公开或者以其他方式处理学前儿童个人信息，应当取得其父母或者其他监护人的同意，遵守有关法律法规的规定。

涉及学前儿童的新闻报道应当客观、审慎和适度。

第三章　幼儿园

第二十二条　县级以上地方人民政府应当统筹当前和长远，根据人口变化和城镇化发展趋势，科学规划和配置学前教育资源，有效满足需求，避免浪费资源。

第二十三条　各级人民政府应当采取措施，扩大普惠性学前教育资源供给，提高学前教育质量。

公办幼儿园和普惠性民办幼儿园为普惠性幼儿园，应当按照有关规定提供普惠性学前教育服务。

第二十四条　各级人民政府应当利用财政性经费或者国有资产等举办或者支持举办公办幼儿园。

各级人民政府依法积极扶持和规范社会力量举办普惠性民办幼儿园。

普惠性民办幼儿园接受政府扶持，收费实行政府指导价管理。非营利性民办幼儿园可以向县级人民政府教育行政部门申请认定为普惠性民办幼儿园，认定标准由省级人民政府或者其授权的设区的市级人民政府制定。

第二十五条　县级以上地方人民政府应当以县级行政区划为单位制定幼儿园布局规划，将普惠性幼儿园建设纳入城乡公共管理和公共服务设施统一规划，并按照非营利性教育用地性质依法以划拨等方式供地，不得擅自改变用途。

县级以上地方人民政府应当按照国家有关规定，结合本地实际，在幼儿园布局规划中合理确定普惠性幼儿园覆盖率。

第二十六条　新建居住区等应当按照幼儿园布局规划等相关规划和标准配套建设幼儿园。配套幼儿园应当与首期建设的居住区同步规划、同步设计、同步建设、同步验收、同步交付使用。建设单位应当按照有关规定将配套幼儿园作为公共服务设施移交地方人民政府，用于举办普惠性幼儿园。

现有普惠性幼儿园不能满足本区域适龄儿童入园需求的，县级人民政府应当通过新建、扩建以及利用公共设施改建等方式统筹解决。

第二十七条 地方各级人民政府应当构建以公办幼儿园为主的农村学前教育公共服务体系，保障农村适龄儿童接受普惠性学前教育。

县级人民政府教育行政部门可以委托乡镇中心幼儿园对本乡镇其他幼儿园开展业务指导等工作。

第二十八条 县级以上地方人民政府应当根据本区域内残疾儿童的数量、分布状况和残疾类别，统筹实施多种形式的学前特殊教育，推进融合教育，推动特殊教育学校和有条件的儿童福利机构、残疾儿童康复机构增设学前部或者附设幼儿园。

第二十九条 设立幼儿园，应当具备下列基本条件：

（一）有组织机构和章程；

（二）有符合规定的幼儿园园长、教师、保育员、卫生保健人员、安全保卫人员和其他工作人员；

（三）符合规定的选址要求，设置在安全区域内；

（四）符合规定的规模和班额标准；

（五）有符合规定的园舍、卫生室或者保健室、安全设施设备及户外场地；

（六）有必备的办学资金和稳定的经费来源；

（七）卫生评价合格；

（八）法律法规规定的其他条件。

第三十条 设立幼儿园经县级人民政府教育行政部门依法审批、取得办学许可证后，依照有关法律、行政法规的规定进行相应法人登记。

第三十一条 幼儿园变更、终止的，应当按照有关规定提前向县级人民政府教育行政部门报告并向社会公告，依法办理相关手续，妥善安置在园儿童。

第三十二条 学前教育机构中的中国共产党基层组织，按照中国共产党章程开展党的活动，加强党的建设。

公办幼儿园的基层党组织统一领导幼儿园工作，支持园长依法行使职权。民办幼儿园的内部管理体制按照国家有关民办教育的规定确定。

第三十三条 幼儿园应当保障教职工依法参与民主管理和监督。

幼儿园应当设立家长委员会，家长委员会可以对幼儿园重大事项决策和关系学前儿童切身利益的事项提出意见和建议，对幼儿园保育教育工作和日常管理进行监督。

第三十四条 任何单位和个人不得利用财政性经费、国有资产、集体资产或者捐赠资产举办或者参与举办营利性民办幼儿园。

公办幼儿园不得转制为民办幼儿园。公办幼儿园不得举办或者参与举办营利性民办幼儿园和其他教育机构。

以中外合作方式设立幼儿园，应当符合外商投资和中外合作办学有关法律法规的规定。

第三十五条 社会资本不得通过兼并收购等方式控制公办幼儿园、非营利性民办幼儿园。

幼儿园不得直接或者间接作为企业资产在境内外上市。上市公司不得通过股票市场融资投资营利性民办幼儿园，不得通过发行股份或者支付现金等方式购买营利性民办幼儿园资产。

第四章 教 职 工

第三十六条 幼儿园教师应当爱护儿童，具备优良品德和专业能力，为人师表，忠诚于人民的教育事业。

全社会应当尊重幼儿园教师。

第三十七条 担任幼儿园教师应当取得幼儿园教师资格；已取得其他教师资格并经县级以上地方人民政府教育行政部门组织的学前教育专业培训合格的，可以在幼儿园任教。

第三十八条 幼儿园园长由其举办者或者决策机构依法任命或者聘任，并报县级人民政府教育行政部门备案。

幼儿园园长应当具有本法第三十七条规定的教师资格、大学专科以上学历、五年以上幼儿园教师或者幼儿园管理工作经历。

国家推行幼儿园园长职级制。幼儿园园长应当参加县级以上地方人民政府教育行政部门组织的园长岗位培训。

第三十九条 保育员应当具有国家规定的学历，并经过幼儿保育职业培训。

卫生保健人员包括医师、护士和保健员，医师、护士应当取得相应执业资格，保健员应当具有国家规定的学历，并经过卫生保健专业知识培训。

幼儿园其他工作人员的任职资格条件，按照有关规定执行。

第四十条 幼儿园教师职务（职称）分为初级、中级和高级。

幼儿园教师职务（职称）评审标准应当符合学前教育的专业特点和要求。

幼儿园卫生保健人员中的医师、护士纳入卫生专业技术人员职称系列，由人力资源社会保障、卫生健康行政部门组织评审。

第四十一条 国务院教育行政部门会同有关部门制定幼儿园教职工配备标准。地方各级人民政府及有关部门按照相关标准保障公办幼儿园及时补充教师，并应当优先满足农村地区、革命老区、民族地区、边疆地区和欠发达地区公办幼儿园的需要。幼儿园及其举办者应当按照相关标准配足配齐教师和其他工作人员。

第四十二条 幼儿园园长、教师、保育员、卫生保健人员、安全保卫人员和其他工作人员应当遵守法律法规和职业道德规范，尊重、爱护和平等对待学前儿童，不断提高专业素养。

第四十三条 幼儿园应当与教职工依法签订聘用合同或者劳动合同，并将合同信息报县级人民政府教育行政部门备案。

第四十四条 幼儿园聘任（聘用）园长、教师、保育员、卫生保健人员、安全保卫人员和其他工作人员时，应当向教育、公安等有关部门查询应聘者是否具有虐待、性侵害、性骚扰、拐卖、暴力伤害、吸毒、赌博等违法犯罪记录；发现其有前述行为记录，或者有酗酒、严重违反师德师风行为等其他可能危害儿童身心安全情形的，不得聘任（聘用）。

幼儿园发现在岗人员有前款规定可能危害儿童身心安全情形的，应当立即停止其工作，依法与其解除聘用合同或者劳动合同，并向县级人民政府教育行政部门进行报告；县级人民政府教育行政部门可以将其纳入从业禁止人员名单。

有本条第一款规定可能危害儿童身心安全情形的个人不得举办幼儿园；已经举办的，应当依法变更举办者。

第四十五条 幼儿园应当关注教职工的身体、心理状况。幼儿园园长、教师、保育员、卫生保健人员、安全保卫人员和其他工作人员，应当在入职前和入职后每年进行健康检查。

第四十六条 幼儿园及其举办者应当按照国家规定保障教师和其他工作人员的工资福利，依法缴纳社会保险费，改善工作和生活条件，实行同工同酬。

县级以上地方人民政府应当将公办幼儿园教师工资纳入财政保障范围，统筹工资收入政策和经费支出渠道，确保教师工资及时足额发放。民办幼儿园可以参考当地公办幼儿园同类教师工资收入水平合理确定教师薪酬标准，依法保障教师工资待遇。

第四十七条 幼儿园教师在职称评定、岗位聘任（聘用）等方面享有与中小学教师同等的待遇。

符合条件的幼儿园教师按照有关规定享受艰苦边远地区津贴、乡镇工作补贴等津贴、补贴。

承担特殊教育任务的幼儿园教师按照有关规定享受特殊教育津贴。

第四十八条 国务院教育行政部门应当制定高等学校学前教育专业设置标准、质量保证标准和课程教学标准体系，组织实施学前教育专业质量认证，建立培养质量保障机制。

省级人民政府应当根据普及学前教育的需要，制定学前教育师资培养规划，支持高等学校设立学前教育专业，合理确定培养规模，提高培养层次和培养质量。

制定公费师范生培养计划，应当根据学前教育发展需要专项安排学前教育专业培养计划。

第四十九条　县级以上人民政府教育、卫生健康等有关部门应当按照职责分工制定幼儿园园长、教师、保育员、卫生保健人员等工作人员培训规划，建立培训支持服务体系，开展多种形式的专业培训。

第五章　保育教育

第五十条　幼儿园应当坚持保育和教育相结合的原则，面向全体学前儿童，关注个体差异，注重良好习惯养成，创造适宜的生活和活动环境，有益于学前儿童身心健康发展。

第五十一条　幼儿园应当把保护学前儿童安全放在首位，对学前儿童在园期间的人身安全负有保护责任。

幼儿园应当落实安全责任制相关规定，建立健全安全管理制度和安全责任制度，完善安全措施和应急反应机制，按照标准配备安全保卫人员，及时排查和消除火灾等各类安全隐患。幼儿园使用校车的，应当符合校车安全管理相关规定，保护学前儿童安全。

幼儿园应当按照国家有关规定投保校方责任保险。

第五十二条　幼儿园发现学前儿童受到侵害、疑似受到侵害或者面临其他危险情形的，应当立即采取保护措施，并向公安、教育等有关部门报告。

幼儿园发生突发事件等紧急情况，应当优先保护学前儿童人身安全，立即采取紧急救助和避险措施，并及时向有关部门报告。

发生前两款情形的，幼儿园应当及时通知学前儿童父母或者其他监护人。

第五十三条　幼儿园应当建立科学合理的一日生活制度，保证户外活动时间，做好儿童营养膳食、体格锻炼、全日健康观察、食品安全、卫生与消毒、传染病预防与控制、常见病预防等卫生保健管理工作，加强健康教育。

第五十四条 招收残疾儿童的幼儿园应当配备必要的康复设施、设备和专业康复人员，或者与其他具有康复设施、设备和专业康复人员的特殊教育机构、康复机构合作，根据残疾儿童实际情况开展保育教育。

第五十五条 国务院教育行政部门制定幼儿园教育指导纲要和学前儿童学习与发展指南，地方各级人民政府教育行政部门依据职责组织实施，加强学前教育教学研究和业务指导。

幼儿园应当按照国家有关规定，科学实施符合学前儿童身心发展规律和年龄特点的保育和教育活动，不得组织学前儿童参与商业性活动。

第五十六条 幼儿园应当以学前儿童的生活为基础，以游戏为基本活动，发展素质教育，最大限度支持学前儿童通过亲近自然、实际操作、亲身体验等方式探索学习，促进学前儿童养成良好的品德、行为习惯、安全和劳动意识，健全人格、强健体魄，在健康、语言、社会、科学、艺术等各方面协调发展。

幼儿园应当以国家通用语言文字为基本保育教育语言文字，加强学前儿童普通话教育，提高学前儿童说普通话的能力。

第五十七条 幼儿园应当配备符合相关标准的玩教具和幼儿图书。

在幼儿园推行使用的课程教学类资源应当经依法审定，具体办法由国务院教育行政部门制定。

幼儿园应当充分利用家庭、社区的教育资源，拓展学前儿童生活和学习空间。

第五十八条 幼儿园应当主动与父母或者其他监护人交流学前儿童身心发展状况，指导家庭科学育儿。

父母或者其他监护人应当积极配合、支持幼儿园开展保育和教育活动。

第五十九条 幼儿园与小学应当互相衔接配合，共同帮助儿童做好入学准备和入学适应。

幼儿园不得采用小学化的教育方式，不得教授小学阶段的课程，防止保育和教育活动小学化。小学坚持按照课程标准零起点教学。

校外培训机构等其他任何机构不得对学前儿童开展半日制或者全日制培训，不得教授学前儿童小学阶段的课程。

第六章　投入保障

第六十条　学前教育实行政府投入为主、家庭合理负担保育教育成本、多渠道筹措经费的投入机制。

各级人民政府应当优化教育财政投入支出结构，加大学前教育财政投入，确保财政性学前教育经费在同级财政性教育经费中占合理比例，保障学前教育事业发展。

第六十一条　学前教育财政补助经费按照中央与地方财政事权和支出责任划分原则，分别列入中央和地方各级预算。中央财政通过转移支付对地方统筹给予支持。省级人民政府应当建立本行政区域内各级人民政府财政补助经费分担机制。

第六十二条　国务院和省级人民政府统筹安排学前教育资金，重点扶持农村地区、革命老区、民族地区、边疆地区和欠发达地区发展学前教育。

第六十三条　地方各级人民政府应当科学核定普惠性幼儿园办园成本，以提供普惠性学前教育服务为衡量标准，统筹制定财政补助和收费政策，合理确定分担比例。

省级人民政府制定并落实公办幼儿园生均财政拨款标准或者生均公用经费标准，以及普惠性民办幼儿园生均财政补助标准。其中，残疾学前儿童的相关标准应当考虑保育教育和康复需要适当提高。

有条件的地方逐步推进实施免费学前教育，降低家庭保育教育成本。

第六十四条　地方各级人民政府应当通过财政补助、购买服务、减免租金、培训教师、教研指导等多种方式，支持普惠性民办幼儿园发展。

第六十五条 国家建立学前教育资助制度，为家庭经济困难的适龄儿童等接受普惠性学前教育提供资助。

第六十六条 国家鼓励自然人、法人和非法人组织通过捐赠、志愿服务等方式支持学前教育事业。

第七章 监督管理

第六十七条 县级以上人民政府及其有关部门应当建立健全幼儿园安全风险防控体系，强化幼儿园周边治安管理和巡逻防控工作，加强对幼儿园安全保卫的监督指导，督促幼儿园加强安全防范建设，及时排查和消除安全隐患，依法保障学前儿童与幼儿园安全。

禁止在幼儿园内及周边区域建设或者设置有危险、有污染的建筑物和设施设备。

第六十八条 省级人民政府或者其授权的设区的市级人民政府根据办园成本、经济发展水平和群众承受能力等因素，合理确定公办幼儿园和非营利性民办幼儿园的收费标准，并建立定期调整机制。

县级以上地方人民政府及有关部门应当加强对幼儿园收费的监管，必要时可以对收费实行市场调节价的营利性民办幼儿园开展成本调查，引导合理收费，遏制过高收费。

第六十九条 幼儿园收取的费用应当主要用于保育和教育活动、保障教职工待遇、促进教职工发展和改善办园条件。学前儿童伙食费应当专款专用。

幼儿园应当执行收费公示制度，收费项目和标准、服务内容、退费规则等应当向家长公示，接受社会监督。

幼儿园不得违反有关规定收取费用，不得向学前儿童及其家长组织征订教学材料，推销或者变相推销商品、服务等。

第七十条 幼儿园应当依法建立健全财务、会计及资产管理制度，严格经费管理，合理使用经费，提高经费使用效益。

幼儿园应当按照有关规定实行财务公开，接受社会监督。县级以上人民政府教育等有关部门应当加强对公办幼儿园的审计。民办幼儿园每年应当依法进行审计，并向县级人民政府教育行政部门提交经审计的财务会计报告。

第七十一条　县级以上人民政府及其有关部门应当建立健全学前教育经费预算管理和审计监督制度。

任何单位和个人不得侵占、挪用学前教育经费，不得向幼儿园非法收取或者摊派费用。

第七十二条　县级人民政府教育行政部门应当建立健全各类幼儿园基本信息备案及公示制度，利用互联网等方式定期向社会公布并更新政府学前教育财政投入、幼儿园规划举办等方面信息，以及各类幼儿园的教师和其他工作人员的资质和配备、招生、经费收支、收费标准、保育教育质量等方面信息。

第七十三条　县级以上人民政府教育督导机构对学前教育工作执行法律法规情况、保育教育工作等进行督导。督导报告应当定期向社会公开。

第七十四条　国务院教育行政部门制定幼儿园保育教育质量评估指南。省级人民政府教育行政部门应当完善幼儿园质量评估标准，健全幼儿园质量评估监测体系，将各类幼儿园纳入质量评估范畴，并向社会公布评估结果。

第八章　法律责任

第七十五条　地方各级人民政府及有关部门有下列情形之一的，由上级机关或者有关部门按照职责分工责令限期改正；情节严重的，对负有责任的领导人员和直接责任人员依法给予处分：

（一）未按照规定制定、调整幼儿园布局规划，或者未按照规定提供普惠性幼儿园建设用地；

（二）未按照规定规划居住区配套幼儿园，或者未将新建居住区配套幼儿园举办为普惠性幼儿园；

（三）利用财政性经费、国有资产、集体资产或者捐赠资产举办或者参与举办营利性民办幼儿园，或者改变、变相改变公办幼儿园性质；

（四）未按照规定制定并落实公办幼儿园生均财政拨款标准或者生均公用经费标准、普惠性民办幼儿园生均财政补助标准；

（五）其他未依法履行学前教育管理和保障职责的情形。

第七十六条 地方各级人民政府及教育等有关部门的工作人员违反本法规定，滥用职权、玩忽职守、徇私舞弊的，依法给予处分。

第七十七条 居住区建设单位未按照规定建设、移交配套幼儿园，或者改变配套幼儿园土地用途的，由县级以上地方人民政府自然资源、住房和城乡建设、教育等有关部门按照职责分工责令限期改正，依法给予处罚。

第七十八条 擅自举办幼儿园或者招收学前儿童实施半日制、全日制培训的，由县级人民政府教育等有关部门依照《中华人民共和国教育法》《中华人民共和国民办教育促进法》的规定予以处理；对非法举办幼儿园的单位和个人，根据情节轻重，五至十年内不受理其举办幼儿园或者其他教育机构的申请。

第七十九条 幼儿园有下列情形之一的，由县级以上地方人民政府教育等有关部门按照职责分工责令限期改正，并予以警告；有违法所得的，退还所收费用后没收违法所得；情节严重的，责令停止招生、吊销办学许可证：

（一）组织入园考试或者测试；

（二）因管理疏忽或者放任发生体罚或者变相体罚、歧视、侮辱、虐待、性侵害等危害学前儿童身心安全的行为；

（三）未依法加强安全防范建设、履行安全保障责任，或者未依法履行卫生保健责任；

（四）使用未经审定的课程教学类资源；

（五）采用小学化的教育方式或者教授小学阶段的课程；

（六）开展与学前儿童身心发展规律、年龄特点不符的活动，或者组织学前儿童参与商业性活动；

（七）未按照规定配备幼儿园教师或者其他工作人员；

（八）违反规定收取费用；

（九）克扣、挪用学前儿童伙食费。

依照前款规定被吊销办学许可证的幼儿园，应当妥善安置在园儿童。

第八十条 幼儿园教师或者其他工作人员有下列情形之一的，由所在幼儿园或者县级人民政府教育等有关部门根据情节轻重，依法给予当事人、幼儿园负责人处分，解除聘用合同或者劳动合同；由县级人民政府教育行政部门禁止其一定期限内直至终身从事学前教育工作或者举办幼儿园；情节严重的，吊销其资格证书：

（一）体罚或者变相体罚儿童；

（二）歧视、侮辱、虐待、性侵害儿童；

（三）违反职业道德规范或者危害儿童身心安全，造成不良后果。

第八十一条 在学前教育活动中违反本法规定的行为，本法未规定法律责任，《中华人民共和国教育法》《中华人民共和国未成年人保护法》《中华人民共和国劳动法》等法律、行政法规有规定的，依照其规定。

第八十二条 违反本法规定，侵害学前儿童、幼儿园、教职工合法权益，造成人身损害或者财产损失的，依法承担民事责任；构成违反治安管理行为的，依法给予治安管理处罚；构成犯罪的，依法追究刑事责任。

第九章 附 则

第八十三条 小学、特殊教育学校、儿童福利机构、残疾儿童康复机构等附设的幼儿班等学前教育机构适用本法有关规定。

军队幼儿园的管理，依照本法和军队有关规定执行。

第八十四条　鼓励有条件的幼儿园开设托班，提供托育服务。

幼儿园提供托育服务的，依照有关法律法规和国家有关规定执行。

第八十五条　本法自2025年6月1日起施行。

后记

2024年11月8日，第十四届全国人民代表大会常务委员会第十二次会议通过《中华人民共和国学前教育法》（以下简称《学前教育法》），该法自2025年6月1日起施行。《学前教育法》把党对学前教育的主张转化为国家意志，把实践成果上升为法律制度，用法治方式破解突出问题，为学前教育高质量发展提供法治保障。《学前教育法》的颁布施行，标志着学前教育进入"有专门法可依"的新阶段，对推进学前教育普及普惠安全优质发展，夯实教育强国建设基点具有重要而深远的意义。

为配合全社会学习、宣传和全面贯彻《学前教育法》，特编写《〈中华人民共和国学前教育法〉辅导百问》，旨在对《学前教育法》制定的背景和意义、法条的内容进行系统解读，帮助广大读者准确把握其核心要义。

本书由王嘉毅同志主编，教育部有关司局的同志参与编写。

本书编写组

2025年5月15日

套装版

《中华人民共和国学前教育法》

辅导百问

厅长话“新法”

本书编写组 ◎ 编

中国教育出版传媒集团
人民教育出版社
·北京·

图书在版编目（CIP）数据

《中华人民共和国学前教育法》辅导百问：套装版 / 本书编写组编. -- 北京：人民教育出版社，2025. 5.

ISBN 978-7-107-39701-1

Ⅰ. D922. 165

中国国家版本馆 CIP 数据核字第 2025PD9580 号

责任编辑：焦　艳　刘峰峰

责任设计：史　越

责任校对：李胜瑾

责任印制：申　骅

《中华人民共和国学前教育法》辅导百问　套装版

ZHONGHUA RENMIN GONGHEGUO XUEQIAN JIAOYUFA

FUDAO BAI WEN TAOZHUANG BAN

本书编写组　编

出版发行　人民教育出版社

（北京市海淀区中关村南大街 17 号院 1 号楼　邮编：100081）

网　　址　http://www.pep.com.cn

经　　销　全国新华书店

印　　刷　北京利丰雅高长城印刷有限公司

版　　次　2025 年 5 月第 1 版

印　　次　2025 年 5 月第 1 次印刷

开　　本　787 毫米 × 1092 毫米　1/16

印　　张　23.5

字　　数　319 千字

书　　号　ISBN 978-7-107-39701-1

定　　价　49.80 元（全 2 册）

目录

北京

以《学前教育法》为行动准绳，推动首都学前教育高质量发展

中共北京市委教育工委副书记，市教委主任，市政府教育督导室主任

李　奕

办好人民满意的学前教育，关乎亿万儿童健康成长，牵动万千家庭福祉，关系国家、民族未来。党中央、国务院高度重视学前教育改革发展，十四届全国人大常委会第十二次会议表决通过了《中华人民共和国学前教育法》(以下简称《学前教育法》)，为推进学前教育普及普惠安全优质发展、夯实教育强国建设基点提供了根本遵循。北京市教育系统认真学习《学前教育法》，第一时间组织市教育两委班子成员深入领会《学前教育法》核心精神，通过学前教育大讲堂活动，推动幼教干部、教师学法知法守法，引领首都学前教育事业在“有法可依、有法必依”的法治轨道上有序、高质量发展。

一、全面总结发展经验，找准高质量发展关键点

近年来，北京市认真贯彻落实党中央、国务院学前教育有关决策部署，连续实施了三期学前教育行动计划和“十四五”学前教育发展提升行动计划，优布局，强治理，提质量，不断满足首都人民群众“有园上”“上好园”的美好期盼。

(一) 普及普惠水平进一步提高

行动计划实施期间，北京市通过新建、改扩建幼儿园和鼓励、引

导社会力量办园等多种方式增加学前教育学位资源供给，在园幼儿人数从2012年的33.2万人增加至最高峰2022年的62.7万人。与此同时，2022年常住适龄儿童入园率达到93%，比2012年提高28个百分点，普惠率达到91%。截至2024年底，全市入园率、普惠率均进一步提高至94%，为学前教育内涵发展奠定了坚实基础。

（二）资源结构布局进一步优化

北京市牢牢把握教育的政治属性、人民属性、战略属性，严格落实小区配套园“五同步”要求，开展城镇小区配套园治理，“十四五”行动计划进一步明确小区配套园移交教育行政部门后原则上应建成公办园。依托“接诉即办”“每月一题”机制，通过大数据分析定位存在资源供需矛盾的街道乡镇，2021年精准投放1.3万个普惠学位。

（三）发展保障机制进一步完善

北京市持续加大财政投入，财政性学前教育经费占财政性教育经费的比例从2012年的4.69%提高至2023年的11.41%。不断完善普惠性学前教育保障机制，将公办幼儿园生均公用经费标准调高至2250元/生·年，将普惠性民办幼儿园生均财政补助最高标准提高至12000元/生·年。持续优化成本分担机制，结合财政补助和经济发展情况，按照“保基本、兜底线”的总体思路动态调整公办园收费标准。

（四）监督管理力度进一步强化

北京市紧紧围绕“严”与“稳”，建立健全学前教育管理制度，强化办园行为监管力度。统筹协调专职督查和责任督学两支队伍，每月分专题对各类型幼儿园进行全覆盖日常督查和督导。出台措施主动防范化解民办园办学风险，加强点对点指导，引导民办园规范发展。常态化开展幼儿园名称不规范、乱收费等问题专项清理整治。

（五）教师队伍建设进一步加强

北京市坚持为幼儿园教师创造多元的成长机会，加强幼儿园教师待遇保障。完善幼儿园教师职称制度，将非教育部门办园教师纳入职称评定范围，打通中小学幼儿园教师职称系列。完善幼儿园教师表彰体系，开展幼儿园紫禁杯优秀教师和骨干主班教师评选活动，发挥榜样示范作用。完善幼儿园教师专业化培养体系，开展教师基本功培训展示活动及学前教育大讲堂活动，全方位促进干部教师快速成长。

（六）保育教育质量进一步提升

北京市始终坚持以儿童为本，尊重幼儿身心发展规律，支持引导各类型幼儿园提高保育教育质量。持续深入贯彻落实《3—6岁儿童学习与发展指南》，坚持以游戏为基本活动，优化幼儿园一日生活安排。完善市、区、园三级教研体系，建强专兼职结合的教研员队伍，下移教研重心。开展三至五年一轮的全覆盖办园质量督导评估，以评促建、以评促质量提升。深入推进幼小科学衔接，纠正幼儿园“小学化”倾向，倡导通过家园校协同共育等方式帮助幼儿顺利平稳入学。

二、深刻领会法律精神，把握高质量发展根本点

《学前教育法》的颁布为深化学前教育综合改革点明了重点，为破解学前教育发展瓶颈问题提出了思路，为完善学前教育公共服务体系提供了保障。深入学习贯彻《学前教育法》，对于构建首都学前教育高质量发展体系具有重要意义。

（一）明确政府责任，彰显党和国家对儿童成长的关心关爱

习近平总书记强调推进学前教育普及普惠安全优质发展，党的二十届三中全会要求“健全学前教育保障机制”。《学前教育法》明确了“以政府举办为主，大力发展普惠性学前教育”的法定要求，规定“实行政府投入为主、家庭合理负担保育教育成本、多渠道筹措经费的投入机制”，这些均凸显了教育的基础性、先导性、全局性战略地位，为建好幼有所育民生工程提供了坚强支撑。

（二）坚持改革创新，直面学前教育高质量发展的新问题

当前，学前教育改革步入深水区，要达成教育强国建设的总体目标需

破解发展不均衡等难题。《学前教育法》聚焦高质量学前教育体系建设中的薄弱环节，针对资源布局问题，要求“根据人口变化和城镇化发展趋势，科学规划和配置学前教育资源，有效满足需求，避免浪费资源”；针对发展不均衡问题，要求政府扛起职责，“缩小城乡之间、区域之间学前教育发展差距”。

（三）划清法律红线，全方位构建学前儿童权益的保护机制

学前儿童自我保护能力较弱，且处于认知形成发展的关键时期，需要给予额外的保护与关注。《学前教育法》针对学前儿童的权益保护专设一章，明确幼儿园、政府、家庭、社会等主体在创造良好条件、促进学前儿童健康成长上的责任。同时通过“法律责任”一章进一步把影响学前儿童生命安全和身心健康、依法平等接受有质量的学前教育的各类情形固化为法律制度，织密学前儿童合法权利的保障网。

三、奋楫笃行谋划新篇，抓好高质量发展着力点

法律的生命在于实施，法律的权威也在于实施。北京市教育系统将当好《学前教育法》忠实的守护者和坚定的践行者，用好学前教育宣传月和质量月等平台，加强普法宣传，凝聚幼教战线依法治教、推动学前教育高质量发展的共识，将法的精神转化为切实可行的具体举措，抓好法律的贯彻实施。

（一）完善学前教育保障机制，推动普及普惠再上新台阶

健全与人口变化相适应、与人民群众期盼相符合的学前教育资源统筹调配机制。一方面，优化资源供给结构，继续落实普惠性幼儿园既有财政保障政策，稳定普惠存量资源；大力发展公办园，稳步提高公办率；在充分满足3—6岁儿童入园需求基础上，鼓励支持有条件的幼儿园举办托班。另一方面，提高优质资源保障水平，进一步优化班额，改善办园条件；弘扬教育家精神，全面加强教师教育培训，提高教师的政治素养、师德师风和育人能力，保障幼儿园教师待遇地位。

（二）提升学前教育治理能力，形成行业规范管理新常态

强化学前教育监管体系建设，完善教育部门牵头，相关部门分工负责、齐抓共管的责任格局。规范幼儿园日常管理，持续加强办园行为督导检查，对存在安防隐患、"小学化"等不规范办园行为进行整改治理。增强风险防范意识，完善民办园退出机制，定期排查幼儿园教学资源，清理整治存在方向性、思想性、科学性问题的用书。突出师德师风第一标准，严把幼儿园教师入口关。

（三）多措并举破解质量难题，为教育强国建设作出新贡献

深化保育教育改革，引导幼儿园因地制宜为幼儿创设游戏环境，支持幼儿主动探究学习，全面推进科学保教。推动学前教育教研改革，实施有组织的教研，依托18个市级教研基地园和6个教研共同体开展质量提升实践研究。提升薄弱园办园水平，通过联盟、手拉手等方式加强对薄弱园的支持力度。落实《幼儿园保育教育质量评估指南》，加强质量评价研究，不断健全幼儿园督导评估机制、路径和方法。

学前教育是全链条人才培养的"最初一公里"，北京市将坚持以习近平新时代中国特色社会主义思想为指导，落实落细《学前教育法》，完善高质量发展体制机制，以首善标准办强办优首都学前教育。

天津

履行地方政府法定职责，在法治轨道上加快推进学前教育高质量发展

中共天津市委教育工委常务副书记，市教委主任，市政府教育督导室主任(兼)

荆洪阳

2024年11月8日，十四届全国人大常委会第十二次会议表决通过了《中华人民共和国学前教育法》(以下简称《学前教育法》)，该法将于2025年6月1日施行，标志着学前教育从此进入“有专门法可依”的新阶段。党中央、国务院高度重视学前教育，习近平总书记多次就学前教育改革发展作出重要指示，强调推进学前教育普及普惠安全优质发展。在以中国式现代化全面推进强国建设的新征程上，把党和国家关于学前教育的重大决策部署全面准确地转化为法律规定，对夯实教育强国建设基点具有重要而深远的意义，也为各级政府加快构建幼有优育的高质量学前教育体系打下坚实的法治根基。天津市各级教育行政部门将深入学习贯彻《学前教育法》，领会法律精神，健全配套政策，履行法定职责，抓好贯彻落实。

一、多措并举，构建高质量学前教育体系

(一)解决“入园难”，幼有所育更普及

按照教育部统筹部署，天津连续实施四期学前教育行动计划，每年将学前教育资源建设纳入市政府民心工程，攻坚补齐学位缺口，解决了“入园难”问题。截至2024年，全市学前三年毛入园率97%，普惠性幼儿园覆盖率90%，公办园在园幼儿占比58%，提前达到并

超过国家“十四五”相关目标。大力开展学前教育普及普惠区创建工作，2023—2024年，滨海新区等12个区通过学前教育普及普惠国家督导评估认定，通过评估认定的行政区数量达到全市行政区总数的75%。

（二）解决“入园贵”，财政保障更普惠

天津持续加大学前教育财政投入力度，健全成本分担机制。实现各级各类公办幼儿园以及驻津部队、中央单位办幼儿园的社会生源部分生均公用经费财政拨款标准1200元全覆盖。将普惠性民办园生均年补助标准提高至2800—4400元，扶持力度位居全国前列。制定并动态调整公办园、普惠性民办园收费标准。使用中央支持学前教育发展资金设立专项经费，实施远郊五区农村幼儿园装备水平提升工程。

（三）教师专业强，孩子入园更放心

天津连续8年开展提高幼儿园保教质量专项培训，将专任教师、保育员、保健医、厨师、保安等教职工全部纳入培训范围。实施追求卓越幼教师资培训工程、乡村幼儿师资培训工程、幼儿园教师和保育员能力提升计划等市级培训项目，提高保教人员专业水平。专门对乡镇中心幼儿园补充事业编制，加强农村幼儿园师资力量。

（四）办园有质量，科学保教更优质

天津制定印发《天津市幼儿园一日生活指南（2023版）》《天津市幼儿园保教质量规范（2024版）》，为科学保教提供专业引领。在市教科院成立全国首家幼小衔接教研室，印制《科学开展幼小衔接工作指导手册》，推出幼小衔接“天津模式”。滨海新区、河西区创建完善普惠性学前教育保障机制实验区，北辰区创建幼儿园保育教育质量提升实验区，带动区域各级各类幼儿园整体提质升级。使用中央支持学前教育发展资金设立专项经费，实施天津市高质量幼儿游戏研究实践项目。在全国率先建设使用市、区、园三级监控系统平台，实现常态化监管。

二、加强学习，深刻领会《学前教育法》规之要

（一）坚持政府主导，优化资源配置

《学前教育法》以问题为导向，为地方政府规划配置区域学前教育资源指明了基本原则和实施路径，强调“推动适龄儿童在其父母或者其他监护人的工作或者居住的地区方便就近接受学前教育”，对区域学前教育资源布局提出了更高要求。

（二）坚持公益普惠，完善保障机制

《学前教育法》聚焦解决学前教育保障的机制问题、瓶颈问题，坚持问题导向，坚持改革创新，做出系统制度设计和规范。全面构建了普惠性学前教育发展保障机制，为进一步深化学前教育改革、推进学前教育规范发展提供了根本遵循。

（三）坚持教师为基，提升队伍素质

《学前教育法》专门规定“全社会应当尊重幼儿园教师”，从法律层面肯定了幼儿园教师的社会地位和专业性。同时，从法律层面对幼儿园教师、保育员、卫生保健人员等幼儿园教职工的任职资格作了明确规定，并在“罚则”中对幼儿园教师和其他工作人员的不当行为作了处罚规定。这充分体现了《学前教育法》对幼儿园教师的“厚爱”与“严管”。

（四）坚持儿童为本，提高保教质量

《学前教育法》以专章的形式规定学前儿童，充分体现了保护儿童权利的立法理念。以法律形式规范保教活动，将若干不规范办园行为明确纳入“罚则”情形，充分体现了我国维护学前儿童身心健康发展的决心和意志，为有关部门对相关不法行为依法采取强制和处罚措施提供了法律依据。

三、下一步工作考虑

（一）优化布局结构，履行资源配置职责

深入落实“以政府举办为主”等法定要求，切实履行政府在幼儿园规

划建设等方面的法定职责。一是适应人口变化和城镇化发展的新形势新要求，加强入园供需情况监测和趋势预判。二是优化学前教育资源布局，保障普惠性资源供给，精准增加公办园，逐步满足就近入普惠优质幼儿园的需求。三是提高资源供给质量，改善办园条件，优化班额和生师比，实现高水平资源优化配置。

（二）坚持政府主导，履行投入保障职责

深入落实“优化教育财政投入支出结构”等法定要求，切实履行政府在完善学前教育保障机制等方面的法定职责。一是会同有关部门持续完善财政投入长效机制，落实并动态调整各类幼儿园运转保障，确保普惠性学前教育有质量可持续发展。二是加强对民办园的收费监管，防范化解有关风险。三是加强普及普惠区创建工作，全力推动全市各区全域通过学前教育普及普惠国家督导评估认定。

（三）加强培养培训，履行师资建设职责

深入落实“将公办幼儿园教师工资纳入财政保障范围”等法定要求，切实履行政府在加强幼儿园师资队伍建设、保障幼儿园教师待遇等方面的法定职责。一是严格落实幼儿园教师资质条件，把好教师入口关，对失德失范行为零容忍。二是依法保障幼儿园教师队伍工资待遇，提高教师培养层次和培养质量。三是加强教师思想政治、师德师风、专业能力等方面的教育培训，建设一支师德高尚、爱岗敬业、业务精良、结构合理的幼儿园教师队伍。

（四）提高保教质量，履行质量监管职责

深入落实“坚持最有利于学前儿童的原则”等法定要求，切实履行政府在推进科学保教等方面的法定职责。一是加强对幼儿园的专业指导，落实以游戏为基本活动，创设丰富的教育环境。二是强化对保教质量的评估，落实《幼儿园保育教育质量评估指南》，树立科学导向，深入推进幼儿园督导评估。三是完善动态监管机制，牢牢把握国家法律在幼儿园卫生保健、安全防控、师德师风等方面划出的红线和底线，依法严肃追究法律责任。

（五）鼓励有条件的幼儿园开设托班

推动落实市卫生健康委、市教委共同制定的《幼儿园托班工作指南（试行）》，规范幼儿园托班在登记备案、保育服务、运行保障和监督管理等方面的工作。鼓励支持有条件的幼儿园开设托班，提供托育服务。

《学前教育法》全面阐述了落实政府发展学前教育责任的法律规定和实现路径，既是法律依据，也是行动指南。天津市各级教育行政部门将认真学习贯彻《学前教育法》对政府法定职责的规定，在法治轨道上推进学前教育高质量发展，为培养德智体美劳全面发展的社会主义建设者和接班人奠定基础，为建成教育强国贡献天津力量。

河北

深入实施《学前教育法》，推动学前教育普及普惠安全优质发展

中共河北省委教育工委委员，省教育厅党组成员、副厅长

余育国

2024年11月8日，十四届全国人大常委会第十二次会议表决通过了《中华人民共和国学前教育法》（以下简称《学前教育法》），这是国家教育法律体系的重大完善和教育法治建设的重大成果，也是推动学前教育普及普惠安全优质发展的重要举措，标志着我国学前教育事业正式进入了法治化、规范化、制度化的新阶段。

一、保持信心，坚定决心，深刻理解《学前教育法》的重大意义

《学前教育法》既是对我国学前教育改革发展经验成果的系统总结，又是未来实现学前教育普及普惠安全优质发展的根本遵循。在《学前教育法》的贯彻落实过程中，我们既要肯定过去、充满信心，又要毫不动摇、坚定决心。

（一）回顾过去，成绩可喜，我们充满信心

近年来，我省高度重视学前教育工作，学前教育发展不断取得新突破、迈上新台阶。一是聚焦建设公办园，打牢普惠基础。2018—2023年，全省共新建、改扩建公办园1943所。2023年，公办园在园幼儿占比达到56.1%，解决“入园难”问题。二是聚焦扶持民办园，做好普惠补充。2019—2021年，治理小区配套园1391所，新增

普惠性学位25万个。通过政府购买服务、培训教师、教研指导等多种方式，对普惠性民办园予以扶持，缓解“入园贵”问题。2023年，普惠性幼儿园覆盖率达到89.62%。三是聚焦财政投入，加强普惠保障。2020—2024年，省以上财政投入资金74.167亿元。2024年，将公办园生均公用经费标准由400元提高至600元，增强幼儿园运转保障能力。四是聚焦队伍建设，强化普惠支撑。2020—2024年，共招聘公办园教师2.15万人，招收893名学前教育专业公费师范生。2022—2024年，投入经费7746万元，培训园长教师2.48万人。2023年，将幼儿园高级教师岗位结构比例提高4个百分点，激发教师队伍活力。五是聚焦内涵发展，提升普惠质量。落实以游戏为基本活动的保教理念，确定了26个幼小衔接实验区，推动从幼儿园到小学平稳过渡。邯郸市涉县入选国家幼儿园保育教育质量提升实验区。

（二）使命在肩，未来可期，我们坚定决心

从国家战略看，《学前教育法》贯彻落实情况，关系到党中央、国务院决策部署是否落地见效。从事业发展看，《学前教育法》贯彻落实情况，关系到学前教育能否实现普及普惠安全优质发展目标。从人民满意看，《学前教育法》贯彻落实情况，关系到人民群众“幼有优育”美好期盼是否能够顺利实现。必须提高站位、深化认识，准确把握《学前教育法》的重大意义；必须以法为本、学深悟透，树立法治学前教育思维；必须坚定决心、对标对表，不折不扣地把《学前教育法》落到实处。

二、遵守法律，全面发力，做好《学前教育法》的贯彻实施

我省将全面落实党的二十大、二十届三中全会、全国教育大会精神，围绕《教育强国建设规划纲要（2024—2035年）》重点任务，以《学前教育法》为根本遵循，全面发力，努力推动学前教育普及普惠安全优质发展。

（一）优化资源布局，持续扩充普惠性学前教育资源

我省将严格落实以政府为主导、大力发展普惠性学前教育的法定要

求，根据人口变化情况，以县为单位调整城乡幼儿园布局结构。在城镇人口新增地区，持续增加普惠性学位供给。在农村地区，大力发展以公办园为主的农村学前教育，稳妥推进闲置幼儿园撤并关停，提升薄弱园办园质量。

（二）推动内涵建设，全面提高保教质量和办园水平

严格规范办园行为，引导幼儿园遵循幼儿身心发展规律，坚持以游戏为基本活动，合理安排一日活动。健全学前教育质量评估监测体系，完善幼儿园质量评估标准，引导幼儿园科学健康发展。

（三）完善保障机制，促进学前教育健康快速发展

持续加大学前教育财政投入水平，以提供普惠性服务为衡量标准，强化幼儿园收费管理。全面落实幼儿园教师持证上岗，依法保障幼儿园教师地位和待遇。加强对特殊儿童群体的关心关爱，让每一个孩子都有人生出彩的机会。

三、加强宣传，理顺机制，确保《学前教育法》贯彻实施取得实效

《学前教育法》的贯彻落实，需要政府各部门、家庭、幼儿园和社会的共同努力，只有各方积极参与，形成合力，才能确保法律得到严格贯彻实施。

（一）做好前期宣传，营造学习《学前教育法》的良好氛围

我省严格按照国家部署要求，组织全省学前系统深入学习《学前教育法》。同时通过多种渠道向社会广泛宣传《学前教育法》，在全社会营造了解学前教育、支持学前教育的良好氛围。

（二）统筹各方力量，汇聚形成学前教育高质量发展合力

《学前教育法》强调政府在推动学前教育发展中的引领和统筹作用，明确了各级政府和各部门在学前教育规划、投入、监管等方面承担的责任。我们将以《学前教育法》颁布实施为契机，统筹协调编制、财政、发展改革、人力资源社会保障等重要部门，按照各自职责分工，推动《学前

教育法》贯彻落实和学前教育事业改革发展。同时，《学前教育法》对举办者、家庭和社会等主体的权利义务作了明确分配，我们将积极协调家庭、幼儿园和社会三方密切配合，整合各类资源，为幼儿提供快乐、和谐且富有教育意义的成长环境，促进幼儿身心健康发展。

（三）加强督导检查，确保法律规定不折不扣落地落实

法律的生命力和权威在于其能否得到严格执行。为确保《学前教育法》得到不折不扣贯彻落实，我们将以法律条文为依据，围绕学前教育发展的关键环节、薄弱环节，定期开展监督检查，确保法律法规落地落实。一是紧盯安全防护，确保幼儿园落实安全管理制度和安全责任制度，保证幼儿生命健康。二是紧盯教师管理，严格教师资格准入，对师德失范行为零容忍。依法保障教师工资福利，为教职工缴纳社会保险，努力实现同工同酬。三是紧盯幼儿园日常办园行为，坚决杜绝无资质办园、乱收费、虚假宣传等违法违规行为。四是紧盯保育教育活动，坚决杜绝“小学化”教学倾向，守护幼儿健康快乐安全成长。

山西

持续推动学前教育制度化规范化发展，稳步提升学前教育保教质量

中共山西省委教育工委委员，省教育厅党组成员、副厅长

侯文一

人生百年，立于幼学。学前教育关系亿万儿童健康成长，关系千家万户切身利益，关系国家和民族的未来。《中华人民共和国学前教育法》（以下简称《学前教育法》）的颁布，是实施教育强国战略的重要举措，对于我国学前教育事业发展具有重大而深远的里程碑意义。

一、学深悟透，深刻领会《学前教育法》重大精神要义

党中央、国务院高度重视学前教育，习近平总书记多次就学前教育改革发展作出重要指示批示，党的二十大和二十届三中全会对强化学前教育普惠发展，健全学前教育保障机制，作出专门部署。《学前教育法》将习近平总书记的重要指示精神和党中央、国务院的决策部署，转化为系统的法律规范，必将有力促进学前教育普及普惠安全优质发展。

（一）教育法律制度更加健全

《学前教育法》的出台，标志着我国学前教育进入“有专门法可依”的新阶段，以立法形式全面总结了改革发展成果和经验，把党对学前教育的主张转化为国家意志，把实践成果上升为法律制度，以法治方式破解突出问题，系统构建了中国特色学前教育法律制度体系。

（二）高质量教育体系更趋完备

学前教育是国民教育体系的组成部分。《学前教育法》的出台，从法律层面明确了学前教育的性质，巩固了学前教育的基础性、先导性地位。强调了学前教育要坚持中国共产党的领导，坚持社会主义办学方向，贯彻党和国家的教育方针。明确了政府在学前教育中的职责，为构建覆盖城乡、布局合理、公益普惠、安全优质的学前教育公共服务体系提供了坚实法治保障。

（三）教育公平与质量更有保障

教育起点公平是阻断贫困代际传递，推动社会发展的重要前提。《学前教育法》坚持以人民为中心，对人民群众最关心、最直接、最现实的利益问题，给予正面回应，如保障入园机会、减轻家庭负担、普教特教融合等。同时专门提出幼儿园应“科学实施符合学前儿童身心发展规律和年龄特点的保育和教育活动”“以学前儿童的生活为基础，以游戏为基本活动，发展素质教育”等关于保教行为的具体原则，严格防止保育和教育活动小学化，切实保障学前儿童都能享有公平而有质量的学前教育。

二、以知促行，持续推动学前教育制度化、规范化发展

党的十八大以来，山西省坚持以习近平新时代中国特色社会主义思想为指导，始终将学前教育视为奠基之石，多措并举、多方协同，全力推动学前教育事业取得新进展、迈上新台阶。

（一）高位推动落实，条块协同联动

山西省委、省政府坚决贯彻落实习近平总书记关于教育的重要论述和对山西工作的重要讲话、重要指示精神，按照“扩总量、调结构、建机制、提质量”的总体要求，以开展学前教育行动计划为抓手，推动学前教育走上健康协调发展轨道。山西省教育厅贯彻省委、省政府指示精神，与各市人民政府签订备忘录，与发展改革、公安、财政、人力资源社会保障等部门密切配合，就行动计划、小区配建幼儿园、普惠性民办园认定、经

费保障、队伍建设、安全监管、科学保教、收费管理等方面制定系列政策，形成改革发展合力。

（二）强化制度建设，提升保障能力

2012—2023年，山西省学前教育财政性教育经费支出占全省财政性教育经费支出的3.74%，年均增长14.39%。明确公办幼儿园和普惠性民办幼儿园，学前教育生均公用经费不低于600元/生·年的标准。出台《关于加强普惠性民办幼儿园认定及管理工作的意见》，通过定额补助、综合奖补、购买服务、派驻公办教师、减免租金等方式，支持普惠性民办幼儿园发展。建立学前教育资助制度，坚持对家庭经济困难儿童、孤儿和残疾儿童给予年生均1000元生活补助。

（三）优化资源配置，推进普及普惠

全力实施学前教育推进工程和行动计划，以县为单位制定公办园建设规划，重点在城镇新增人口集中地区推进新改扩建公办幼儿园。同时，加强城镇小区配套幼儿园建设和普惠性民办幼儿园认定管理，逐步构建公益普惠的学前教育公共服务格局。全省公办园数量较2012年增长15.63%；普惠性民办园较2017年增长824.9%。学前教育毛入园率96.29%，较2012年增长28.39%。

（四）开展强师行动，优化队伍建设

大力推进公办幼儿园机构设置、编制配备工作，统筹中小学幼儿园富余编制资源用于公办幼儿园教师。通过系统培训、多渠道补充、提高待遇、严格准入和过程管理等多种措施，优化教师队伍结构、提升能力素质。全省幼儿园专任教师较2012年增加3.41万人，增幅89.3%。幼儿园园长和专任教师专科及以上学历占90.02%，较2012年提高近18个百分点。建立健全幼儿园教师资格准入、定期注册、持证上岗等制度。落实公办园教师工资待遇，参照公办园合理确定民办园相应教师工资收入，稳定学前教育师资队伍。搭建培优育强人才孵化平台，培育39位名园长、97名省级学科带头人、846名省骨干教师及教学能手，教师素质持续提升。

（五）**创新科学管理，提高保教质量**

聚焦内涵建设，深入挖掘办园特色，多维度发力提高保教质量。研制《山西省幼儿园一日生活指引（试行）》，开展幼小衔接行动和幼儿园“小学化”治理。发挥山西省教育科学规划幼教专项课题的引领作用，深耕教研，以研促教。推动支持实验区开展实践探索，山西省高平市、芮城县入选国家级实验区。鼓励各地创新办园形式，探索切合实际的学前教育发展模式。山西省太原市万柏林区兴华学前教育集团联合联管联动城乡教育一体化，探索“3+X+Y”公办园带动村办园、民办园的集团化办园管理模式；芮城县推动城乡“四位一体”办园模式改革，入选全国第三批农村公共服务典型案例。

三、行稳致远，全力抓实学前教育事业高质量发展

下一步，山西省将围绕构建符合新时代要求的“幼有优育、学有优教”的高质量教育体系，将贯彻实施《学前教育法》与落实党的二十届三中全会、全国教育大会精神和实施《教育强国建设规划纲要（2024—2035年）》紧密结合起来，深入推进《学前教育法》的学习宣传工作，全面总结规范发展的政策经验，广泛宣传依法治教的典型做法，共同营造学前教育发展的良好氛围。

（一）**多措并举，不断健全学前教育制度体系**

坚持公益普惠方向不动摇，坚持制度建设创新不停步，加快完善适应新型城镇化发展和学龄人口变化趋势，覆盖城乡、布局合理的学前教育公共服务体系，满足人民群众对“幼有所育，幼有优育”的美好期盼。有序推进山西省学前教育立法工作，提请省人大常委会将研究制定《山西省实施〈中华人民共和国学前教育法〉办法》列入规划。持续完善学前教育财政投入机制，逐步建立起与管理体制相适应的生均拨款、收费、资助一体化的学前教育经费投入机制。统筹布局科学规划，把握出生人口变化和城镇化发展趋势，增加城镇新增人口和流动人口集中地区普惠性学位供给。

完善幼儿教师队伍建设制度体系，提升幼儿园教师专业化水平。

（二）多方协同，持续促进学前教育普及普惠发展

健全省市统筹、以县为主、乡镇街道支持的管理体制和部门分工合作、相互配合的协作机制。推进扩增量、提质量、促协同，稳步增加公办学位供给，同时积极扶持民办园提供普惠服务，有效扩大普惠性学前教育资源。推进学前教育普及普惠县区创建。推进普特融合，将特殊儿童学前教育纳入全省学前教育整体规划，建立特殊儿童入园评估与个别化教育服务体系。

（三）多管齐下，稳步提升学前教育保教质量

落实《3—6岁儿童学习与发展指南》《幼儿园保育教育质量评估指南》，加强幼儿园办园的科学性与规范性。指导各地用好《山西省幼儿园一日生活指引（试行）》，深入推进幼小科学衔接，切实提高入学准备和入学适应教育的指导性和有效性。构建家园社紧密合作育人模式，鼓励社区为学前教育提供资源支持与实践场所。加大学前教育教科研力度，加强教育教学实践应用，努力实现学前教育普及普惠安全优质发展。

内蒙古

聚焦教育强国建设，落实《学前教育法》，推动内蒙古学前教育高质量发展

中共内蒙古自治区党委教育工委委员，教育厅党组成员、总督学

朱宝江

学前教育是国民教育体系的重要组成部分，是重要的社会公益事业，关系到亿万儿童的健康成长。党中央、国务院高度重视学前教育改革与发展，习近平总书记多次作出重要指示批示，在全国教育大会上强调“坚持以人民为中心，不断提升教育公共服务的普惠性、可及性和便捷性”，要求促进学前教育普及普惠发展。内蒙古自治区在党委、政府的高度重视和领导下，设立了支持学前教育发展的专项资金，推动各地扩资源、调结构、建机制、提质量，构建了公益普惠的学前教育公共服务体系。

一、内蒙古学前教育取得跨越式发展

（一）普及水平大幅提高

围绕破解“入园难”问题，内蒙古不断扩大学前教育资源供给，确保“有园上”。近年来，全区学前教育资源总量迅速增加，2024年全区幼儿园数量达到3643所，在园幼儿50.04万人，专任教师4.93万人，学前三年毛入园率达到95.7%，学前教育实现了基本普及。

（二）普惠性资源广泛覆盖

围绕破解“入园贵”问题，内蒙古着力构建以普惠性资源为主体的办园体系，实现“上得起”。截至2024年底，全区16个旗县通

过国家普及普惠县评估验收，苏尼特左旗、杭锦旗、乌拉特中旗等11个旗县，更是实现了“公办园占比、普惠园覆盖率均达到100%”。近年来，内蒙古学前教育资源结构发生格局性变化，全区普惠性幼儿园达3018所，在园幼儿达46.39万人，占比92.72%，有效保障了绝大多数学前儿童能够享受到普惠性学前教育，基本满足了老百姓在家门口入园的愿望。

（三）保教质量明显提升

围绕破解“小学化”问题，内蒙古坚持学前教育内涵建设与事业发展同步推进，力保“上好园”。近年来，科学保教理念深入人心，自治区以“守护育幼底线，成就美好童年”“幼小协同，科学衔接”等为主题，每年开展学前教育宣传月活动，面向全社会持续传播科学保教理念和方法，促进科学育儿知识走进千家万户。

二、系统化推动内蒙古学前教育普及普惠安全优质发展

（一）优化资源配置，坚持普及普惠

1. 完善政策体系，坚持高位推进。按照教育部相关部署，自治区人民政府出台了《关于全面发展学前教育的实施意见》，自治区教育厅印发了《内蒙古自治区公办幼儿园机构编制标准》《内蒙古自治区普惠性民办幼儿园认定及管理办法》《内蒙古自治区城镇小区配套幼儿园建设管理办法》《内蒙古自治区幼儿园“小学化”专项治理工作方案》等一系列制度政策，推动内蒙古自治区学前教育普及普惠、科学保教、规范办园水平进一步提高。

2. 加大优质资源供给，扩容增位取得成效。持续优化学前教育布局，统筹考虑人口政策调整和城镇化进程需要，科学规划幼儿园布局及规模，以发展公办幼儿园和普惠性民办幼儿园为主体，重点加强城乡接合部、“二孩”“三孩”政策实施后新增人口集中地区的幼儿园建设，确保幼儿园规模、数量与城市发展和人口增长相适应。

3. 持续扩大投入，大力发展公办园。自治区设立学前教育发展专项资金，自2019年起，将本级专项资金增加到5亿元用于发展学前教育，切

实提高学前教育经费保障水平。“十四五”期间结合人口变化趋势，自治区财政共下达59.23亿元专项资金，支持各地扩大普惠性资源，改善办园条件，基本形成普惠性学前教育资源全覆盖，“幼有所育”的群众需求进一步得到满足。

4. 积极开展治理，推动小区配套园建设。自治区人民政府办公厅印发《内蒙古自治区城镇小区配套幼儿园建设管理办法》，指导各盟市细化任务目标，全面开展专项治理工作。纳入教育部台账的幼儿园已全部完成整改，新建城镇小区均实现配套建设幼儿园。

5. 多种方式扶持，推进普惠性民办园发展。指导各盟市采取政府购买服务、减免费用、以奖代补、派驻公办园长和教师、结对帮扶、实地指导、协同教研、培训倾斜等措施，多途径扩大民办普惠性学前教育资源。为进一步增加扶持力度，提高民办园提供普惠性服务的意愿，2022—2024年，统筹利用中央和自治区支持学前教育发展专项资金，在每年600元生均公用经费补助的基础上，再增加600元用于公办幼儿园和普惠性民办幼儿园年生均奖补。

（二）优化师资队伍，坚持科学保教

1. 增加幼儿园编制。自治区党委编办、教育厅、人力资源和社会保障厅联合印发了《内蒙古自治区公办幼儿园机构编制标准》，明确各盟市要科学合理核定公办园教职工编制，可探索实行公办幼儿园人员总量管理，核定控制数作为编制补充，及时招聘补充公办园教职工，目前，全区共有9个盟市核定了公办幼儿园人员总量，增加控制数21537个，主要用于招聘专任教师。

2. 强化教师培训。安排专项经费，依托“国培计划”和“区培计划”，采取顶岗实践、集中培训、网络研修等方式，加强幼儿教师转岗培训和提升培训，提高幼儿园教师培训工作的针对性。

3. 把好教师入口关。完善幼儿园教师补充办法，建立自治区、盟市两级教育行政部门统一组织实施与旗县、区教育行政部门自主实施相结合的教师招聘工作机制；坚持“凡进必考、凡考必有教师资格证”的原则，严格执行幼儿园园长、教师专业标准，全面落实幼儿园教师持证上岗。

4. 保障教师权益。自治区人力资源和社会保障厅、教育厅联合印发了《自治区深化中小学教师职称制度改革的指导意见》，明确将幼儿园教师纳入中小学教师职称评审范围，保障幼儿园教师职称评聘权利。努力培育一支活力足、结构优、业务强的高质量教师队伍，为全区教育高质量发展提供坚强的人才支撑。

（三）规范办园行为，坚持内涵发展

1. 试点先行，以点带面。2022年，自治区教育厅选定了7个幼小衔接实验区、48所结对试点园（校），通过联合教研、互相参观、共同开展活动等形式，指导幼儿园做好入学准备教育、小学做好入学适应教育，支持儿童顺利完成幼儿园到小学的过渡。

2. 强化教研，支撑引领。我区以强化培训、加强教研为抓手，持续提升一线幼儿教师素质。依托五级教研团队，以问题为导向，以教学专项课题为切入点，精准把脉，为一线工作提供科学的理论支撑。

3. 问题导向，深化改革。每年召开学前教育现场会，开展培训宣传活动，多次邀请区内外知名学前教育专家开展各类培训讲座，对各盟市典型经验做法进行现场、线上观摩和深入交流，引导幼儿园聚焦教育现场改进保育教育实践。

三、以法为纲，进一步推动学前教育可持续发展

2024年11月8日，第十四届全国人民代表大会常务委员会第十二次会议通过了《中华人民共和国学前教育法》（以下简称《学前教育法》）。在以中国式现代化全面推进教育强国建设的新征程上，出台《学前教育法》，标志着我国学前教育进入“有专门法可依”的新阶段，为广大适龄儿童享有公平的受教育权益提供了强有力的法律保障，对推进学前教育普及普惠安全优质发展，夯实教育强国建设基点具有重要而深远的意义。

下一步，我区将把学习贯彻、实施《学前教育法》与落实党的二十届三中全会、全国教育大会精神和实施《教育强国建设规划纲要（2024—2035年）》紧密结合起来，牢牢把握公益普惠基本方向，加快完善学前教育公共服务体系。

1. 进一步提高学前教育普及普惠水平。以学前教育普及普惠县创建工作为引领，推动各地落实以政府举办为主、大力发展普惠性学前教育的法定要求，指导各盟市、旗县科学规划配置学前教育资源，适应人口变化和城镇化发展的新形势新要求，持续巩固提升普及普惠水平。

2. 进一步健全学前教育保障机制。在投入保障方面，会同相关部门推动各盟市依法建立完善财政投入长效机制，落实并逐步提高公办园生均公用经费标准和普惠性民办幼儿园生均财政补助标准。在教师队伍建设方面，严格幼儿园教师资质条件，把好教师入口关。依法保障落实幼儿园教师工资待遇，提高教师培养层次和质量，加大教师在思想政治、师德师风、专业能力等方面的教育培训，建设一支师德高尚、爱岗敬业、业务精良、结构合理的幼儿园教师队伍。

3. 进一步完善学前教育监管体系。严格源头监管，加强幼儿园办学资质审核，督促幼儿园严格执行“先证后照”制度，经教育部门依法审批，取得办学许可证后，再进行相应法人登记；加强过程监管，牢牢把握幼儿园卫生保健、安全防控、师德师风、收费行为、财务管理等方面的红线底线，完善动态监管机制，建立健全督导评估和信息备案及公示制度，筑牢规范办学保障网；强化责任追究，准确把握《学前教育法》规定的违法责任情形，对违法违规办学、教职工师德失范、侵害幼儿权益等问题，依法严肃追责问责。

辽宁

以"三个聚焦"为牵引，在学习《学前教育法》中"思责、知责、尽责"

辽宁省教育厅党组书记、厅长兼省委教育工委分管日常工作的副书记

王庆东

辽宁省深入贯彻落实习近平总书记关于教育的重要论述、在辽宁考察时的重要讲话和重要指示精神，以及党的二十大、二十届三中全会、全国教育大会精神，始终坚持以人民为中心，统筹推进学前教育普及普惠安全优质发展，立足省情、勇于创新，不断提升学前教育公共服务的普惠性、可及性、便捷性，办好人民满意的教育。

一、聚焦学思践悟，在学习《学前教育法》中"思责"

《中华人民共和国学前教育法》(以下简称《学前教育法》) 的颁布施行，标志着我国学前教育已进入"有专门法可依"的新阶段，对学前教育改革发展具有固根本、稳预期、利长远的重要作用。一是《学前教育法》将习近平总书记重要指示精神和党中央、国务院的决策部署，转化为促进学前教育高质量发展的法律规范，在全面总结多年来学前教育发展政策经验的基础上，明确了学前教育的发展原则、方向、基本制度，为办好学前教育提供了根本遵循和法律依据。二是坚持以人民为中心，以保障学前儿童基本受教育权益为落脚点，专设"学前儿童"一章，对全面、全员、全过程保障学前儿童权益作出规定，围绕保障入园机会、减轻家庭负担、守护幼儿安全、提供有质量

服务等方面作出全面规范。三是聚焦解决学前教育深层次瓶颈问题，作出系统制度设计和规范，比如对幼儿园的规划和举办作出规定，专设“幼儿园”一章，明确幼儿园的规划布局、举办条件、举办限制等具体要求。对幼儿园开设托班指明方向，明确幼儿园应坚持积极稳妥原则，既要帮助家庭减轻负担，又要避免不顾条件、一哄而上带来安全和质量问题。对幼儿园教职工的人员配备、聘用管理、待遇保障、培养培训进行规范，坚持教师为基，提升队伍素质。四是聚焦学前教育普及普惠安全优质发展总目标，以此为立法导向，对加大普惠资源供给、强化投入保障、关注特殊地区和群体等进行规范，明确“构建覆盖城乡、布局合理、公益普惠、安全优质的学前教育公共服务体系”的发展原则。辽宁省将组织全省教育系统深入学习《学前教育法》，通过多种渠道向社会广泛宣传《学前教育法》的核心精神和主要内容，形成全社会关注学前儿童、关注学前教育、关注《学前教育法》实施的良好氛围。

二、聚焦薄弱环节，在总结经验、反思不足中“知责”

党的十八大以来，辽宁省认真贯彻落实党中央、国务院的决策部署及教育部的具体要求，聚焦“办好人民满意的教育”，连续实施四期学前教育行动计划，推动全省扩资源、调结构、提质量，构建起公益普惠的学前教育公共服务体系。一是实现了基本普及普惠。2024年全省幼儿园7817所，在园幼儿63.9万人，普惠性幼儿园覆盖率达90.7%，比2020年提高5.5个百分点，满足了广大适龄儿童的就近入园需求。二是建立了财政投入机制。在中央财政支持学前教育发展专项资金基础上，省级进一步加大财政投入，2012到2025年省级以上资金累计投入48.9亿元。三是建强了教师队伍。2024年全省幼儿园专任教师6.3万人，生师比从2012年的18.9∶1下降到2024年的10.2∶1。专科以上学历的专任教师占比为90.4%，比2012年提高了23.6个百分点，教师队伍的配置水平显著提高。四是推进了科学保教。持续开展宣传指导，引导广大幼儿园教师不断强化专业自信，深入观察、理解幼儿，转变师幼的互动方式，最大限度地激发并保护幼儿的好奇心和探究兴趣，促进幼儿主动学习。但总体上看，学前教育仍是辽宁省各级教育的薄弱环节，发展不平衡不充分的矛盾依然突出，投入保障、师资队伍建设、规范监管等方面的体制机制仍不完善。放眼长远看教育，全省人口呈现少子化、区域人口增减分化的趋势性特征，辽宁省还须进一步做好人口变化监测预警和普惠性学前教育资源布局调整，以满足人民群众在家门口“上好园”的需求，办好人民满意的教育。

三、聚焦民生所需，在办好人民满意的教育中“尽责”

辽宁省将抓住贯彻实施《学前教育法》的契机，牢牢把握公益普惠的基本方向，加快完善学前教育公共服务体系，健全学前教育保障机制，提升学前教育的发展水平，重点抓好五个方面的工作。一是扩大普惠性学前教育资源。适应人口变化和城镇化发展需要，优化普惠性资源布局，科学配置学前教育资源，开展普惠性学前教育资源建设情况月调度，推动各地大力发展公办园，积极扶持普惠性民办园，保障普惠性资源特别是公办资源供给，有效满足学位需求，提升普及普惠水平。支持有条件的地方结合当地实际，优化班额和生师比，改善办园条件，实现更高水平的资源优化配置。二是完善普惠性学前教育经费投入机制。统筹安排好省级以上学前教育发展资金，支持各地扩大普惠性资源，保障普惠性幼儿园运转，改善幼儿园办园条件，资助家庭经济困难幼儿更好地接受普惠性学前教育。三是稳步扩大优质学前教育资源。以开展幼儿园保育教育质量评估、幼儿园园长及教师专业成长促进行动，实施农村学前教育补短板工程为抓手，推动各地不断缩小城乡间、区域间学前教育发展差距，提升幼儿园办园品质，扩大优质幼儿园总量，不断满足人民群众“上好园”的期待。四是推动幼儿园安全规范发展。贯彻落实《学前教育法》，依法规范幼儿园办园行为，指导各地严把幼儿园资质审核关，联合有关部门加大对幼儿园教师资质、保育教育、卫生保健、安全防护、招生宣传等方面的动态监管，推进幼儿园与小学教育有效衔接，切实纠正“小学化”倾向。五是提升师资队伍水平。大力弘扬教育家精神，加强师德师风建设，营造尊师重教浓厚氛围。指导各地优化教师队伍结构，严格教师聘用管理，强化培养培训，切实保障教师待遇，为教师专业成长提供支持。

推进学前教育普及普惠安全优质发展，办好人民满意的教育，是新时代赋予我们的历史使命。辽宁省将坚持目标导向和问题导向相结合，深入学习贯彻《学前教育法》，全面落实全国教育大会、全省教育大会精神，扎实工作，努力拼搏，推动辽宁学前教育发展迈上新台阶。

吉林

依法行政，高位统筹，全面推进学前教育普及普惠安全优质发展

吉林省教育厅党组成员、总督学

刘青川

党中央、国务院高度重视学前教育改革发展。习近平总书记多次作出重要指示批示，在全国教育大会上强调“坚持以人民为中心，不断提升教育公共服务的普惠性、可及性、便捷性”，要求促进学前教育普及普惠发展。新颁布的《中华人民共和国学前教育法》（以下简称《学前教育法》），将学前教育政策和实践成果上升为法律制度，进一步明确公益性、普惠性，持续强化规范性和科学性，为学前教育普及普惠安全优质发展提供了强有力的法律保障。

一、坚持党的领导，牢牢把握办学方向

学前教育是国民教育体系的组成部分，应当坚持中国共产党的领导，坚持社会主义办学方向，贯彻国家的教育方针，落实立德树人根本任务，为培养德智体美劳全面发展的社会主义建设者和接班人奠定基础。吉林省高度重视学前教育，早在2014年就制定出台了《吉林省学前教育条例》，十年来，始终坚持将党建工作与业务主线有机融合，推动幼儿园党组织和党的工作全覆盖，确保党和国家的教育方针在学前教育领域深入贯彻，确保学前教育始终沿着正确方向发展。

二、坚持公益普惠，持续优化资源供给

学前教育是重要的社会公益事业，推进普及学前教育，要构建覆盖城乡、布局合理、公益普惠、安全优质的公共服务体系。为贯彻落实党中央、国务院决策部署和省委、省政府工作要求，吉林省连续实施四期学前教育行动计划，有序推动学前教育普及普惠发展。2018年以来，全省学前教育毛入园率始终保持在95%以上，优先满足人民群众“有园上”的基本要求。近三年，吉林省连续实施普惠扩增规划、普惠攻坚行动、扩优提质行动等专项任务，以扩增资源供给总量、提高保育教育质量和服务水平为核心，充分发挥公办资源使用效益，科学、有序、稳步优化布局，扩增资源，调整结构，着力满足适龄儿童“上好园”的迫切需要。2024年以来，全省先后有83所公办幼儿园陆续投入使用，可提供公办学位2.2万个。

三、坚持政府主导，强化保障机制建设

党的二十大和二十届三中全会对强化学前教育普惠发展、健全学前教育保障机制作出专门部署。在经费保障方面，吉林省持续健全完善政府投入为主、家庭合理负担保育教育成本、多渠道筹措经费的投入机制。2020年以来，先后制定并落实公办幼儿园生均公用经费和普惠性民办幼儿园生均经费补助制度，2023年，结合办园实际，在原有基础上，将两项经费分别提高至每生每年650元和240元，进一步激发办园活力。在师资配备上，2020年，首次在“农村义务教育学校教师特设岗位计划”中，为农村公办幼儿园专设计划，已累计招录850名教师充实一线队伍。在待遇保障上，打通编制管理壁垒，将公办幼儿园与公办中小学教职工编制统筹管理，2023年重新核定公办幼儿园教职工编制。

四、坚持改革创新，着重提升保教质量

学前教育应当坚持最有利于学前儿童的原则，实施学前教育应当从学

前儿童身心发展特点和利益出发，促进学前儿童获得全面发展。为有效提升各级各类幼儿园保育教育的科学性，全面提高办园质量，吉林省启动实施学前教育“大园区”管理改革，充分发挥城镇优质园和乡镇中心园的引领作用，建立共享平台，采取一带多的方式，打破园际障碍，加速优质资源扩散，有效提高区域学前教育质量。2023年，全省共组建“大园区”271个，辐射城乡幼儿园2481所，其中60个示范性创建项目被纳入省政府民生实事，作为城乡学前教育资源中心，示范带动535所幼儿园提升办园水平。

下一步，吉林省将深入学习、全面掌握、严格落实《学前教育法》相关规定，将其与贯彻落实党的二十届三中全会、全国教育大会精神紧密结合，与建设教育强国、教育强省战略有机融合，切实将法律条文转化为推进学前教育高质量发展的具体举措。

（一）加大宣传解读力度

通过多种途径和形式，组织全省教育系统、各相关单位和广大家长认真学习、全面解读并深刻领会《学前教育法》。通过系列宣传活动，有效压实属地政府发展学前教育的主责意识，持续强化各相关部门齐抓共管的协同意识，将全省教育系统的思想和行动统一到《学前教育法》的落实上，全面增强依法保障推动教育改革、破解热点难点问题的能力。强化政策解读，积极争取全社会和广大家长的支持和理解，有效凝聚家园社协同育人合力，营造全社会关心、关注学前教育发展的良好氛围。

（二）抓好任务落地落细

细致梳理《学前教育法》核心精神和主要内容，结合吉林省经济社会发展基础、适龄人口变化趋势，精准聚焦，提请省人大常委会修订《吉林省学前教育条例》，持续优化幼儿园布局规划，调整资源供给结构，健全完善普惠性保障机制，持续深化改革，提升优质资源供给总量和覆盖面，使学前教育发展成果公平而有质量地惠及更多儿童。

（三）完善监督管理体系

针对学前教育服务对象的特殊性和实施保教的专业性，严格依法监管，健全完善涵盖学前教育全流程、贯穿各环节的监管体系，持续提升幼儿园规范办园水平。对标幼儿园建设和设置标准，严把设立审批关，加强源头监管；对标《幼儿园督导评估重点指标》和《幼儿园保育教育质量评估指南》，组织开展精准评估，注重过程监管；对标幼儿园安全管理制度和安全责任制，健全完善幼儿园安全风险防控体系，强化安全监管，保障幼儿生命安全和健康成长。

坚持“依法治教”，实施“五大工程”，保障学前教育优质普惠发展

黑龙江省教育厅党组成员、副厅长

董　成

黑龙江省认真学习贯彻党的二十大精神，深入落实习近平总书记关于“办好学前教育”的重要指示精神，以《“十四五”学前教育发展提升行动计划》为主线，从宏观、中观、微观层面系统谋划，精准施策，着力构建广覆盖、保基本、有质量的学前教育公共服务体系，不断推进学前教育的普及普惠和高质量发展，全力满足人民群众对幼有所育的美好期盼。

一、宏观谋篇布局，在政策机制建设上持续突破

（一）加强顶层设计

连续实施四期学前教育三年行动计划，先后出台了《关于进一步推进学前教育深化改革规范发展的通知》和《黑龙江省“十四五”学前教育发展提升实施方案》，科学设置中长期目标，全面规划学前教育事业发展。

（二）列为重点项目推进

将学前教育发展指标逐年纳入省政府工作报告，在“我为群众办实事”中开展“幼儿入园宽心放心行动”，将制约学前教育事业发展的瓶颈问题纳入“能力作风建设”攻坚破难重点任务，推动了学前教

育的改革发展。

（三）健全优化工作体系

按照“四个体系”工作要求，压实各级政府在学前教育规划、投入、队伍建设、监管等方面的责任，完善和优化多部门协调联动机制，通过省市县三级联动，激励各地完成目标，将学前教育发展事项纳入政府履职评价，确保各项政策要求落地见效。

二、中观聚焦疑难，在公益普惠发展上汇集能量

（一）持续扩大优质普惠性资源

2021年至2024年，全省新建、改扩建公办园361所，新增普惠性民办园1293所，增加普惠性学位近15万个。截至2024年底，普惠性幼儿园覆盖率达到91.59%。

（二）加大经费投入力度

2024年，全省学前教育经费投入39.81亿元，较2012年增加17.68亿元，增长80.07%，年均增长5.78%。2019年起，公办幼儿园和普惠性民办园的生均公用经费标准分别达到每生每年600元、200元。

（三）加强教师队伍建设

将加强教师队伍建设与普及普惠实验区创建相结合，出台了《关于公办幼儿园编制配置有关事宜的指导意见》，通过核定编制补充、义务教育教师转岗、招收公费师范生等方式，2023年至2024年共增加公办园教师13572人。

三、微观改革创新，在本地实践上彰显亮点

（一）融合推进三项重点改革

将贯彻落实《幼儿园保育教育质量评估指南》和《黑龙江省幼儿园分类管理办法》两个项目联动设计，同步落实幼儿园游戏课程改革。统一质量评估与分类管理标准，构建一体化专业团队，实行动态化评估管

理。2023年至2024年，通过分类评估，新增一类园305所，新增优质学位5.08万个。

（二）强化学前教育“小学化”治理

完善管理制度，出台了《黑龙江省幼小科学衔接规范管理与综合整治指导意见》，面向幼儿园、小学和校外机构同步开展“小学化”专项核查。禁止幼儿园以“小学化”教育方式和环境提前教授小学课程内容。坚持小学“零起点”教学。持续加大监督查处力度，治理幼儿园“小学化”的经验做法被《中国教育报》刊载宣传。

（三）实施家园社共育

出台《黑龙江省家园共育工作指导意见》，开展幼儿入园前的家长培训活动。通过家长学校等渠道，让家长了解游戏在儿童身心发展中的重要价值、幼儿园“小学化”的危害、小学实施“零起点”教学的政策、未来中高考命题改革的趋势以及素质教育评价导向。丰富活动载体，推动家园社共育向更高水平提升。

《中华人民共和国学前教育法》（以下简称《学前教育法》）的出台，为学前教育高质量发展提供了法治保障。黑龙江省将深入贯彻落实《学前教育法》，将实施《学前教育法》与落实党的二十届三中全会、全国教育大会精神和实施《教育强国建设规划纲要（2024—2035年）》紧密结合起来，推动实施学前教育“五大工程”，保障学前教育健康可持续发展。

第一，实施学前教育普及普惠深化工程。一是健全与人口变化相适应的基础教育资源统筹调配机制，通过建立学龄人口变化监测预警制度，优化幼儿园布局。二是以县为主大力发展公办园，重点支持城镇新增人口地区公办幼儿园建设。三是提高资源供给水平，推动有条件的地区结合实际优化班额和师生比，改善办园条件，实现更高水平的资源优化配置。

第二，实施学前教育普惠保障机制完善工程。指导各地优化完善财政补助政策，逐步提高学前教育财政投入水平。落实公办园和普惠性民办园生均财政补助标准，动态调整幼儿园收费标准，对非营利性民办幼儿园实行政府指导价管理。二是加大对普惠性民办园的扶持力度。采取发放财政补助、购买服务、减免租金、提供师资培训、开展教研指导等方式，支持普惠性民办园发展。三是健全学前教育资助制度，对普惠性幼儿园在园家庭经济困难儿童、孤儿和残疾儿童等加大资助力度，保障困难儿童更好地接受普惠性学前教育。

第三，实施幼儿园教师队伍素质提升工程。一是严格幼儿园教师准入。强化师德师风，要求取得幼儿园教师资格并经学前教育专业培训合格后方可上岗。二是强化幼儿园教师待遇保障，按要求落实相关工资待遇及津贴、补贴，使其在职称评定、岗位任用等方面享有与中小学教师同等的待遇。三是用足用好公费师范生培养政策。结合实际制定师资培养规划，支持高校设立学前教育专业，合理确定培养规模，提高培养层次和培养质量。

第四，实施幼儿园保教质量优化工程。一是深化课程改革。继续将幼小科学衔接、自主游戏、保教质量评估等改革同步落实，统筹推进，纵深实施。修订出台我省幼儿园质量评估指南，加强对薄弱园、农村园的帮扶力度，提高整体办园水平。二是强化教研指导。落实学前教研指导责任区制度，加强区域间协同教研，实现各类园所教研指导全覆盖。三是加强家长科学育儿指导，继续利用学前教育宣传月平台，发挥幼儿园宣传主阵地作用，面向家长开展科学育儿宣传，传播正确育儿理念和知识，实现家园社共育。

第五，实施学前教育监管体系强化工程。一是强化监管体制机制建设。推动各级政府和相关部门依法履行监管职责，健全各部门联动机制，加强源头监管，完善过程监管，强化安全监管。二是进一步规范办园行为。强化对教师配备、安全防护、卫生保健、营养膳食、保育教育、收费及经费使用等方面的动态监管。三是健全幼儿园评估监测体系。加强办园行为督导，完善幼儿园信息备案及公示制度，定期向社会公布评估信息，接受社会监督。

上海

全面建设高质量幼儿园，办人民满意的学前教育

中共上海市教育卫生工委委员，市教委副主任

杨振峰

学龄前儿童是最柔软的群体，做好学前教育工作事关千家万户切身利益，事关国家和民族的未来。《中华人民共和国学前教育法》（以下简称《学前教育法》）的颁布，是我国学前教育发展的一个里程碑，将为我国学前教育事业持续健康发展提供坚实的法律保障。

一、躬耕不辍，努力构建普及普惠安全优质的学前教育公共服务体系

上海市委、市政府始终高度重视学前教育发展，积极落实党和国家教育方针，努力构建普及普惠安全优质的学前教育公共服务体系。多年来，上海持续实施学前教育专项行动计划，稳妥应对了学龄人口高峰期面临的入园压力，有效避免了人口低谷期的资源流失。

（一）党委政府牵头统筹推进，积极回应民生需求

上海建立市托幼和学前教育工作联席会议制度，统筹协调17部门联合推进学前教育工作。以“幼有善育”为目标，连续多年将“学龄前儿童善育工程”纳入市委民心工程和市政府为民办实事项目，明确学前教育发展的年度重点工作目标和任务，推动学前教育高质量发展。

（二）学前教育资源迅速增加，优质资源不断扩大

上海大力建设公办幼儿园，支持建设普惠性民办幼儿园。2012年至2024年，全市新建、改扩建幼儿园（含办园点）509所（个），增加学位20余万个。同时，鼓励各区创建优质园，通过组织保育员职业技能大赛、建立带头人工作室等方式，加强队伍建设。截至2024年底，上海学前三年毛入园率99%，公办幼儿园在园幼儿占比84%，普惠性幼儿园覆盖率达93%。优质园比例从2012年的不到30%增长到2023年的76%。

（三）学前教育投入保障有力，地方立法促事业发展

上海相继出台公办幼儿园编制标准、幼儿园生均经费标准等，并且持续加大对学前教育的投入。学前教育财政投入占教育财政投入的比例由2012年的8%提高到2023年的13%。2022年，上海开展学前教育地方立法，全面规范和引导上海学前教育有序、健康发展。

（四）科学育儿指导深入开展，家园社共育氛围日益浓厚

积极探索线上线下相结合的科学育儿指导服务，形成覆盖所有街镇的“1+16+N”科学育儿指导网络，为适龄幼儿家庭提供每年12次免费育儿指导服务。同时，加强幼儿园与家长、社区之间的沟通合作，积极拓展园外教育资源，努力营造良好的教育氛围。

二、立法保障，积极推进学前教育发展迈入新阶段

《学前教育法》是我国第一部系统规范和保障学前教育的法律，它的实施标志着我国学前教育事业迈入了新的发展阶段，上海将认真学习，积极贯彻落实。

（一）明确学前教育的性质和任务

《学前教育法》确定了我国学前教育的性质、任务和目标，强调学前教育的公益性，要坚持政府主导，完善保障机制，大力发展普惠性学前教育。这些规定明确了学前教育的重要性和地位，也指明了学前教育的发展方向和目标。

（二）保障学前儿童的合法权益

《学前教育法》进一步明确了学前儿童接受教育的权利，要求从学前儿童身心发展特点和利益出发，尊重学前儿童的人格尊严，促进学前儿童的全面发展。同时，对各级政府、幼儿园、家庭和社会如何共同保障学前儿童的合法权益，明确了各自的职责和要求。

（三）强化普惠性学前教育资源供给

《学前教育法》要求政府科学规划和配置学前教育资源，扩大普惠性学前教育资源。要将普惠性幼儿园建设纳入统一规划，并确保配套幼儿园与首期建设的居住区“五同步”且办成普惠性幼儿园。这些规定将有力保障普惠性学前教育资源的供给。

（四）规范幼儿园和保教人员的行为

《学前教育法》对学前教育机构的设立、管理和运行以及保教人员的资格、培训、待遇等进行了规范，尤其强调幼儿园不得上市、从业人员有从业禁止条件等，为提高学前教育的质量和水平提供了基础保障。

（五）提升幼儿园保育教育质量

《学前教育法》规范幼儿园保教行为，要求坚决纠正幼儿园“小学化”等不规范办园行为，强化保教质量评估，深入推进幼儿园督导评估，并且加强家长科学育儿指导等，将进一步提升我国幼儿园的保育教育质量。

三、创新发展，努力办好人民群众家门口每一所幼儿园

《学前教育法》的实施，对我国学前教育发展提出了更明确的要求，也将带来新的任务和挑战。2023年，上海启动全面建设高质量幼儿园行动，聚焦底部抬高，整体提升质量，加强户外活动研究实践，推动集团化办园，促进保教人员柔性流动，努力办好人民群众家门口每一所幼儿园。下阶段，上海将深入贯彻落实《学前教育法》的精神，抓紧组织《学前教育法》的学习和培训，结合全市全面建设高质量幼儿园的工作，进一步推动上海学前教育事业健康发展。

一是继续优化学前教育资源配置。健全与人口变化相适应的学前教育资源动态调整机制。优化公办幼儿园学位供给，继续落实配套幼儿园建设要求，保证常住人口适龄幼儿入园需求。

二是继续完善学前教育投入保障机制。健全适合幼儿园高质量建设和小班化教育的师资配备和财政投入制度。修订完善幼儿园建设和装备标准。逐步探索学前免费教育。

三是进一步提升幼儿园保育教育质量。落实《幼儿园保育教育质量评估指南》要求，坚持用幼儿发展优先理念引领保育教育，改革教育评价方式，全面建设高质量幼儿园。推进医教深度结合，提升幼儿园一日活动的科学性，深化幼儿园与小学的双向科学衔接，坚决去除“小学化”。

四是不断提高保教人员的专业水平。严把保教人员准入关，加大职业道德教育和专业培训力度，提高教师的专业素养和教育教学能力，建设高水平的学前教育教科研队伍。

五是探索数字化转型赋能。积极探索利用大数据、云计算、人工智能等现代信息技术，建设户外2小时活动监测、幼儿膳食营养和健康等数字化场景，赋能幼儿园保教工作减负增效。

坚持儿童本位、法治引领，构建普惠优质学前教育体系

中共江苏省委教育工委委员，省教育厅党组成员、副厅长、一级巡视员

顾月华

江苏是中国现代幼儿教育的重要发源地之一，从陈鹤琴先生创立中国第一所幼稚教育实验中心，到陶行知先生创办中国第一所乡村幼儿园，教育家们秉持的“一切为儿童”理念代代传承，为江苏学前教育事业铺就坚实底蕴。当下，江苏紧扣国家关于学前教育发展的决策部署，将普及普惠学前教育作为高质量教育体系构建的重要组成部分，全力完善体制机制、补齐资源短板、提升教育质量，取得显著成效。截至2025年4月，全省学前三年幼儿毛入园率98%以上，普惠性幼儿园占比89%以上，省市优质幼儿园覆盖率近93%，基本构筑起普及普惠、安全优质的学前教育公共服务体系。

一、秉持普惠初心，扎实推进学前教育优质发展

（一）深度践行儿童本位理念

推行普惠园服务区制度，保障儿童就近入园权益，推进教育公平。关注流动儿童，2012年率先颁布的《江苏省学前教育条例》，将流动儿童入园纳入法规考量，推动省内入园就读的外省流动儿童从2012年的15.99万名增长到2025年的23.98万名。关爱留守儿童，出台《江苏省农村留守儿童和困境儿童关爱服务质量提升三年行动实施

方案》，为留守、困境儿童营造温暖成长环境。聚焦特需儿童，将特殊教育对象从传统三类拓展到当下九类，以普通学校为主体建立融合教育资源中心，近2万名特需儿童顺利随班就读，融入同龄群体，共享成长机遇。

（二）项目驱动高质量发展

针对幼儿园课程没有真正贴近儿童、活动不够主动活泼、游戏精神没有充分落实、课程不够完善、质量不够高的现状，2014年，我省启动幼儿园课程游戏化项目。该项目是一个课程改革项目，也是落实《3—6岁儿童学习与发展指南》精神的具体举措。十年来，投入省级财政资金2亿元，建设406个项目，学前教育样态发生明显转变。其一，儿童活动主体地位得到明显提升，学习和活动的自主性、主动性、积极性和创造性被充分激活。其二，教师观察、理解和支持儿童的专业意识大幅跃升，为不同发展水平儿童提供适宜支持的认识不断提高，专业水平同步进阶。其三，幼儿园环境焕然一新，室内外空间尽显开放性、多样性和探索性，契合儿童兴趣偏好与发展诉求，活动资源配置愈发科学合理。课程建设和教师专业发展是一项长期的工作，下阶段，我省将结合新形势、新要求，进一步关注和解决幼儿园课程建设实践中的观念问题、能力问题、管理问题以及生态问题，不断优化课程结构和实施路径，为儿童的健康成长创造良好的机会和条件。

（三）不断夯实多元保障根基

在财政投入上，全省公办幼儿园年生均公用经费财政拨款标准由2012年的200元提升至2025年的650元。在督导评估维度，全省53个县（市、区）通过国家学前教育普及普惠县评估认定，进一步推动各地履职尽责。在资源配置层面，指导各地以“一县一策”调整优化学前教育布局规划，扩大普惠性资源供给。在规范管理方面，强化普惠民办园监管，严格执行登记注册等制度，守牢幼儿园办园底线。在师资队伍建设上，在配齐配足队伍的同时重视教师职后发展，截至2024年，幼儿园专任教师从2012年的9.47万名增加到16.55万名，全省专科及以上学历园长和教师占比97%以上。

二、深入学习领悟，准确把握法律核心精神

教育良法善治是“国之大计、党之大计”的内在要求和重要体现。学前教育立法是站在国家战略高度推进教育强国的重要一环，为学前教育事业健康持续发展提供了根本保障。

（一）凸显了党和国家发展学前教育的坚定决心

《中华人民共和国学前教育法》（以下简称《学前教育法》）以法律形式明确了学前教育发展原则、目标和基本制度，将党的教育主张转化为国家意志，落实了党中央、国务院关于学前教育的决策部署，为学前教育事业提供了良好的发展环境，引导学前教育朝着公益性、普惠性、规范性和高质量发展的方向迈进。

（二）回应了制约学前教育发展的瓶颈问题

《学前教育法》坚持问题导向，聚焦教育资源结构性短缺、保障机制不完善、保教活动科学性不足等制约学前教育高质量发展的问题，作出系统的制度规范，在条文中明确优质教育资源向偏远地区倾斜等相关要求。

（三）体现了以学前儿童为中心的立法导向

《学前教育法》设立“学前儿童”专章，明确尊重儿童人格和主体地位的基本理念，强调遵循儿童身心发展规律开展保育教育，维护特需儿童等各类儿童平等接受教育的权利，让教育者心中有戒尺，行动有依据，切实为亿万学前儿童的健康成长构筑起坚实的保障壁垒。

三、推动依法治教，托举学前儿童健康成长

（一）深耕法治精神，汇聚社会共育之力

组织全省教育系统深入学习《学前教育法》，通过多种渠道广泛宣传法律的核心精神和主要内容，推动各方真正理解国家发展学前教育的基本立场和观念。加强家园社协同育人和幼小科学衔接，形成全社会关注学前儿童、关注学前教育的良好氛围，使全体儿童都能在全方位关爱的环境中成长。

（二）夯实政府主责，筑牢儿童权益之基

一方面，紧随《学前教育法》顶层架构，提请省人大常委会修订《江苏省学前教育条例》，细化儿童保护、幼儿园托育服务实操条款，确保法规与时俱进。另一方面，坚持“政府主导、社会多方参与”，持续开展学前教育普及普惠县区创建，健全学前教育财政投入持续增长机制，逐步探索推进免费学前教育，实施“改造提升1260个可提供普惠托育服务的幼儿园”2025年省政府民生实事项目，扩大普惠性学前教育资源覆盖面。

（三）聚焦质量跃升，铺就儿童成长之路

面对学前适龄儿童减少的时代新问题，持续优化幼儿园布局，支持有条件的幼儿园招收2—3岁幼儿。持续加强教师队伍建设，提高师幼比，让每个儿童都能遇良师。持续深化学前教育改革，规范保教行为，让儿童自主、自由、自发地活动。推动普特融合，让特需儿童更好地融入社会，满足各类家庭“幼有所育，幼有优育”的教育期盼。

《学前教育法》的颁布是学前教育事业迈向新阶段的重要里程碑，江苏将以此为契机，砥砺奋进，直面难题，以更加鲜明的法治意识和更高水平的治理能力落实《学前教育法》，将习近平总书记“推进学前教育普及普惠安全优质发展”的重要指示批示精神落到实处，为全体儿童铸就更加美好的未来，为教育强国建设谱写新的篇章！

浙江

贯彻落实《学前教育法》，为儿童全面成长与未来发展奠定基础

中共浙江省委教育工委委员，省教育厅党组成员、副厅长

舒培冬

2024年11月8日，第十四届全国人民代表大会常务委员会第十二次会议通过了《中华人民共和国学前教育法》(以下简称《学前教育法》)。这一法律的出台，标志着我国学前教育事业迈入了一个新的发展阶段。它不仅为学前教育的规范发展提供了坚实的法律基础，更为促进学前教育的高质量发展指明了方向。

《学前教育法》的颁布，充分体现了党和国家对学前教育事业的高度重视，以及对广大学前教育工作者和儿童的深切关怀。法律的实施将极大地推动全国学前教育事业的发展，为儿童的全面成长和未来发展奠定牢固的基础。

一、提供法律保障，推进学前教育普及普惠安全优质发展

学前教育作为人生教育的起始阶段，其重要性不言而喻。学前教育不仅关乎儿童的身心健康和全面发展，更关乎国家的未来和民族的希望。学龄前阶段是儿童身心发展的重要时期，这一时期的经历将对儿童的一生产生深远的影响。因此，必须高度重视学前教育，确保每一位儿童都能接受优质、公平的学前教育。同时，也要充分认识到，学前教育的发展需要学校、家庭和政府的协同配合，需要全社会的努

力和支持。

党和国家历来重视学前教育的发展，通过制定学前教育相关政策法规、加大学前教育投入，推进学前教育事业不断发展。习近平总书记在党的十八大报告中提出“办好学前教育”，党的十九大报告要求“幼有所育”“办好学前教育”，党的二十大报告更是强调“强化学前教育、特殊教育普惠发展”。现在，国家又颁布了《学前教育法》，学前教育的重要性进一步凸显。

随着国家发展的步伐，浙江省学前教育事业也取得了跨越式发展。截至2024年底，全省共有幼儿园7703所，在园幼儿156万人，毛入园率达到100%。其中，普惠性幼儿园在园幼儿占比96.28%，比2016年提高22.95个百分点；公办幼儿园在园幼儿占比77.27%，比2016年提高38.92个百分点；优质幼儿园在园幼儿占比91.48%，比2016年提高46.48个百分点。人民群众对学前教育的获得感、满意度逐年提高。

二、破解突出问题，系统构建中国特色学前教育法律制度体系

《学前教育法》共九章八十五条，分别从不同的角度，全面展现了《学前教育法》的精神内核。

“第一章　总则”阐述了本法的核心目的与定位，即确保适龄儿童能够接受学前教育，规范学前教育的实施，促进学前教育普及普惠安全优质发展。“第二章　学前儿童”关注儿童权益的保护与尊重。学前教育应充分遵循儿童身心发展的自然规律，倾听并重视儿童的意见与需求，促进其全面、和谐发展。“第三章　幼儿园”详细规定了幼儿园的设立条件与管理规范。政府部门应科学规划资源，扩大资源供给，大力支持举办公办幼儿园，扶持和规范普惠性民办幼儿园。“第四章　教职工”明确了幼儿园教职工的资质与待遇。幼儿园教师、园长、保育员等均须具备相应的资质，公办幼儿园教师工资应纳入财政保障。“第五章　保育教育”强调幼儿园的教育理念与实践方式。幼儿园应坚持保教结合的原则，建立科

学的一日生活制度，并以游戏为基本活动，防止“小学化”倾向。“第六章　投入保障”明确了学前教育经费的来源与使用原则。学前教育经费以政府投入为主，家庭合理分担，多渠道筹措资金。政府应优化财政投入结构，确保合理占比。“第七章　监督管理”对幼儿园的监管工作提出了具体要求。政府及有关部门应建立健全幼儿园安全防控体系，加强对费用的监督力度，而幼儿园则应严格执行收费公示制度。“第八章　法律责任”明确规定了违规行为的处罚措施。对于地方政府及有关部门、幼儿园、教职工等违反相关规定的行为，将依法依规进行处理。“第九章　附则”阐明了本法的适用范围为幼儿班等学前教育机构，同时鼓励有条件的幼儿园提供托育服务。

《学前教育法》聚焦学前教育发展过程中的深层次瓶颈问题，为进一步贯彻落实党中央、国务院决策部署，切实解决浙江省学前教育的实际问题，提供了强有力的法律保障。比如，“教职工”章节规定：“县级以上地方人民政府应当将公办幼儿园教师工资纳入财政保障范围，统筹工资收入政策和经费支出渠道，确保教师工资及时足额发放。”这一条款不仅以法律形式保障了公办幼儿园教师（特别是劳动合同制教师）的劳动所得，也为逐步实现同工同酬奠定了坚实的基础。

三、抓好贯彻落实，保障学前教育高质量发展

首先，系统深入学习《学前教育法》，不仅要掌握其主要内容，更要深刻领会其立法精神。要组织全省教育系统和相关部门，特别是学前教育管理部门、机构、幼儿园教职工，以及学前教育师资培养培训机构的人员，将学习《学前教育法》列入干部和教师的年度培训计划。通过理论联系实际的学习方式，增强相关人员和广大教师的法律意识，提升他们遵纪守法的能力。

其次，要加强《学前教育法》的宣传普及工作，利用报刊专栏、巡回宣讲、专题教研、亲子互动等多种渠道，向家长和社会各界广泛宣传《学

前教育法》的精神和内容。要让《学前教育法》深入人心，被各行各业所知晓、所遵循，从而营造出贯彻落实《学前教育法》的良好社会氛围。

再次，要研究制定推动学前教育新发展的政策措施。在新形势下，深入思考如何发挥学前教育在教育强国建设中的重要作用，推动全省学前教育在坚守传统优势的同时，勇于创新，实现新的突破。

最后，根据《学前教育法》的精神和内容，适时修订完善《浙江省学前教育条例》，确保地方性学前教育政策法规与《学前教育法》保持高度一致，特别要突出落实儿童权利保护、聚焦保教质量提升、坚决防止和纠正“小学化”倾向等，为全省学前教育的健康发展提供有力保障。

安徽

办好学前教育，实现幼有优育，以“法”之力谱写学前教育新篇章

中共安徽省委教育工委书记，省教育厅厅长

钱桂仑

人生百年，立于幼学。学前教育是高质量教育体系中最基础、最起始的环节，是重要的社会公益事业。《中华人民共和国学前教育法》（以下简称《学前教育法》）的制定，进一步丰富了有中国特色的教育法律制度体系。

一、把准办园方向，深刻领会《学前教育法》的核心要义

（一）全面落实党中央、国务院决策部署，明确了学前教育的属性定位

习近平总书记强调：“要推进学前教育普及普惠安全优质发展。”《学前教育法》明确，学前教育应当坚持中国共产党的领导，坚持社会主义办学方向，着力培养德智体美劳全面发展的社会主义建设者和接班人，明确了学前教育公益普惠的办园方向。

（二）提供了学前教育高质量发展的法律依据，有利于维护学前儿童的合法权益

《学前教育法》提出，应坚持最有利于学前儿童的原则，明确学前儿童的基本权利，以及政府、学校、家庭对学前儿童应尽的责任和义务，为学前儿童的成长提供了法律保障。

（三）细化了教职工队伍建设具体要求，促进保育教育质量提升

《学前教育法》单列一章，对教职工的资质要求和待遇保障作了具体规定。明确幼儿园教师、园长、保育员、保健人员任职条件，提出教职工不得聘用的情形和违法违规的处置办法，有利于提升科学保教水平。

（四）完善了幼儿园保障和监管机制，进一步规范办园行为

《学前教育法》明确了学前教育多渠道筹措经费的投入机制，建立学前教育资助制度，构建了完备的学前教育事业发展保障体系。加强对幼儿园安全保卫的监督指导，健全督导制度，完善学前教育质量评估，促进幼儿园信息公开化、透明化，进一步规范办园行为。

二、聚焦普惠优质，切实推进学前教育高质量发展

安徽省坚决贯彻落实党中央、国务院决策部署，坚持公益普惠办园方向，全力推进学前教育普及普惠安全优质发展。2024年，安徽省公办园在园幼儿占比为64.9%，普惠性幼儿园覆盖率（公办园和普惠性民办园在园幼儿占比）为94.3%。

（一）注重顶层设计，优化政策明方向

落实省市统筹、以县为主的学前教育管理体制，省委、省政府印发《安徽省深化基础教育改革　全面提高育人质量行动计划》，省教育厅等部门印发实施《安徽省“十四五”学前教育发展提升行动计划》《安徽省学前教育深化改革规范发展攻坚方案》等一系列政策性文件，加强工作统筹指导，推进全省学前教育事业普及普惠安全优质发展。

（二）推进规范管理，科学保教提质量

研制出台《安徽省幼儿园保育教育质量自评指导手册（试行）》，完善学前教育保教质量评估具体标准。开展省级“学前教育质量提升实践研究行动”项目研究工作，贯通“省—市—县—校”四级教研体系，推动全省学前教育教研、幼儿园游戏、幼小科学衔接改革，提升幼儿园保教质量。

（三）关注急难愁盼，实施暖民心工程

省教育厅与省发展改革委等6个省直单位，建立跨部门常态化联系机制，每年将公办园建设作为全省民生重点项目协同推进。2022年“安心托幼”行动实施以来，全省累计新建改扩建公办园项目1098个，新增公办园学位17.1万个，延时服务实现有需要的幼儿全覆盖，群众入公办园难、按时接娃难等急难愁盼问题得到有效解决。

（四）强化队伍建设，内涵发展优服务

制定幼儿园教师配备标准，为公办园不断补充新任教师。建立幼儿园教师培训长效机制，实行幼儿园教师5年一周期、不少于360学时的全员培训制度，培训经费纳入同级财政预算保障。督促幼儿园等用人单位落实最低工资标准制度，将财政投入、教师配齐配足、教师工资待遇保障等情况列入评估指标体系。

（五）加大财政投入，合理分担促普惠

建立公办园生均公用经费财政拨款和普惠性民办园生均补助制度，分别提高公办园生均公用经费、普惠性民办园生均补贴标准至600元/生·年、400元/生·年；新增延时服务补贴，按照不低于300元/生·年的标准补贴给幼儿园。“十四五”时期（2021—2025年）全省累计统筹下达支持学前教育发展资金59.2亿元。

（六）筑牢安全防线，全面防控护平安

颁布《安徽省学校安全条例》，出台《关于进一步加强和改进学校安全工作的意见》。组建省学校安全生产专项领导小组，印发防溺水新十条、防欺凌若干举措等制度规范。实施安全生产治本攻坚三年行动，动态开展风险隐患排查整治，加强宣传教育和应急演练，夯实人防、物防、技防建设，推动形成“软硬兼备”的系统防线。

三、立足全省实际，全面推动《学前教育法》落地落细

《学前教育法》的出台，为学前教育高质量发展提供了法律依据、行

动准绳，安徽省将按照教育部部署要求，深入贯彻落实《学前教育法》，着力完善普及普惠安全优质的学前教育公共服务体系。

（一）持续优化学前教育资源配置

指导各地充分研究论证人口变化对教育布局的影响和要求，合理布局普惠性幼儿园，持续扩大普惠性学前教育资源覆盖面。适当采取倾斜性政策，缩小城乡、区域之间的教育差距。加强对特殊群体儿童的关爱和支持，确保所有儿童平等接受学前教育，提高学前教育普及普惠水平。

（二）加强学前教育师资队伍建设

积极指导市、县（市、区）进一步深化公办园教职工“管理团队编制保障法”，统筹做好公办园机构编制服务保障工作。构建高校和优质幼儿园协同支持教师培训的资源平台，健全高校与中小学协同开展教师培养培训机制，做好教师职前培养与职后发展相互衔接，全面提升幼儿教师培养培训质量。

（三）全面提升科学保育教育质量

遵循幼儿身心发展规律，坚持把以游戏作为基本活动落实到保育教育全过程，创设丰富的保育教育环境，不断提高科学保教水平。常态化开展学前教育宣传月、幼儿游戏活动周等系列活动，大力普及科学育儿知识，营造有利于幼儿健康成长的社会环境。

（四）不断加强学前教育监督管理

健全教育部门牵头，各有关部门分工负责的学前教育监督管理机制，严格规范幼儿园设立，加大幼儿园办园行为、保育教育、安全管理等方面的监管力度，持续规范办园行为。畅通举报渠道，接受群众监督，对违反师德师风、损害幼儿身心健康、违法违规办学的行为，依法严肃追究责任。

福建

以法为纲，促优提质，努力办好八闽人民满意的学前教育

中共福建省委教育工委书记，省教育厅党组书记、厅长

叶　燊

办好学前教育，实现幼有所育是重大的民生工程。《中华人民共和国学前教育法》（以下简称《学前教育法》）的颁布，标志着学前教育进入“有专门法可依”的新阶段。福建省历来高度重视学前教育，始终牢记习近平总书记“福建没有理由不把教育办好”的殷切嘱托，坚持依法治教、依法治园，以法为纲推进学前教育高质量发展，筑牢教育强省建设之基。

一、坚持以法赋能，深刻领会、准确把握《学前教育法》的丰富内涵

法律颁布后，福建省立即组织教育系统特别是学前教育领域开展多形式、全覆盖学习研讨，深入开展研究阐释，不断提升认识水平和法治意识。

（一）夯实法律保障、助推普及普惠的根本依据

明确学前教育是重要的社会公益事业，从加大普惠资源供给、强化投入保障、明确法律责任等多个方面作出规定，为推进学前教育普及普惠发展提供有力的法律保障。要牢牢把握学前教育的公益普惠基本方向，坚持以政府举办为主，大力发展普惠性学前教育，让学前教

育改革发展成果更多、更公平地惠及全体人民。

（二）完善教育体系、锚定安全优质的根本指南

明确幼儿园要把保护学前儿童的安全放在首位，建立健全幼儿园安全风险防控体系，科学实施保育和教育活动，并对办园行为、师资队伍建设、保教活动、课程教学类资源、保教质量评估、督导与监管等提出具体要求。要坚持保育和教育相结合原则，着力构建覆盖城乡、布局合理、公益普惠、安全优质的学前教育公共服务体系。

（三）保护儿童权益、关注教育公平的根本保障

高度重视学前儿童权益保护，专设“学前儿童”一章，全面、全员、全过程保障学前儿童权益，明确学前儿童在生命安全、身心健康、获得尊重和保护照料以及平等接受教育等方面的权利。特别关注弱势群体权益保障，明确学前教育资助制度、残疾儿童入园争议解决机制等，确保每个孩子都能享受到高质量、可负担的学前教育。

（四）坚持政府主导、汇聚多方合力的根本方针

办好学前教育，需要政府、学校、家庭、社会各方力量协同发力、同向同行。法律规定发展学前教育坚持政府主导，鼓励、引导和规范社会力量参与，强调家庭对于抚养与教育儿童的义务及其在学前教育中的重要作用。要强化家园共育，多方共同提供适合学前儿童身心发展的公益性教育服务，汇聚家园社协同育人强大合力。

二、坚持优质普惠，不断提升人民群众学前教育获得感

近年来，福建省坚决落实党中央、国务院关于学前教育发展的决策部署，坚持优供给、强保障、促发展、提质量，努力办好八闽人民群众满意的学前教育。目前，全省共有幼儿园7340所，在园幼儿116.85万人，学前教育三年入园率达99.39%，公办园在园幼儿占比达64.5%，普惠性幼儿园覆盖率达94.97%，16个县（区）被教育部认定为学前教育普及普惠县。

（一）以学位供给为基础，盘活用足“资源库”

多渠道、多形式支持公办园建设，2014年以来，改扩建公办园1970个，新增公办学位52.73万个。大力推进城镇小区配套园治理，2019年以来，全省共摸排小区1882个、配套园1867所，目前已全部完成治理，通过治理新增小区配套公办园183所、公办学位28419个。2023—2024年，将城镇公办幼儿园结构优化与质量提升工程项目，列入省委、省政府为民办实事项目，共改造城镇公办园374所。

（二）以公益普惠为导向，扩大资源“覆盖面”

先后出台《关于加强普惠性民办幼儿园认定与管理工作的指导意见》《关于加快推进普惠性民办幼儿园认定管理工作的通知》，积极引导民办园加入普惠行列。省级累计下达经费约1.5亿元，支持革命老区县或原扶贫开发重点县设立巡回支教点，招募志愿者，努力满足边远乡村适龄幼儿就近入园需求。教育部官网刊发《福建省积极推进学前教育普及普惠发展》，介绍福建省学前普及普惠工作经验。

（三）以托底提质为目标，着力建设质量达标“新样板”

积极发挥优质幼儿园的辐射带动和帮扶作用，通过集团化办园、总园带分园等办园模式改革和推动建立覆盖城乡的学前教育“片区管理、联动帮扶”工作机制，以强带弱，以城带乡，缩小公办民办之间以及城乡幼儿园之间的办园差距，促进幼儿园保教质量整体提升。

（四）以强化保障为重点，改善条件全方位“强支撑”

建立学前经费保障机制，明确每生每年不低于600元的拨款标准。省级统一确定幼儿园高、中、初级的岗位比例为1∶5.5∶3.5，将乡村幼师纳入乡村教师生活补助范围。将公办园在园幼儿占比、普惠性幼儿园覆盖率等，纳入省对设区市政府考评指标体系，将各级党委、政府落实学前普及普惠发展情况，作为省级“对市督导”“两项督导”、县域学前教育普及普惠督导评估工作重点内容。

三、坚持依法治教，奋力谱写学前教育高质量发展新篇章

当前，福建正深入学习贯彻习近平总书记在福建考察时的重要讲话精神，全面贯彻落实全国、全省教育大会精神，加快推进教育强省建设。立足新征程，将结合学习贯彻《学前教育法》，守正创新、踔厉奋发，加快推进学前教育普及普惠安全优质发展，夯实建设教育强省基点，为教育强国建设作出“福建贡献”。

（一）弘扬法治精神，推进学前教育依法治教行稳致远

抓住法律落地的有利契机，加强宣传引导，扩大宣传覆盖面。组织全省学前教育工作者深入学习《学前教育法》，推进依法治教。指导各地结合传统媒体、新媒体和互联网技术，通过集中培训、专家讲授、座谈研讨等多种方式开展学习宣传，引导正确理解适用法律。制定多层次、多渠道、多形式、广覆盖的宣传策略，向社会广泛宣传法律精神和主要内容，推动法律向农村、革命老区、海岛地区等边远地区延伸普及，致力实现《学前教育法》在全社会的深度普及和广泛认同。

（二）提升保教质量，推进学前教育高质量发展

建立以保教改革为路径、政府监管与督导评估为抓手、师资队伍建设为支撑的发展机制。推动形成政府、部门和机构上下联动、齐抓共管的监管体系，进一步规范学前发展。深化改革引领，鼓励和支持各地开展总园加分园、镇村一体化等办园体制改革，推进学前教育实验区建设，发挥优质幼儿园引领作用，推动区域间教育资源共享与质量提升。强化师资队伍，建立园长与教师的分层、分类培训体系，推动落实教师待遇保障政策，提升岗位吸引力和职业稳定性。

（三）兜底特殊群体，构筑学前教育公平发展新格局

落实学前教育法公平正义精神，关注教育资源分布不均、特殊儿童受教育权利得不到充分保障等现实问题。聚焦农村学前教育发展短板，指导各地根据学龄人口变化，完善城乡学前教育资源布局，科学配置城区和乡镇公办幼儿园，依托乡镇公办中心园办好村园，构建广覆盖、保

基本、有质量的学前教育公共服务体系。加强薄弱园改造提升，改善办园条件。完善家庭经济困难的残疾儿童关爱服务体系，健全家庭经济困难残疾儿童资助育人长效机制。

江西

依法强保障、提质量，推动学前教育高质量发展

中共江西省委教育工委委员、省教育厅副厅长

程裕秋

学前教育是国民教育体系的重要组成部分。办好学前教育、实现幼有优育是重大民生工程。《中华人民共和国学前教育法》（以下简称《学前教育法》）凝练了学前教育改革发展的宝贵经验，聚焦了学前教育领域热点难点问题，为学前教育高质量发展提供了系统的法治保障。我们将认真贯彻习近平总书记关于教育的重要论述和视察江西重要讲话精神，聚焦“走在前、勇争先、善作为”目标要求，依法强化保障、提升质量，推动学前教育高质量发展。

一、坚持学法为先，深入学习宣传《学前教育法》

《学前教育法》从学前儿童、幼儿园、教职工、保育教育、投入保障、监督管理、法律责任等方面系统构建了中国特色学前教育法律制度体系，对学前教育改革发展具有固根本、稳预期、利长远的重要作用。江西省教育系统认真组织学习宣传《学前教育法》，推动《学前教育法》落地落实。

分层分类开展学法。加强《学前教育法》分层分类培训研讨，将学法纳入各类培训计划。面向教育行政部门工作人员，重点提高依法保障投入、保障教师待遇、履行监督管理等能力；面向幼儿园园长，

重点组织学习法律框架下园所管理、教师培养、待遇保障、规范办园行为等；面向幼儿园教职工，重点加强依法保障幼儿权益、安全防护、科学保教、卫生保健等能力；面向广大家长，重点宣传幼儿权益保护、家园合作责任、科学育儿知识等。围绕法律实施中的重点、难点问题进行深入研讨，分享实践经验，探索解决方案。

创新形式开展普法。将学习贯彻《学前教育法》纳入各级教育行政干部培训班和“国培计划”“省培计划”项目内容，组织深入研讨交流，深入领会《学前教育法》的核心要义。充分用好教育部有关平台推出的普法宣传知识，通过“你问我答”“解说视频”“知识竞答”等方式，宣传《学前教育法》中受社会高度关注、与教职工紧密相关、对家长科学育儿有直接指导作用的法条内容，引导广大教职工和家长准确理解和把握法律内容与精神。

积极宣传用法成果。积极组织各地总结推广学法用法、推动学前教育发展的经验做法，宣传各地在保育教育、保障机制、安全管理、家园共育、师资提升等方面依法办园取得的优秀成果和典型案例，以小切口展示学前教育发展的大变化，推广一批可复制、可借鉴的实践模式。

二、坚持保障为要，加快构建“幼有优育”高质量学前教育发展体系

《学前教育法》的深入实施，将成为推动学前教育高质量发展的关键引擎，江西省委、省政府高度重视学前教育发展，始终把发展学前教育作为重要民生工程，大力实施学前教育行动计划，推动全省学前教育取得快速发展。全省将以学前教育普惠保障机制改革为抓手，加快构建覆盖城乡、布局合理、公益普惠、安全优质的学前教育公共服务体系，努力办好“幼有优育”的高质量学前教育。

优化学前教育布局结构。2021年至2024年，全省统筹中央和省级资金76.1亿元，新改扩建幼儿园1859所，新增普惠性幼儿园园位40.3万个。截至2024年底，学前三年毛入园率达到91.95%，公办园在园幼儿占比达

到63.95%，普惠性幼儿园覆盖率达到95.04%，适龄幼儿基本能就近接受普惠性学前教育，“入园难”“入园贵”问题得到有效解决。《学前教育法》明确提出“坚持政府主导，以政府举办为主，大力发展普惠性学前教育”的要求，我们将积极建立幼儿园学龄人口变化监测预警制度，合理规划幼儿园布局，在人口集中流入地稳步增加优质公办资源供给。大力实施标准化幼儿园建设行动，推动幼儿园镇村一体化发展，努力办好群众身边的“优质园”。

健全学前教育保障机制。坚持政府投入为主、家庭合理分担、其他多种渠道筹措经费的原则，2023年全省学前教育经费投入166.59亿元，是2012年的4.85倍。坚持“新建园必建标准园”的理念，2022年以来建设并认定标准化幼儿园4637所。《学前教育法》明确提出建立健全学前教育保障机制，我们将开展学前教育保障机制试点改革，进一步优化教育财政投入支出结构，依法确保财政性学前教育经费在同级财政性教育经费中占合理比例。落实和完善普惠性民办幼儿园扶持政策。推动县级以上地方人民政府统筹工资收入政策和经费支出渠道，依法将公办幼儿园教职工工资纳入财政保障范围。推动学前教育地方立法，健全学前教育法治保障体系。

健全安全风险防控体系。近年来，全省建成教育系统“互联网+明厨亮灶”平台和教育智慧消防（视频监控）平台，实现安全隐患早发现、早预警、早处置，切实保障幼儿安全。《学前教育法》明确要求：“坚持最有利于学前儿童的原则，给予学前儿童特殊、优先保护。”我们将坚持把保护学前儿童的安全放在首位，落实幼儿园安防“四个一”工程建设，用好江西教育系统“互联网+明厨亮灶”平台和教育智慧消防（视频监控）平台，加强人防物防技防，全方位保障师生安全。

三、坚持质量为本，不断提升科学保育教育水平

《学前教育法》是推进学前教育高质量发展的法律依据、行动准绳，江西省将深入贯彻落实《学前教育法》，按照教育部部署要求，规范办园

行为，落实《幼儿园保育教育质量评估指南》，大力提升科学保教水平。

全面提升保育教育质量。近年来，全省遴选10个省级学前教育改革实验区和300所学前教育质量提升实验园。全面实施幼儿园与小学科学衔接，实施幼儿园跟岗帮扶计划，提升薄弱园保育教育水平。连续14年举行学前教育宣传月活动，大力普及科学育儿知识，坚决纠正“小学化”问题，推动学前教育质量提升。《学前教育法》设立专章明确保育教育要求，我们将指导推进国家、省级幼儿园保育教育质量提升实验区建设，总结推广一批改革经验。发挥保育教育质量提升实验园作用，指导一批优质幼儿园以结对等方式帮扶乡镇中心幼儿园，缩小城乡之间、区域之间的学前教育发展差距。深入开展学前教育宣传月系列活动，加强家校社协同育人，营造幼儿健康成长的社会环境。

大力加强教师队伍建设。近年来，我省遴选了一批学前教育指导专家，深入开展高校与县域基础教育协同提质行动，推动校地合作，加强试点县幼儿园教研和师资培养。持续推进专任教师全员持证上岗工作，加强乡村幼儿园教师定向培养。《学前教育法》设立专章明确对教职工的要求，我们将严格执行幼儿园工作人员背景查询和健康检查制度，严格幼儿园教师准入门槛。落实《教育强国建设规划纲要（2024—2035年）》的要求，积极适应学龄人口变化趋势，统筹做好公办幼儿园教职工配备。积极实施乡村教师本科学历提升计划，分级开展转岗教师培训，持续提高教师能力。推动市县教育部门配备学前教育教研员，加强专业指导力量。

持续规范办园行为。《学前教育法》明确禁止幼儿园采用小学化的教育方式或者教授小学阶段的课程、使用未经审定的课程教学类资源等，我们将加大普法力度，加强教师培训，引导幼儿园教职工深入学习《学前教育法》，切实树立科学保教理念。依法规范民办幼儿园管理，依法纠治采用小学化的教育方式或者教授小学阶段课程的行为。加强幼儿园资金监管，推动幼儿园规范收费，严格规范课程教学类资源管理等。

山东

坚持依法治教，锚定普及普惠，全面推进学前教育高质量发展

中共山东省委教育工委常务副书记，省教育厅党组书记、厅长

李　明

人生百年，立于幼学。学前教育是国民教育体系的组成部分，是重要的社会公益事业，关系到亿万儿童健康成长。党中央、国务院高度重视学前教育工作，党的十八大提出“办好学前教育”，党的十九大要求“在幼有所育上取得新进展”，党的二十大强调“强化学前教育普惠发展”。《中华人民共和国学前教育法》（以下简称《学前教育法》）的颁布，让学前教育走上了“有专门法可依”的轨道，更加巩固了学前教育在国民教育体系中的重要位置，有效保障了学前教育普及普惠安全优质发展。

一、学前教育立法是国民教育法治体系全面建立的重要标志

习近平总书记指出：“法治是国家治理体系和治理能力的重要依托，只有全面依法治国才能有效保障国家治理体系的系统性、规范性、协调性，才能最大限度凝聚社会共识。”教育是涉及千家万户的切身利益，关系到一代又一代人健康

成长和发展的神圣事业，只有坚持依法治教，才能使教育改革发展走上合乎教育规律、合乎国家和人民需要的、科学有效的道路。制定《学前教育法》是全面推进教育法治建设的重要内容。党的十八大以来，我国加快了教育法治体系建设步伐，继《中华人民共和国义务教育法》颁布之后，相继颁布了《中华人民共和国职业教育法》《中华人民共和国高等教育法》《中华人民共和国民办教育促进法》。《学前教育法》的颁布，标志着整个国民教育的法治体系进一步完善。山东省高度重视学前教育的法治建设，2014年，省政府以规章形式颁布实施《山东省学前教育规定》，2019年，省人大出台《山东省学前教育条例》，为学前教育的发展提供了法治保障。《学前教育法》的颁布，以更高的站位、更全的视野、更实的举措，为地方性法规提供了坚实的法理基础，必将对推动学前教育高质量发展产生重要深远影响。

二、学前教育立法是拓展学前教育改革发展成果的战略之举

习近平总书记在全国教育大会上强调："坚持以人民为中心，不断提升教育公共服务的普惠性、可及性、便捷性。"党的十八大以来，以习近平同志为核心的党中央围绕学前教育改革发展，作出一系列重大决策部署。山东连续实施三期学前教育三年行动计划，接续实施"十四五"学前教育发展提升行动计划，聚焦幼儿园规划建设、师资配备、财政保障、规范管理、科学保教等方面，创新工作体制机制，密集出台一系列支持政策，在固本培元、守正创新中扩资源、调结构、增普惠、提质量，学前教育整体面貌发生了格局性变化。《学前教育法》将党中央、国务院关于学前教育改革发展的重要精神、理论成果和成熟举措转化为法律制度，是用法治思维和法治方式保障学前教育高质量发展的战略举措，有助于推动学前教育改革发展行稳致远。

三、学前教育立法是强化学前教育公益普惠属性的刚性约束

党的二十大和二十届三中全会对强化学前教育普惠发展、健全学前教育保障机制作出专门部署。公益普惠一直是党和国家发展学前教育事业的价值追求。截至2024年底，山东省有幼儿园1.97万余所，在园幼儿252.13万人，公办率62.29%，普惠率94.34%，毛入园率95.15%，比2012年提高了19.86个百分点，充分解决了人民群众关心的“入园难”“入园贵”问题。《学前教育法》从法律层面强调，要牢牢把握公益普惠基本方向，进一步规定国家推进普及学前教育，构建覆盖城乡、布局合理、公益普惠、安全优质的学前教育公共服务体系；特别是结合当前出生人口下降的态势，明确鼓励支持有条件的幼儿园开设托班，既解决了幼儿园生源不足问题，又回应了群众的入托需求。2025年1月，为及时贯彻《学前教育法》精神，山东省政府办公厅印发《支持幼儿园开设托班的若干措施（试行）》，创新制定了大量惠民利民政策，进一步完善了普惠育幼服务体系，推动了生育友好型社会建设。《学前教育法》的出台，必将进一步筑牢学前教育的公益普惠属性，让改革发展成果更多更公平惠及全体人民，更好地以教育之力厚植人民幸福之本。

四、学前教育立法是健全完善学前教育发展机制的重要保障

《学前教育法》以“推进学前教育普及普惠安全优质发展”为主线，深刻、全面、具体地阐述了落实政府发展学前教育责任的法律规定和实现路径，对于加快学前教育高质量发展、实现现代化目标、为2035年建成教育强国贡献力量，具有十分重要的意义。我国学前教育之所以能在短时间内取得举世瞩目的重要成就，与以公共财政投入为主的学前教育普及普惠发展道路分不开。这一财政投入和成本分担机制，符合中国实际，体现了中国特色社会主义制度的优越性，体现了党和政府坚定人民立场、解决人民群众急难愁盼问题的决心。在办园体制方面，《学前教育法》提出，发展学前教育坚持政府主导，以政府举办为主，大力发展普惠性学前教

育，鼓励、引导和规范社会力量参与；在管理体制和投入体制方面，明确了省市县乡四级政府主体的管理和投入职责，并设专章进一步论述了投入保障和监督管理的具体要求；最具特色的是，强调尊重儿童人格和主体地位，以法律保障儿童受教育权的实现。《学前教育法》系统擘画了中国特色学前教育制度体系，对于加快学前教育高质量发展、支撑2035年建成教育强国具有十分重要的意义。

下一步，山东省将深入学习宣传贯彻《学前教育法》，切实提高行政管理人员、教研人员以及广大幼儿园园长和教师、家长的法律意识、法律素养，切实做到依法治教、依法执教、依法家教。同时，进一步扛牢政府责任，坚守人民属性，加强资源保障，坚持儿童为本，创新教育治理，以更高站位、更严标准、更实举措推进学前教育改革发展，力争到2035年毛入园率达到99%、100%的县（市、区）建设成为全国学前教育普及普惠县、公办幼儿园在园幼儿比例达到80%以上，显著减轻家庭养育教育负担，切实办好人民满意的学前教育，为教育强省、教育强国建设作出新的更大贡献。

河南

依法强教筑基，涵育幸福儿童，保障学前教育持续健康发展

河南省教育厅党组成员、副厅长

刘林亚

学前教育是国民教育体系的重要组成部分，是基础教育的基础，是“教育强国”的根基。学前教育的高质量发展，关乎亿万儿童健康成长，涉及千家万户和谐幸福。《中华人民共和国学前教育法》（以下简称《学前教育法》）的颁布实施，是我国学前教育事业发展史上的重要里程碑，标志着学前教育进入“有专门法可依”的新阶段，为学前教育事业的高质量发展提供了坚实保障。

一、深刻理解《学前教育法》的价值意蕴和现实意义

《学前教育法》的颁布，从法律层面保障了学前教育事业各项发展的规范化、科学化，从国家层面对学前教育中的儿童、教师、保育与教学、财政投入、监督评价以及法律责任等，作出了根本规定和划分，有助于全面提高全社会对学前教育价值的认识，有助于全社会形成关爱和保护儿童的新风尚，有助于加强各级政府发挥其在学前教育事业发展中的主导作用。

一是更加突出学前教育优先发展的位置。《学前教育法》对学前教育的价值、地位、重要性等作出了全面规定和说明，如第三条国家实行学前教育制度，第五条和第六条国家建立健全学前教育保障

机制，以及国家推进普及学前教育等，都充分表明国家层面对学前教育的高度重视与促力发展。

二是更加突出儿童利益至上。《学前教育法》第十四条要求“倾听、了解学前儿童的意见，平等对待每一个学前儿童，鼓励、引导学前儿童参与家庭、社会和文化生活，促进学前儿童获得全面发展”。无论是作为各级政府部门的工作者，还是作为学前儿童的父母、监护人、教师人员等，“应当坚持最有利于学前儿童的原则，给予学前儿童特殊、优先保护”。“儿童优先、儿童利益至上”应成为一种社会共识。

三是更加突出政府主体责任。《学前教育法》明确规定：发展学前教育坚持政府主导，各级政府负主体责任。实施学前教育制度是国家的重大教育战略决策，各级政府部门应落实好学前教育资源配置、幼儿园举办条件、师资队伍建设、保育教育质量、财政资金投入等方面的职责和要求。

四是更加突出公益普惠方向。《学前教育法》第二十三条明确规定，应积极扩大普惠性学前教育资源供给，提高学前教育质量。推进普及学前教育，要构建覆盖城乡、布局合理、公益普惠、安全优质的学前教育公共服务体系，不断扩大公办幼儿园数量，积极引导和支持普惠性民办幼儿园发展，不断提高普惠性幼儿园的数量和质量。

五是更加突出农村学前教育发展。《学前教育法》第六条、第二十七条等明确规定，应缩小城乡之间、区域之间的学前教育资源配置差距。面对农村幼儿园出现的新形势、新要求，要通过政策倾斜、增加财政投入等方式，依法依规确保农村地区普惠性学前教育资源供给得到有效保障。

二、准确把握河南学前教育发展的历史方位和实践经验

近年来，河南立足于“保基本、补短板、促公平”，持续实施学前教育行动计划，构建公益普惠安全优质的学前教育服务体系，不断满足人民

群众对幼有所育的美好期盼。

一是始终坚持政府主导。省委、省政府出台《关于学前教育深化改革规范发展的实施意见》，先后7次将幼儿园建设项目纳入省重点民生实事。强化政府投入主体责任，加大财政投入力度，提高学前教育财政支持水平，并逐步提高标准。“十四五”以来，连续实施“学前教育普惠扩容工程”，已完成公办学位扩充43万余个。

二是始终坚持儿童中心。遵循幼儿身心发展特点和规律，坚持以游戏为基本活动，注重对幼儿情感态度、行为习惯、智力能力的培养。健全省、市、县、乡四级教研体系，完善教研指导责任区、区域教研、园本教研制度，实现各类幼儿园教研指导全覆盖。实施幼儿园领航共建“1235”工程（“十四五”期间培育100个领航园、200个领航工作室、300个名保健医、500个名班主任），发挥优质园引领辐射带动作用，加快缩小区域、城乡办园差距。

三是始终坚持公益普惠。坚持以县域学前教育普及普惠督导评估为抓手，将县区学前教育普及普惠水平、政府保障情况、幼儿园保教质量保障情况等纳入政府督导评估内容。实施学前教育普惠保障行动，将学前教育普惠优质发展作为重点督办事项。截至2024年底，河南省学前教育毛入园率达到93.15%，普惠性幼儿园覆盖率达到91.26%，普惠性民办园数量达到1.15万所。

四是始终坚持建强队伍。“十四五”期间，持续实施学前教育公费师范生项目，为农村和欠发达地区公办园每年培养至少1000名高素质专业化教师。建设一批学前教育名师工作室，培育中原名师30名、省级名师600名、省级骨干教师1500名。落实招才引智“绿色通道”实施细则，为引进学前教育人才提供高效、便捷服务。

五是始终坚持改革创新。先后确立“儿童发展指南”“幼小衔接”“自主游戏”等40余个省级实验区，持续深化幼儿园内涵式发展。“耕读育人：促进幼儿全面发展的田园实践”，获得国家级基础教育教学成果一等奖。在全国率先实施河南学前融合教育模式，实现了融合教育幼儿园县（市、区）“全覆盖”，构建了“1+5+N”区域发展模式，融合教育不断向纵深推进，获得联合国教科文组织赞誉和推广。

三、切实把《学前教育法》作为推进普及普惠安全优质发展的行动准绳

河南省将深入贯彻落实《学前教育法》，加快制定河南省学前教育条例，加快构建普及普惠安全优质的学前教育公共服务体系。

一是聚焦优化资源布局，提升公办园在园幼儿占比。压实县级政府主体责任，落实县域学前教育资源布局，推进普惠性资源扩容增效。将“提升公办园在园幼儿占比”纳入省政府重点工作，通过新建改扩建、回收小区配套园和政府购买优质普惠性民办园学位等多种方式，稳步增加公办学位。落实好普惠性民办园认定标准和扶持政策，积极支持普惠性民办园发展。

二是聚焦推进科学保教，提升整体保育教育质量。以幼儿园保育教育质量评估为抓手，将过程性评估贯穿幼儿园保育教育全过程，引导办好每一所幼儿园。持续实施省级领航共建“1235”工程，深入推进幼小科学衔接，杜绝“小学化”倾向，坚决纠正超前学习、拔苗助长等违反幼儿身心发展规律的行为。

三是聚焦园所规范管理，保障儿童各项发展权利。实施幼儿园办园条件达标工程，全面改善办园条件，消除园舍安全隐患。加强对“三防”建设、消防、食品、校车、儿童玩具和学生用品等安全事项的监管，加强安全风险防范。严格规范幼儿园办园行为，加大对无证园、“小学化”等问题的治理力度，形成长效治理机制。

四是聚焦健全保障机制，提升幼儿园发展动力。完善学前教育管理体制，健全成本分担机制，加大财政投入力度，合理确定并动态调整公办幼儿园收费标准。加强民办园收费监管，坚决遏制过高收费和过度逐利行

为。健全教师队伍保障机制，加强教师资格审查、持证上岗制度，落实教师待遇保障制度，实行同工同酬。

五是聚焦实现教育公平，力促融合教育发展。持续推进学前融合教育项目，构建完善的“1+5+N”区域发展模式。做好学前融合教育成果推广和第十届河南省学前融合教育宣传周活动。不断扩大学前融合教育服务体系建设，为特殊需要幼儿接受早期融合教育创造更多机会，让每个孩子都有人生出彩的机会。

湖北

认真贯彻落实《学前教育法》，促进学前教育普及普惠发展

湖北省教育厅党组书记、厅长

周　静

学前教育是重要的社会公益事业，关系到亿万儿童健康成长。习近平总书记多次强调，要加强对基础教育的支持力度，办好学前教育。新出台的《中华人民共和国学前教育法》（以下简称《学前教育法》），是推进学前教育高质量发展的法律依据和行动准绳。我们要广泛宣传和贯彻落实《学前教育法》，营造法律实施的良好氛围，促进学前教育高质量发展，不断提升普及普惠和保障水平。

一、深刻领会《学前教育法》出台的重要意义

（一）《学前教育法》的出台是落实党中央、国务院决策部署的重要举措

《学前教育法》将习近平总书记重要指示精神和党中央、国务院的决策部署，转化为促进学前教育高质量发展的法律规范，在全面总结多年来学前教育发展政策经验的基础上，明确了学前教育的发展原则、方向、基本制度，为办好学前教育提供了根本遵循和法律依据。

（二）《学前教育法》的出台是惠及广大人民群众切身利益的制度设计

《学前教育法》坚持以人民为中心，以解决好人民群众最关心的

现实问题为出发点，以保障学前儿童基本受教育权益为落脚点，围绕保障入园机会、减轻家庭负担、守护幼儿安全、提供有质量的服务等方面作出全面规范，切实保障学前教育改革成果更多更公平惠及全体人民。

（三）《学前教育法》的出台是解决当前学前教育瓶颈问题的现实需求

近年来，学前教育得到快速发展，但仍是国民教育体系当中的薄弱环节。《学前教育法》聚焦解决学前教育深层次瓶颈问题，坚持问题导向，坚持改革创新，为全面构建“普惠性”学前教育发展的新格局奠定了坚实的基础。

（四）《学前教育法》的出台是持续推进学前教育高质量发展的坚实保障

《学前教育法》共9章85条，涵盖学前教育发展的各个环节和关键要素。以法律为遵循，将有助于我们有效推动落实以政府举办为主的责任，科学规划和配置学前教育资源，有效保护适龄儿童依法平等接受学前教育的权利；将更加有效强化办园行为监管，完善安全风险防控体系。推进科学保教，进一步促进幼儿在游戏和生活中健康快乐成长。

二、不断厚植《学前教育法》实施的坚实基础

党的十八大以来，湖北省连续实施四期学前教育行动计划，基本建成广覆盖、保基本、有质量的学前教育公共服务体系。事业规模快速发展，截至2023年底，全省共有独立设置幼儿园9615所，在园幼儿155.3万人，教职工21.2万人，比2012年分别增长80.7%、14.6%和130.4%。普及水平大幅提高，全省学前三年毛入园率达到92.8%，比2012年提高了24.8个百分点。普惠程度持续扩大，全省公办幼儿园在园幼儿占比达到49.8%，每个乡镇至少建有一所公办中心幼儿园，普惠性幼儿园覆盖率达到89.1%，全省形成以普惠性幼儿园为主体的办园格局。

（一）加强省级统筹推进

2019年，省委、省政府出台《关于学前教育深化改革规范发展的实施意见》，明确新时代湖北省学前教育改革发展的工作方向和举措。2021年以来，省委、省政府每年将扩充公办幼儿园学位列入省级办实事项目。省级教育、发展改革、财政、人力资源社会保障、公安、卫生健康、市场监管、自然资源、住房城乡建设等部门建立省级协同推进机制，定期研究解决学前教育改革发展中的重点问题。

（二）持续扩大普惠资源

2012年以来，省级共统筹中央和省专项资金113亿元，支持各地新建、改扩建公办幼儿园4719所（次），改善办园条件12674所（次），补助19371所（次）普惠性民办幼儿园。出台《湖北省城镇小区配套幼儿园建设管理办法（试行）》。省级统一明确普惠性民办幼儿园认定、扶持和退出机制，建立普惠性民办幼儿园财政补助制度。

（三）加强基础条件保障

学前教育国家财政性经费在同级财政性教育经费中的占比逐步提高，2023年达到4.76%，比2012年提高2.38个百分点。落实公办园生均公用经费和普惠性民办园生均补助标准，鼓励有条件的地方提高标准。强化教师队伍建设，扩大教师培养规模，加快补充公办教师，组织幼儿园园长、骨干教师进行集中免费培训。

（四）加强办园行为监管

强化对幼儿园教职工资质和配备、收费行为、安全防护、卫生保健、保教质量等方面的动态监管，完善年检制度。推进科学保教，坚持以游戏为基本活动形式，坚持幼小科学衔接，坚持家园社协同育人。加强安全防范，2020年省人大常委会审议通过《湖北省学校安全条例》，先后制定校园安全风险防控体系、消防规则、保安配备等系列制度性文件，幼儿园安全政策保障不断加强。

三、深入推进《学前教育法》规定的贯彻落实

《学前教育法》的出台，标志着学前教育发展进入了新时期。湖北省将组织全省教育系统深入学习《学前教育法》，通过多种渠道向社会广泛宣传其核心精神和主要内容。推进“普及普惠，优质安全”的学前教育发展，让优质教育资源惠及更多儿童，更好地满足人民群众“幼有所育、幼有优育”的美好期盼。

（一）强化政府职能保障

《学前教育法》明确规定“学前教育实行政府投入为主、家庭合理负担保育教育成本、多渠道筹措经费的投入机制”，规定“各级人民政府应当依法履行职责，合理配置资源，缩小城乡之间、区域之间学前教育发展差距”。要始终坚持公共财政投入为主不动摇，完善学前教育财政投入持续增长机制，确保财政性学前教育经费在同级财政性教育经费中占合理比例。完善学前教育成本分担机制，合理确定分担比例，加大对普惠性民办园的扶持，健全学前教育资助政策。持续开展学前教育普及普惠县市区创建。

（二）优化教育资源配置

《学前教育法》规定，“地方各级人民政府应当采取措施，推动适龄儿童在其父母或者其他监护人的工作或者居住的地区方便就近接受学前教育”。结合学前教育适龄人口进入下降趋势和人口向城镇流动等因素，重点解决好“城区挤乡村空”的矛盾，优先在大中城市中心城区、开发区、城市新区、城镇新增人口集中地区和公办资源不足地区，新建、改扩建一批公办幼儿园。乡村和非人口净流入地的镇区，原则上不宜再新建幼儿园。进一步巩固普及普惠成果，优化公民办结构。

（三）落实规范管理要求

《学前教育法》第七章“监督管理”对建立监管体系、确保重大问题、关键环节的安全保卫和学前教育的良好运行，以及财务监管等作出明确规定。要继续健全完善收费管理制度、监管制度。建立健全幼儿园安全风险

防控体系，及时排查和消除安全隐患，依法保障学前儿童和幼儿园安全。

（四）加强教师队伍建设

《学前教育法》第四章“教职工”共十四条，专门对教师的资格、培训、职称评定、待遇保障等作出明确规定。要把好教师入口关，严格幼儿园教师资质条件，完善教师补充、待遇保障、职称晋升、培养培训机制。完善保障公办园、民办园教师工资待遇的政策措施。加强学前教研员队伍建设，重视学前教育教师培训，切实提高学前教育教师能力和水平。

湖南

推动构建安全优质的学前教育公共服务体系，筑牢学前儿童健康成长法治保障

湖南省教育厅党组书记、厅长

夏智伦

《中华人民共和国学前教育法》（以下简称《学前教育法》）的正式颁布，是我国学前教育史上具有里程碑意义的大事。这为解决当前学前教育发展中存在的投入保障体系不完善、保教质量参差不齐、教师队伍建设滞后、监管制度不健全等问题，开出了治本良方，为学前教育高质量发展指明了方向、明确了责任、厘清了界限。

一、明确了政府的主导责任

《学前教育法》明确规定，“发展学前教育坚持政府主导，以政府举办为主，大力发展普惠性学前教育，鼓励、引导和规范社会力量参与”，“省级人民政府和设区的市级人民政府统筹本行政区域内学前教育工作”，“县级人民政府对本行政区域内学前教育发展负主体责任”。这就从法律上明确了学前教育发展的责任主体和主体责任，明确了幼儿园举办的方向，必须坚持以公办为主，不断提高普惠性幼儿园占比。湖南省长期坚持将增加公办园学位作为民生实事项目，在各级的持续努力和投入保障下，当前全省公办幼儿园在园幼儿91.92万人，占在园幼儿总数的58.12%，比2017年的25.63%增加了32.59个百分点，提前完成国家“十四五”学前教育发展提升行动计划相关指

标要求。同时开展普惠性民办园认定工作，2021—2024年认定普惠性民办园25188所，增加普惠性学位325万个，全省普惠覆盖率达91.8%。但从公办园数量看，全省公办园数占全部幼儿园数的比例仅为42.94%，必须持续压实县级政府的主导、主体责任，久久为功，不断推动构建覆盖城乡、布局合理、公益普惠、安全优质的学前教育公共服务体系。

二、明确了经费保障的主渠道

办好学前教育，是党和政府为老百姓办实事的重大民生工程，也离不开更加有效的经费支持。《学前教育法》明确指出，学前教育是重要的社会公益事业，学前教育实行政府投入为主、家庭合理负担保育教育成本、多渠道筹措经费的投入机制，共同汇聚成推动学前教育发展的“源头活水”。湖南省从2011年开始，连续实施了四期“学前教育发展提升行动计划”，通过财政补贴、专项奖补等方式，鼓励和支持幼儿园改善办园条件，提高保教质量。2019年，省教育厅、财政厅联合建立了学前教育生均公用经费拨款制度，对公办园和普惠性民办园给予每年500元/生的补助，2024年提高到每年600元/生。近三年，全省先后投入学前教育生均公用经费补助资金30亿元，学前教育幼儿资助资金7.1亿元，扩大学前教育资源补助资金28亿元。在持续投入保障下，全省园均校园面积达到2073.34㎡，比2017年的1727.82㎡增加了345.52㎡。与此同时，《学前教育法》禁止“利用财政性经费、国有资产、集体资产或者捐赠资产举办或参与举办营利性民办园”，禁止社会资本“通过兼并收购、协议控制等方式控制公办园、非营利性民办园”，规定“幼儿园不得直接或者间接作为企业资产上市”，“上市公司不得通过股票市场融资投资或控制营利性民办幼儿园”。这些，都为学前教育投入保障划清了红线，防止学前教育成为资本逐利的市场，确保学前教育事业的公益普惠属性。

三、充分保障了幼儿的受教育权利

截至2023年，湖南省学前教育毛入园率达到95.35%，如何在提高入园率的同时确保孩子享受到高质量的学前教育，成为学前教育领域亟待解决的重要课题。一方面，在资源配置上进行保障。《学前教育法》明确，县级以上地方人民政府应当统筹当前和长远，根据人口变化和城镇化发展趋势，科学规划和配置学前教育资源，有效满足需求，避免浪费资源。近年来，湖南省先后新建和改扩建农村公办幼儿园2634所，基本实现了每个乡镇建设1所以上公办中心幼儿园的目标；通过开展专项治理行动，共完成932所城镇小区配套幼儿园和313所无证幼儿园治理，增加普惠性幼儿园学位21.4万个，有效缓解了城区普惠资源不足的问题。与此同时，在全国范围内率先部署应对人口变化调整，优化幼儿园布局工作，去年省教育厅专门出台相关通知，着手调整幼儿园布局，提出了未来5到10年幼儿园布局调整的规划。截至2024年底，全省共设有幼儿园14103所，平均每所幼儿园覆盖人口数约为4285人，平均每所幼儿园服务新生儿数约为26人。这一布局既为儿童的健康成长提供了有力保障，又确保了学前教育资源的高效配置。另一方面，在保育教育质量上进行保障。《学前教育法》强调，幼儿园开展保教活动要从幼儿的"身心发展特点和利益出发，尊重学前儿童人格尊严，倾听、了解学前儿童的意见，平等对待每一个学前儿童，鼓励、引导学前儿童参与家庭、社会和文化生活，促进学前儿童全面发展"，要求地方各级人民政府"推动适龄儿童就近入园"，并规定幼儿园不得组织幼儿进行任何形式的入园考试或测试等，强调"全社会为适龄儿童接受学前教育、健康快乐成长创造良好环境"，明确了包括"采用小学化的教育方式或者教授小学阶段课程"等9种不规范办园行为的处罚方式，为幼儿园规范办园划清了红线底线。2021年以来，全省融合推进游戏活动和幼小科学衔接两项试点，在全省遴选了实验区14个、试点园156所、试点校170所，并连续两年开展规范幼儿园名称、教学资源、教师指导用书和幼儿读物专项清理行动，通过行政推动、试点先行、教研支撑、典型引领、综合治理等方式，幼儿园、小学教师及家长的教育观念与教育行为明显转变，幼小衔接的有效机制基本建立，高质量的学前教育生态逐渐形成。2023年《中国教育报》头版头条报道湖南省学前教育两项试点的经验。

四、根本保证了幼儿教师的发展权利

教师是教育发展的第一资源。2019年，全省调剂了9683个编制，专门用于学前教育教师配备。目前，全省共有幼儿园教职工20.8万人，师生比为1∶15.57，在编专任教师11904人，占比11.91%。长期以来，幼儿教师编制、待遇难保证，从而导致幼儿教师队伍持证上岗率低、人员变动过快、职业幸福感不高，不利于学前教育健康发展。《学前教育法》明确了幼儿园教师、园长、保育员、卫生保健人员条件要求，把好入口关。同时，明确由国务院教育行政部门会同有关部门制定幼儿园教职工配备标准，要求地方各级人民政府及有关部门按照相关标准保障公办幼儿园及时补充教师，幼儿园应当配足配齐教师和其他工作人员。强化了对教职工合法权益和待遇的保障，强调幼儿园应当与教职工签订聘用合同或劳动合同，将公办幼儿园教师工资纳入财政保障范围，统筹工资收入政策和经费支出渠道，确保教师工资及时足额发放等。这是幼儿园教师发展的根本保障，也为各级加强幼儿教师队伍建设指明了方向。

学习贯彻落实《学前教育法》，推动学前教育高质量发展，既是落实法定要求的应尽之责，也是湖南加快建设教育强省的应有之义。结合湖南实际，下一步重点做好以下工作。

一是搞好全口径宣传学习。通过各类培训、讲座、竞赛等方式，组织省市县教育行政部门和幼儿园教职工深入学习法律、知晓法律、执行法律。

二是持续优化资源供给。在前期优化幼儿园布局调整的基础上，制定出台镇村幼儿园一体化管理办法，着力提升公办园比例和公办园在园幼儿占比。积极引导部分民办幼儿园转型发展，在新增人口地区适度增加幼儿园，优化城乡布局。制定出台幼儿园开设托班管理办法，规范幼儿园开设托班。

三是科学增加学前教育投入。提高经费投入精准度，督促各地落实生均拨款水平每年600元/生的标准。完善学前教育资助制度，帮助更多家庭经济困难儿童、孤儿和残疾儿童接受学前教育，保障农村留守儿童入园。开展完善普惠性学前教育保障机制实验区建设，提高幼儿园教师保障水平。

四是提高幼儿园办园质量。开展幼儿园保育教育质量提升实验区建设，进一步推进游戏活动和幼小科学衔接，不断提升保育教育质量。规范、健全办园质量评估监测体系，推动幼儿园规范施教。稳定“公费定向师范生”计划，继续开展园长、班主任、专任教师和保育员不同层次的专业技能培训，培养高素质幼儿园教师队伍。

广东

优供给、强保障、扩普惠、提质量，推动学前教育高质量发展

中共广东省委教育工委书记，省教育厅党组书记、厅长

林如鹏

人生百年，立于幼学。以习近平同志为核心的党中央始终把教育工作摆在突出位置，强调“坚持以人民为中心，不断提升教育公共服务的普惠性、可及性、便捷性”，要求促进学前教育普及普惠发展。党的二十大和二十届三中全会对强化学前教育普惠发展、健全学前教育保障机制作出专门部署。《中华人民共和国学前教育法》（以下简称《学前教育法》）的出台，是将习近平总书记重要指示批示精神和党中央关于学前教育改革发展的决策部署转化为法律规范的具体实践，是以《学前教育法》夯实教育强国建设基点的重大举措。贯彻落实好《学前教育法》，必将成为新时代推进学前教育高质量发展的强大引擎。

一、《学前教育法》为我国学前教育高质量发展保驾护航

《学前教育法》明确了学前教育的性质、定位以及对象范围，倡导学前教育的普及普惠、政府主导、儿童本位、安全优质等原则，构建了学前教育支持和保障体系，为我国学前教育普及普惠安全优质发展提供了强有力的法治保障。一是以普及普惠原则为发展指引，回答学前教育民生之问。明确了学前教育发展的政府主导原则，全文共

85条，其中有42条提及“人民政府”，将以政府举办为主、以政府投入为主作为落实儿童权利的重要支撑，通过构建以普惠性资源为主体的办园体系，为解决困扰社会多年的“入园难”“入园贵”等民生问题提供了法律依据与破局路径。二是以最有利于儿童为价值面向，回归学前教育改革原点。给予学前儿童特殊、优先保护，概括性地规定了学前儿童享有的人格权、健康权、受教育权、名誉权以及隐私权等相关权利，体现了鲜明的“以学前儿童为中心”的立法视角。三是以安全优质理念为规范基础，铸牢学前教育法治之基。突出安全防范，强调幼儿园应当落实安全责任制，明确政府部门应当建立健全幼儿园安全风险防控体系，为学前儿童“上安心园”提供规范支持。强调质量保障，强化教师队伍建设与待遇保障，对防止保育和教育活动小学化进行法律规制，为“上好园”提供制度支撑。

二、广东迈向学前教育法治的实践探索

为促进学前教育普惠优质发展，广东省近年来采取多项措施提升幼儿园保教质量，实施四期学前教育行动计划，出台《中共广东省委 广东省人民政府关于推动基础教育深化改革高质量发展的意见》《广东省“百县千镇万村高质量发展工程”教育行动方案（2023—2027年）》《广东省加强住宅小区配套幼儿园建设和管理工作的指导意见》《广东省建立全省学前教育生均经费拨款制度的通知》等重要文件，积极构建普及普惠安全优质的学前教育公共服务体系。

一是坚持政府主导，着力“破堵”与“扩容”。2020—2024年，连续五年将“增加学前教育公办学位供给”等列为省十件民生实事之一，将学位建设情况纳入政府履行教育职责评价。《广东省住宅小区配套幼儿园建设和管理工作指导意见》明确“五同步”配建要求，提出新建住宅小区配套幼儿园要举办为公办园。《广东省普惠性民办幼儿园认定、扶持和管理办法》提出落实和完善普惠性民办幼儿园扶持细化举措。2024年底，全省学前教育毛入园率达102.61%，共有在园幼儿413.97万人，幼儿

园21247所，专任教师31.4万人，教职工61.45万人。近年新增公办学位83.33万个，新增公办幼儿园3626所，实现乡镇中心幼儿园、村级园全覆盖，完成“十四五”学前教育普惠学位“5085”目标（公办幼儿园在园幼儿占比达50%以上，普惠性幼儿园在园幼儿占比达85%以上）。

二是加大资金投入，突出“保障”与“发展”。建立健全全省学前教育拨款制度，持续增强财政支持。2020年至2023年，广东省学前教育财政性经费从231.41亿元增加到268.25亿元，年均增长5.31%。2025年1月，省政府将建立生均拨款向学前特殊教育倾斜列入2025年省政府民生实事。为提升学前教师待遇，广东将公办幼儿园在编教师纳入省中小学教师工资福利待遇“两个不低于或高于”政策范围，完善山区和农村边远地区教师生活补助政策。鼓励各地制定民办幼儿园教师最低工资水平指导意见，广州、深圳等地设立了民办幼儿园教师长期从教津贴，保障民办幼儿园教师队伍稳定与发展。

三是规范办园行为，聚焦“监管”与“创新”。规范办园行为，通过区域学前教育发展监测，动态跟进和提升省规范化幼儿园、公办幼儿园和普惠性幼儿园比例。探索创新管理模式，健全多部门齐抓共管的幼儿园监管体系。深化学前教育改革创新，支持4个国家级实验区，3类78个学前教育高质量发展区县攻坚项目，建设182个高质量幼儿园共同体和193个乡镇中心幼儿园“城乡学前教育管理资源中心”，1000所以上幼儿园参与学前教育质量提升项目。加强湾区园所专业交流，2024年创造性实施“粤港姊妹幼儿园交流计划”，粤港两地共100所幼儿园组成“学习圈”。

四是突出儿童权益，致力“提质”与“安全”。以学前儿童为中心是广东建设“广覆盖、保基本、有质量”的学前教育公共服务体系的重要关切。为回应人民群众对“优质、安全”学前教育的美好期盼，广东进行了有效的实践探索。编制广东省幼儿园办园指南、特殊幼儿园建设指南、幼儿园一日生活指引、科学幼小衔接行动方案等，通过50个自主游戏、幼小衔接实验区和300所以上试点园，开展幼教改革探索，创设规范标准、丰富适宜的游戏学习环境，加强科学保教工作指导，着力破解“小学化”问题，建立科学保教责任区，依托数字化平台构建教师科学保教资源体系，支持教师专业成长，坚持学前教育内涵建设。加大综合治理力度，建立全覆盖的幼儿园监管体系和安全风险防控体系，严格落实学前教育卫生保健工作，确保幼儿园安全运转，筑牢“健康成长”生命防线。

三、《学前教育法》为广东构筑完善学前教育制度体系指明方向

面向“十五五”，广东将全面贯彻落实《学前教育法》，并出台《广东省学前教育条例》，以优供给、强保障、扩普惠、提质量为发展目标，不断完善和构建学前教育高质量发展的法规政策体系，落实、落细学前教育普及普惠优质安全发展的战略目标。

一是坚持发展学前教育的政府主导性，切实履行政府职责。坚持政府主导和最有利于学前儿童的原则，发展以政府投入为主、以政府举办为主、以普惠性资源为主体的学前教育，落实各级党委和政府及各有关部门的监管职责，提升跨部门协同治理能力。落实各级政府在学前教育规划、投入、教师队伍建设、监管等方面的责任，强化对幼儿园办园条件、教师资格与配备、安全防护、收费行为、卫生保健、保育教育、财务管理等方面的动态监管，推动各地建立健全完备的学前教育地方政策法规体系并提升执行力。

二是坚持发展学前教育的普惠性，充分保障群众就近入园需求。将普惠性幼儿园建设纳入城乡公共管理和公共服务设施统一规划，每年在学位紧缺地区通过新建、扩建方式配置一批公办幼儿园，新建小区配套园按要求配建公办园，办好农村地区乡镇中心幼儿园和村级幼儿园，积极扶持普惠性民办园，统筹实施多种形式的特殊学前教育。实施基础教育高质量发展行动和“百县千镇万村高质量发展工程”教育行动，发挥乡镇中心园带动作用，建设一批“学前教育一体化管理资源中心”辐射农村幼儿园发展，发挥城市优质园所带动作用，建设高质量幼儿园共同体，以点带面促

进学前教育优质、均衡发展。

三是坚持发展学前教育的人民性，切实减轻广大群众教育经济负担。不断健全学前教育投入保障机制、生均拨款制度、成本分担机制和学前教育资助制度，科学制定特殊学前教育生均拨款标准，逐步扩大免费学前教育范围。根据办园成本、经济发展水平和群众承受能力等因素，合理确立学前教育成本分担机制。探索建立科学的延时服务制度，鼓励有条件的幼儿园提供托育服务。

四是坚持发展学前教育的育人性，切实落实立德树人根本任务。完善教师培养体系，以省“强师工程”为引领，以项目为抓手，在科研能力提升、教师培训等方面将幼儿园教师纳入体系建设中，加大幼儿教师培养支持和倾斜力度。加强编制和教师待遇保障，精准提升幼儿园园长、乡村幼儿园教师、普惠性民办幼儿园教师、随班就读资源教师等专业能力和素质。加强幼儿园科学保教工作指导，健全学前教育教研员队伍和教研责任区制度，健全省、市、县、园四级教研网络。建设科学保教资源体系，以《幼儿园教育指导纲要（试行）》《3—6岁儿童学习与发展指南》《幼儿园保育教育质量评估指南》为指导，培育高质量幼儿园共同体，编制《广东省幼儿教师游戏环境创设与观察支持指引》，切实落实“以游戏为基本活动”要求，全面促进幼儿园保教质量科学提升。

广西

依法治教，依法办园，推进学前教育普及普惠安全优质发展

广西壮族自治区教育厅副厅长

张旭凤

一、完善制度，强化保障，推动学前教育跨越发展

党的十八大以来，广西坚决贯彻落实党中央、国务院决策部署，以“办好人民满意的学前教育”为宗旨，优供给、强保障、促发展、提质量，构建起覆盖城乡、公益普惠的学前教育公共服务体系，学前教育整体水平迈上新台阶。

（一）制度体系基本完善

2011年自治区人民政府出台了《关于当前促进学前教育发展的若干意见》，明确了学前教育发展的整体思路和具体措施。2019年，自治区党委、政府印发了《关于学前教育深化改革规范发展的实施意见》，为更好实现“幼有所育”提出了明确要求。自治区相关部门在学前教育体制机制改革、幼儿园教师编制、普惠性民办园发展、学前教育集团化办园改革、幼儿园和小学有效衔接等方面，出台相关配套政策文件，搭建起广西学前教育改革发展的“四梁八柱”，学前教育法治化、规范化水平不断提高，从制度层面保障了学前教育事业快速发展。

（二）普及普惠水平大幅提高

围绕破解“入园难”“入园贵”，不断扩大学前教育资源供给，

着力构建以普惠性资源为主体的学前教育体系。党的十八大以来，广西学前教育资源总量迅速增加，2023年广西幼儿园数达到1.28万所，比2012年增加5246所，增长了69.45%；幼儿园在园幼儿数达到193.09万人，比2012年增加27.16万人；学前三年毛入园率由2012年的76.6%提高到2023年的93%，增长了16.4个百分点；普惠性幼儿园在园幼儿占比达到91.61%，比2016年增长39.61个百分点，学前教育普及水平实现历史性跨越。每个乡镇基本办有至少一所公办中心园，实现了大村独立办园、小村联合办园；主动适应城镇化进程，不断扩大城镇普惠性资源，特别是全面开展了城镇小区配套幼儿园治理，完成了2001所配套幼儿园治理任务，提供普惠性学位10.5万个。城乡学前教育公共服务体系基本建成，基本满足了老百姓在家门口的入园愿望。

（三）保教质量明显提升

围绕破解“小学化”，坚持学前教育内涵建设与事业发展同步推进，力保“上好园”。党的十八大以来，以提升保育教育质量改革实验区为抓手，深化学前教育保教改革，深入开展“小学化”专项治理，积极推进“幼小衔接”攻坚行动，不断完善学前教研体系，发挥示范引领作用，推动“以游戏为基本活动”有效落实，有力促进幼儿身心健康成长。支持80%县区推进学前教育集团化办园改革，建立优质园与薄弱园结对帮扶机制，1000多所城镇优质幼儿园结对帮扶3000多所农村园和民办园，城乡学前教育差距进一步缩小。每年开展学前教育宣传月活动，面向全社会持续传播科学保教理念和方法，促进科学育儿知识走进千家万户，科学保教理念深入人心。

二、有法可依，有法必依，学前教育发展迈入新时代

2024年11月8日，十四届全国人大常委会第十二次会议通过了《中华人民共和国学前教育法》（以下简称《学前教育法》），该法将于2025年6月1日起施行。《学前教育法》的颁布，是坚持党对学前教育事业全面领

导的充分体现，是贯彻落实习近平总书记关于学前教育改革发展重要指示批示精神的关键举措，是党的十八大以来学前教育跨越式发展的巨大成就，是推动破解学前教育改革发展体制机制问题的重要手段，对学前教育改革发展具有固基本、利长远的重要作用。该法特别针对西部地区、农村地区、革命老区、民族地区、边疆地区和欠发达地区学前儿童的受教育权以及学前教育的财政保障等方面做出了明确的规定，这些地区的学前教育将迎来新的发展机遇。

如《学前教育法》强调了政府职责，明确了学前教育财政投入，确保财政性学前教育经费在同级财政性教育经费中占合理比例。第六十二条规定，“国务院和省级人民政府统筹安排学前教育资金，重点扶持农村地区、革命老区、民族地区、边疆地区和欠发达地区发展学前教育”，势必对广西民族地区、边境地区的学前教育产生极大的支撑力，有利于稳定的财政保障，推动学前教育高质量发展。

如《学前教育法》规定幼儿园教师必须具备相应的资质和资格，提高了整个行业的专业水平，对教师的保育教育能力提出了更高的要求，同时也提出保障幼儿园教师的合法权益，提高教师的地位和待遇。第四十一条规定“地方各级人民政府及有关部门按照相关标准保障公办幼儿园及时补充教师，并应当优先满足农村地区、革命老区、民族地区、边疆地区和欠发达地区公办幼儿园的需要”，突出了在教师队伍配备机制上的倾斜支持，有助于缩小城乡、区域之间的教育差距。

三、依法治教，依法办园，推进《学前教育法》落实落地

（一）坚持学法用法，让工作“向实”落地

《学前教育法》以规范办学、保障发展双向互构，从内部、外部治理规则和法律责任上构建了学前教育法律体系，标志着学前教育已上升到社会稳定、国家安定的战略地位。广西教育系统将启动《学前教育法》全系统全覆盖全链条专题学习，确保读懂读通读透，通过多种渠道向社会广泛

宣传《学前教育法》的核心精神和主要内容，积极推动全民读法、学法、说法的浪潮，以主题展、专项课题、专题会议等多种方式加大宣传力度，让依法治校、依法治教的观念深入人心，推进学前教育依法治校、依法治教落地生根，形成一批学法用法的优秀典型案例。

（二）坚持内涵发展，让改革“向深”延展

《学前教育法》进一步从法律角度明确学前教育的公益属性，突出为学前儿童权利提供坚实的法治保障。要进一步从法律视角守好学前教育普及普惠发展的底线红线生命线，抓好学前教育高质量发展的主轴主场主旋律。广西将持续撬动“以游戏为基本活动”的改革力量，做好幼儿园保育教育质量提升试点工作，持续推动幼儿园与小学科学衔接，用法治方式破解学前教育发展的难点堵点问题，将改革引向深水区，以法律实施的成效深化学前教育普及普惠安全优质发展。

（三）完善保障机制，让发展“向优”跨越

《学前教育法》围绕建立健全保障机制做出了一系列明确规定，为保障学前教育事业发展获取更多资源与支持提供了路径。下一步，广西将依法完善财政投入长效机制，持续加大财政性学前教育经费在同级财政性教育经费中的占比，完善学前教育财政补助经费分担机制。鼓励引导各地进一步完善保障机制，指导各地依照国家标准落实并逐步提高公办幼儿园生均财政拨款标准、普惠性民办幼儿园生均补助标准，提高普惠性幼儿园经费保障水平。健全学前教育资助政策，持续推动边境地区学前教育免费教育政策。指导各市县配合做好公办幼儿园教师编制动态核定工作，推进公办园教师和管理人员纳入编制管理，教师同工同酬，督促民办园提高教师工资待遇。完善以本专科为主体的学前教育教师培养体系，加强教师队伍职前职后培养，形成结构合理、与时俱进的优质教师队伍。

海南

强化普惠公益法治保障，构建海南学前教育优质发展新图景

中共海南省委教育工委委员，省教育厅党组成员、副厅长

陈振华

幼年时期是人一生中发展最迅速也最重要的时期之一，是人生的奠基阶段。学前教育的持续健康发展对于每一个孩子的健康成长、对于每一个家庭的幸福和谐、对于国家人口高素质发展都有着重要的意义。2024年11月8日，第十四届全国人民代表大会常务委员会第十二次会议通过《中华人民共和国学前教育法》（以下简称《学前教育法》），自2025年6月1日起施行，这对学前教育事业发展具有里程碑意义。经过认真的学习，我们深刻认识到《学前教育法》的出台正当其时，为推动学前教育普惠优质发展、推动教育强国建设提供坚强的法治保障。

一、明确了政府的主导责任以及发展普惠性学前教育的方向

《学前教育法》总则第三条明确了学前教育是重要的社会公益事业，因而发展学前教育事业必须坚持政府主导。总则第五条指出："国家建立健全学前教育保障机制。发展学前教育坚持政府主导，以政府举办为主，大力发展普惠性学前教育，鼓励、引导和规范社会力量参与。"总则第六条指出："各级人民政府应当依法履行职责，合理配置资源，缩小城乡之间、区域之间学前教育发展差距，为适龄儿童接受学前教育提供条件和支持。"总则第八条具体明确了各级人民

政府需履行的学前教育发展的职责。第六章明确了政府在学前教育投入保障方面的责任，其中第六十条规定“学前教育实行政府投入为主、家庭合理负担保育教育成本、多渠道筹措经费的投入机制”，各级人民政府应当优化教育财政投入支出结构，加大学前教育财政投入，确保财政性学前教育经费在同级财政性教育经费中占合理比例，保障学前教育事业发展。同时，为避免转制等方式影响学前教育的格局，第三十四条规定“公办幼儿园不得转制为民办幼儿园”，第三十五条规定“社会资本不得通过兼并收购等方式控制公办幼儿园、非营利性民办幼儿园”。这一系列的刚性规定，彰显了政府保障学前教育健康持续发展的担当与决心。对于学前教育的发展方向定位,《学前教育法》也作出了明确的规定。总则第一条即提出要“促进学前教育普及普惠安全优质发展”。第六条提出“国家推进普及学前教育，构建覆盖城乡、布局合理、公益普惠、安全优质的学前教育公共服务体系”。这些规定意味着国家在法律层面明确了学前教育的公益性与普惠性定位，为未来学前教育事业发展指明了方向。

二、强化了儿童权益保障

《学前教育法》总则第一条第一句即明确指出，立法的目的是“为保障适龄儿童接受学前教育”，第二章为学前儿童设立了专章内容，共计9条，充分体现了保护儿童权利的立法理念。《学前教育法》第十三条明确规定：“学前教育应当坚持最有利于学前儿童的原则，给予学前儿童特殊、优先保护。”如何坚持最有利于学前儿童的原则，首先就是要求“实施学前教育应当从学前儿童身心发展特点和利益出发，尊重学前儿童的人格尊严，倾听、了解学前儿童的意见，平等对待每一个学前儿童”。即使是学前儿童，也有自己的人格尊严，有自己独特的感受与需求，只有倾听儿童，才能了解儿童的真实想法和感受，才是真正地把学前儿童当作独立的人来尊重，才能真正地为儿童提供适宜的环境，支持每一位学前儿童的发展。学前儿童的事业是最柔软的事业，需要用心、用情，需要站在儿童的立场上考虑他们的真实需求，才能作出最有利于儿童的决策。儿童权益的保障还包括对每一位学前儿童就近入园的保障。《学前教育法》第十五条指出“地方各级人民政府应当采取措施，推动适龄儿童在其父母或其他监护人的工作或者居住的地区方便就近接受学前教育”。这就要求地方各级政府要进一步根据人口结构的变化，优化资源配置，做好幼儿园规划布局，在人口集中的中心城区，如何想办法增加学位，在适龄儿童不断减少的偏远农村地区，如何通过灵活多样的形式，保障儿童能够就近接受教育。《学前教育法》还特别关注了特殊儿童群体权益的保障。第六十三条规定：“省级人民政府制定并落实公办幼儿园生均财政拨款标准或生均公用经费标准，以及普惠性民办幼儿园生均财政补助标准时。其中，对残疾儿童的相关标准应当考虑保育教育和康复需要适当提高。”第二十八条规定：“县级以上地方人民政府应当根据本区域内残疾儿童的数量、分布状况和残疾类别，统筹实施多种形式的学前特殊教育。”第十七条规定：“普惠性幼儿园应当接收能够适应幼儿园生活的残疾儿童入园，并为其提供帮助和便利。”第五十四条规定：“招收残疾儿童的幼儿园应当配备必要的康复设施、设备和专业康复人员，或者与其他具有康复设施、设备和专业康复人员的特殊教育机构、康复机构合作，根据残疾儿童实际情况开展保育教育。”此外，第四十七条还规定，承担特殊教育任务的幼儿园教师按照有关规定享受特殊教育津贴。这些规定，从不同层面具体明确了政府、幼儿园等在保障特殊儿童权益方面应承担的责任，从法律层面维护了教育的“底线公平”。

三、高度重视科学保教

《学前教育法》对安全管理、幼儿伤害事故预防与应急、科学合理的一日生活常规、落实以游戏为基本活动、玩教具图书配备、幼小衔接等涉及幼儿园保教质量的关键问题，都进行了具体明确的规定，明确要坚决杜绝“小学化”的问题。第五十六条规定：“幼儿园应当以学前儿童的生活为基础，以游戏为基本活动，发展素质教育，最大限度支持学前儿童通过亲近自然、实际操作、亲身体验等方式探索学习，促进学前儿童养成良好的品德、行为习惯、安全和劳动意识，健全人格、强健体魄，在健康、语言、社会、科学、艺术等各方面协调发展。”杜绝“小学化”的关键在于尊重学前儿童的幼儿的学习方式，通过创设自然、开放、包容的环境，提供丰富且低结构的游戏材料，让学前儿童在与环境材料、与同伴、与成人的良性互动中，不断完善自我，促进他们的全面发展。

下一步，海南将深入学习、严格落实《学前教育法》。一是加大普法宣传力度。要举办不同层级的培训班，组织教育、人大、发展改革、财政等部门有关负责人和广大学前教育从业者系统学习《学前教育法》，促进依法行政、依法办园、依法从教。要面向全社会广泛宣传《学前教育法》，让不同层面的社会公众了解学前教育对于每一个儿童、对于国家和民族未来发展的重要性，了解国家发展学前教育的决心，理解幼儿园工作的特殊性、复杂性和重要性，形成全社会关心关注学前教育事业发展的良好氛围。二是聚焦关键问题，着力提升保教质量。以幼儿园保育教育质量提升实验区“1+N”项目推进为抓手，破除制约学前教育质量提升的体制机制障碍，严格做好幼儿园课程教学类资源的审定工作，规范监管在幼儿园推行使用的课程教学资源，推进教师职称评聘、幼儿园质量评价监测等改革，加强家园社协同和幼小衔接工作，推进科学保教，落实幼儿园“以游戏为基本活动”，深入开展清理整治，坚决纠正幼儿园“小学化”等不规范办园行为，持续提升保教质量，构建具有海南自由贸易港特色的高质量学前教育体系。三是强化政府履职，切实保障发展。以优质普惠发展为方向，完善学前教育财政投入持续增长机制，凸显学前教育的公益性和普惠性。坚持“政府主导”，监测人口变化情况，科学合理布局，充分考虑民族地区、农村边远地区儿童的入园需求，推进普特融合，保障每一个孩子在家门口接受有质量保障的学前教育，为人口高质量发展奠定坚实的基础。

重庆

深入学习贯彻《学前教育法》，加快构建“幼有优育”高质量学前教育体系

中共重庆市委教育工委委员，市教委副主任

江　鹏

学前教育是国民教育体系的组成部分，是重要的社会公益事业。办好学前教育，实现幼有优育，关系亿万儿童健康成长。《中华人民共和国学前教育法》（以下简称《学前教育法》）的颁布，标志着我国学前教育进入了“有专门法可依”的新阶段，为学前教育高质量发展提供了有力的法律支撑和重要法治保障。

一、充分认识《学前教育法》的重大意义，切实增强发展学前教育的责任感和使命感

（一）《学前教育法》是落实党中央、国务院决策部署的需要

习近平总书记多次就学前教育改革发展作出重要指示，强调推进学前教育普及普惠安全优质发展。党的二十大要求“强化学前教育普惠发展”，党的二十届三中全会强调“健全学前教育保障机制”。《学前教育法》的颁布，明确了我国学前教育发展的原则、方向、基本制度，从学前儿童、幼儿园、教职工、保育教育、投入保障、监督管理和法律责任等方面推进依法治教、依规办园，建立健全确保学前教育可持续发展的体制机制，让学前教育发展更加有章可循、有法可依，为促进学前儿童健康成长提供了坚实的法律保障。

（二）《学前教育法》是回应人民群众和社会关切问题的需要

习近平总书记在全国教育大会上强调："坚持以人民为中心，不断提升教育公共服务的普惠性、可及性、便捷性。"全市教育大会提出"以满足人民群众美好教育需要为根本出发点，全力打造西部基础教育排头兵"。办好学前教育，实现幼有优育，既是党和政府为民办实事的重大民生工程，也是人民群众关心的急难愁盼问题。《学前教育法》坚持以人民为中心，以解决好人民群众最关心最直接最现实的利益问题为出发点，以保障学前儿童基本受教育权益为落脚点，围绕保障入园机会、减轻家庭负担、守护幼儿安全、提供有质量服务等方面作出全面规范，切实回应了社会关切和群众期盼。

（三）《学前教育法》是促进学前教育优质普惠发展的需要

《学前教育法》明确指出，立法目的是"促进学前教育普及普惠安全优质发展"。该法强化落实政府责任，坚持促进学前教育普及普惠的立法导向，不断扩大普惠性资源供给，健全学前教育保障机制，关注特殊地区和群体发展，明确有关主体的法律责任，坚持以幼儿为本，遵循幼儿身心发展规律，构建覆盖城乡、布局合理、公益普惠、安全优质的学前教育公共服务体系，推动"幼有所育"转向"幼有优育"，为培养德智体美劳全面发展的社会主义建设者和接班人奠定坚实基础。

二、准确把握工作形势，切实增强发展学前教育的积极性与主动性

近年来，重庆市坚决贯彻党中央、国务院关于学前教育的重大决策部署，实施"十四五"学前教育发展提升行动计划，推进学前教育取得新的发展和成效。

（一）增加学位总量，有效解决"有园上"问题

围绕打造"15分钟高品质学前教育服务圈"，通过加大公办园建设力度、发展普惠性民办园、开展小区配套园治理等三项举措，以"新建一批、移交一批、回收一批、回购一批、改建一批"等方式，增加普惠性资

源供给，有效满足适龄儿童就近入园的需求。重庆市学前教育毛入园率为93.06%，较2012年增长18.07个百分点，提前完成“十四五”规划目标。普惠性幼儿园覆盖率为94.61%，较2012年增长32.61个百分点。公办园在园幼儿占比为56.56%，较2012年增长28.69个百分点。

（二）加大财政投入，有效解决“入园贵”问题

加大财政经费投入，完善学前教育成本分担机制。出台《重庆市政府购买学前教育服务项目指导目录》，设立学前教育扩大资源建设专项资金，以提供普惠性服务为衡量标准，合理确定分担比例，统筹制定财政补助和收费政策，动态调整普惠性幼儿园生均公用经费财政补助标准，全面落实学前教育资助政策。2023年，全市学前教育总投入和财政性投入，分别较2013年增加72.3亿元、37.7亿元，分别增长222.46%、336.61%。全年资助贫困幼儿10.5万人次，落实资助资金1.39亿元。同步提高全市公办园生均公用经费财政拨款标准，并建立动态调整机制。

（三）提升保教质量，有效解决“入好园”问题

持续开展学前教育公费师范生培养工作，切实完善学前教师培养体系，积极支持学前教师职后发展，建立了国培、市培、区县级培训和园本培训四级幼儿园教师发展体系。2024年度国培、市培规划实施学前教育相关项目12个，培训学前教师及管理干部800余人，有效提高了培训人员的师德修养和保教能力。贯彻落实《幼儿园保育教育质量评估指南》（以下简称《评估指南》），加强对教师指导用书、幼儿用书等教育教学资源管理，持续防止和纠正“小学化”现象。通过优质园领办园、科研所示范园、集团化共建园等方式，努力打造一批园舍标准化、管理规范化、教师专业化、活动游戏化的“四化”优质幼儿园。实施幼小科学衔接攻坚行动，确立沙坪坝区、大渡口区等11个幼小衔接实验区。渝中区、云阳县成为国家级完善普惠性学前教育保障机制实验区。

然而，受少子化、城镇化发展等影响，学前儿童的总体规模和区域分布发生了重大变化，导致全市学前教育发展不充分不平衡，加之财政经费投入不足、优质资源供给紧张等问题，不能很好满足人民群众对优质学前教育的期盼，这是当前学前教育发展面临的新形势和新挑战。

三、建立健全工作体系，切实增强学前教育的服务力与支撑力

重庆市将以实施《学前教育法》为契机，围绕“优供给、抓规范、提质量、强队伍”的思路，以落实《评估指南》为根本，以推进“新优质园+”联合发展机制为抓手，以保教质量提升为主线，向着“安全优质、惠民有感”目标前进。

（一）建立适应人口变化的资源供给体系

结合人口发展趋势，优化普惠性资源布局，不断提高公办园在园幼儿占比、优质园占比，到2027年公办园在园幼儿占比达到60%，二级及以上新优质园占比达到80%以上。依托乡镇公办中心园办好村园，实施镇村一体化管理，确保城乡学前教育资源全覆盖。科学规划配置区域资源，调整普惠性资源学位结构，根据入园需求变化，稳步增加公办优质资源供给，积极稳妥消除“大班额”，构建以普惠性资源为主的办园结构体系。开展民办学前教育发展风险主题调研，引导部分民办园结合自身情况，有序退出或转型为托育服务。

（二）建立素质精良的教师队伍体系

健全幼儿园教师配备补充、工资待遇保障制度。健全常态化师德师风教育与多元化监督长效机制，深化市、区县、园分级培养，协同推进教师发展支持体系建设，从师德践行、观察促进、“一日活动”实施、环境育人、协同育人、自主发展等六个方面，实施幼儿园教师保教实践能力提升计划。优化幼儿园教师队伍结构，逐步推进教师学历转变为以本科及以上为主。构建“四库一系统”，通过抓好学前教育教研员、幼儿园园长、骨干教师和保育员四支队伍建设，培养造就一支师德高尚、业务精湛、结构合理、充满活力的高素质专业化幼儿园教师队伍。

（三）建立优质均衡的保教质量体系

坚持以游戏为基本活动，加快推进幼小科学衔接。深化教育改革，以问题导向改进保育教育实践。深化教研改革，每个区县至少配备一名学前教育专职教研员，建立完善片区教研指导制度，公办园带动引领民办园，实现教研指导全覆盖。实施新优质幼儿园提升计划，建立“新优质园+”联合发展机制，到2027年创建新优质卓越园50所，通过“1+N”模式，以卓越园辐射带动薄弱园转变提升，加快缩小区域、城乡、园际之间办园差距，推动全市幼儿园优质均衡发展。

（四）建立组织有力的制度保障体系

依据《学前教育法》研制《重庆市学前教育条例》。每年下达学前教育目标任务，把学前教育发展情况纳入对区县年度绩效考核的重要指标。指导区县加大财政经费投入，动态调整公办园收费标准、普惠性民办园最高收费限价。完善对幼儿园安全防护、卫生保健、收费等方面的动态监管机制。统筹开展幼儿园保教质量评估和督导评估工作。推进全国学前教育普及普惠区县创建，2027年达到10个，2029年达到25个。推动重庆市“入园一件事”数字化建设。持续开展学前教育宣传月活动，举办贯彻落实《学前教育法》管理干部和教师培训，宣传《学前教育法》和有关政策，为学前儿童身心健康发展营造良好的社会环境。

四川

深入贯彻《学前教育法》，擘画高质量发展新图景

中共四川省委教育工委委员，省教育厅党组成员、副厅长

冯永刚

学前教育是基础教育的基础，是终身教育的开端，不仅关系亿万儿童健康成长，更关系国家发展和民族未来。《中华人民共和国学前教育法》（以下简称《学前教育法》）自2025年6月1日起施行，实现了学前教育法律从“0”到“1”的突破，系统构建了中国特色学前教育法律制度体系，为办好学前教育提供了法治保障。

一、强基固本，全面夯实《学前教育法》实施基础

四川省认真贯彻党中央、国务院关于学前教育重大决策部署，通过连续实施四期学前教育行动计划和基础教育扩优提质行动计划，推进学前教育普及普惠安全优质发展，努力满足群众“幼有所育，幼有优育”的美好期盼。全省学前三年毛入园率、普惠性幼儿园覆盖率、公办园在园幼儿占比分别达到93.59%、87.88%、60.14%，50个县通过国家学前教育普及普惠县督导评估认定，为贯彻落实《学前教育法》奠定了良好的实践基础。

（一）优化布局，保障普惠性学前教育资源有效供给

根据出生人口变化实际并结合新型城镇化背景，印发《四川省基础教育学校布局调整工作方案》，按照“就近就便”原则，科学规划幼儿园布局，截至2025年5月，累计完成布局调整3300余所。加

强城镇小区配套幼儿园治理，增加普惠性幼儿学位16.6万个。2023—2024年，安排省级专项资金4.8亿元，支持市（州）在主城区和人口流入地建设公办园300所，增加公办学位约10万个。

（二）加大投入，完善落实经费保障机制

自2012年以来，学前教育经费总投入达2419.67亿元，占全省教育经费总投入的7.98%，年均增幅达到10.96%。完善公办幼儿园生均公用经费财政拨款制度，建立普惠性民办幼儿园财政补助标准，公办园生均公用经费标准每生每年不低于600元。持续完善幼儿资助制度，近10年共投入经费63亿元，受益幼儿760万人次。为在园家庭经济困难儿童、孤儿和残疾儿童减免保教费，为民族自治地区在园幼儿全面免除保教费，为民族待遇县在园幼儿减免保教费。

（三）强化提质，不断提升幼儿园保教水平

遴选41个幼小衔接省级实验区、80所试点园、76所试点小学，实施幼小科学衔接。积极培育学前教育教学成果，获国家级教学成果一等奖1个、二等奖7个。3个区被教育部认定为幼儿园保育教育质量提升实验区。实施幼儿园示范引领工程，遴选认定455所省级示范幼儿园，发挥示范引领作用。

二、学法赋能，深刻领会《学前教育法》丰富内涵

当前，我国人口发展呈现少子化、老龄化、区域人口增减分化的趋势，学前教育阶段的生源冲击显现，幼儿园学位供给呈现城乡结构性矛盾。民有所呼，法有所应。《学前教育法》以解决好人民群众最关心最直接最现实的利益问题为出发点，以保障学前儿童基本受教育权益为落脚点，紧密围绕人民群众反映的突出难题，就着力解决学前教育普惠性资源不足、保教质量参差不齐、教师队伍建设滞后、投入保障体系不完善、监管制度不健全等问题作出全面规范，为学前教育普及普惠安全优质发展提供了有力法治保障。

（一）体现坚持以人民为中心发展学前教育

《学前教育法》明确了学前教育是国民教育体系的组成部分，是重要的社会公益事业。坚持政府主导，以政府举办为主，大力发展普惠性学前教育，鼓励、引导和规范社会力量参与。强化落实政府责任，坚持促进学前教育普及普惠的立法导向，以推进学前教育普及普惠安全优质发展为主线，深刻、全面、具体阐述了落实政府发展学前教育责任的法律规定和实现路径，对于加快学前教育高质量发展，实现现代化目标，为2035年建成教育强国贡献力量，具有十分重要的意义。

（二）回应当下学前教育发展的新问题、新挑战

《学前教育法》聚焦解决学前教育深层次瓶颈问题，关注教育资源分布不均、特殊儿童受教育权益得不到充分保障等现实问题，作出系统制度设计和规范。强调对民族地区、边疆地区和欠发达地区的倾斜，强调对孤儿、残疾儿童和留守儿童等群体的特别保障，等等。这些设计和规范为弥补学前教育短板指明了方向和路径，体现了教育公平的理念，为深化学前教育改革、推进学前教育规范发展提供了强有力的法治保障。

（三）充分保障学前儿童权益

法律中“学前儿童”专章的设立、对保育教育的专门规定等，明确了尊重儿童人格和主体地位的基本理念。比如，强调保障儿童获得新经验、新发展的机会，要求学前教育应当坚持最有利于学前儿童的原则，给予学前儿童特殊、优先保护，规定普惠性幼儿园要接收能够适应幼儿园生活的残疾儿童入园等，对全面、全员、全过程保障学前儿童权益作出规定，引导学前教育朝着公益性、普惠性、规范性和高质量发展的方向迈进。

三、以法促治，着力开创“幼有优育”新路径

良法是善治之前提。《学前教育法》的深入实施，将成为推动学前教育高质量发展的关键引擎。我省将《学前教育法》与党的二十届三中全会、全国教育大会精神和实施教育强省建设规划纲要紧密结合，纳入《教

育强省建设规划纲要（2025—2035年）》和四川省“十五五”教育规划，牢牢把握公益普惠基本方向，在“布局、保障、质量、监管”四个方面发力，加快完善学前教育公共服务体系。

（一）优结构，坚持资源配置提前谋划

推动建立与人口变化相适应、与人民群众期盼相符合的学前教育资源统筹调配机制，科学规划配置学前教育资源。根据地级市主城区、县城等人口密集区域的实际需要，新建、改扩建50所以上公办幼儿园，满足群众对公办学位的需求。动态关注县城公办幼儿园在园幼儿比例，增加县城、人口流入地普惠性学前教育资源特别是公办资源，保障普惠性资源有效供给。

（二）促保障，坚持政策支撑提档升级

依法建立和完善财政投入长效机制，建立省市县财政补助经费分担机制，健全学前教育资助政策，做到“预算有科目，拨款有标准，分担有机制，资助有制度”。通过购买服务、开展幼儿园教师招聘等，加强幼儿园教师的培养和补充，不断提升学前教育教师队伍建设水平。依法保障落实幼儿园教师工资待遇，提高幼儿园教师获得感。

（三）提质量，坚持保育教育提质增效

加强游戏活动、幼小衔接研究实践，尊重和遵循学前儿童身心发展规律，持续做好保育与教育有机结合，推动实施科学保教，着力加强幼儿园内涵建设。弘扬教育家精神，全面加强教师教育培训，提高教师的政治素养、师德师风和育人能力，保障幼儿园教师的待遇和地位。继续开展清理整治，坚决纠正幼儿园“小学化”等不规范办园行为。实施民族地区“一村一幼”品质提升工程，提升办园水平。以优质园带动薄弱园发展，通过集团化办学、名园引领、组团结对等模式，缩小城乡、区域办学差距，努力满足人民群众对优质教育资源的需求。

（四）强监管，坚持规范管理落地见效

强化学前教育监管体系建设，完善教育部门牵头，相关部门分工负责、齐抓共管的责任格局。持续推动基础教育规范管理工作，督促落实《四川省基础教育学校规范管理二十条措施》，进一步规范幼儿园办园行为。建立健全民办园监管体系，建立动态监测机制。加强对幼儿园收费监管，整治乱收费行为。

贵州

深入学习贯彻落实《学前教育法》，奋力谱写贵州学前教育优质普惠发展新篇章

中共贵州省委教育工委副书记，省教育厅党组书记、厅长

陈云坤

人生百年，立于幼学。2024年11月8日，第十四届全国人民代表大会常务委员会第十二次会议通过《中华人民共和国学前教育法》（以下简称《学前教育法》），这是贯彻落实习近平总书记指示“坚持以人民为中心，不断提升教育公共服务的普惠性、可及性、便捷性”，促进学前教育普及普惠发展的重要举措。该法回应了社会各界的热切期盼，适应了学前教育发展新形势，凝聚了学前教育改革经验成果，是健全教育法规过程中又一具有里程碑意义的重要法律成果，为促进学前教育高质量发展，加快推进教育现代化，建设教育强国提供了更加坚强有力的法治保障。

一、深入学习领会法律精神

《学前教育法》对学前儿童、幼儿园、教职工、保育教育、投入保障、监督管理、法律责任等作出系统规定，明确了“谁来办”“怎么办”“办得好”等一系列事项，及时把党关于新时代学前教育事业发展的主张通过法定程序上升为国家法律法规，为我国学前教育公益性、安全性、实效性高质量发展提供了重要法治保障。因此，必须立足于教育的“三大属性”，深刻把握《学前教育法》的重大意义。

（一）要从政治属性上准确把握《学前教育法》，坚定社会主义办学方向

《学前教育法》明确，学前教育应当坚持中国共产党的领导，坚持社会主义办学方向，贯彻党和国家的教育方针。学前教育应当落实立德树人根本任务，培育社会主义核心价值观，继承和弘扬中华优秀传统文化、革命文化、社会主义先进文化，培育中华民族共同体意识，为培养德智体美劳全面发展的社会主义建设者和接班人奠定基础。这充分彰显了我国学前教育的政治方向、育人导向和价值取向，要准确把握学前教育立德树人根本任务和办学基本方向。

（二）要从人民属性上准确把握《学前教育法》，努力办好人民满意的学前教育

《学前教育法》明确，发展学前教育坚持政府主导，以政府举办为主，大力发展普惠性学前教育，鼓励、引导和规范社会力量参与。国家推进普及学前教育，构建覆盖城乡、布局合理、公益普惠、安全优质的学前教育公共服务体系。这明确了发展学前教育的政府法定责任和促进学前教育公平优质发展的理念，充分彰显了以人民为中心的发展思想，指明了不断提升教育公共服务的普惠性、可及性、便捷性，让教育改革发展成果更多更公平惠及全体人民的努力方向。

（三）要从战略属性上准确把握《学前教育法》，为教育强国建设夯基固本

《学前教育法》聚焦办学模式、育人方式、管理体制、保障机制等改革发展的关键问题，突出对长期制约学前教育高质量发展的师资配备、教师待遇、经费投入等问题的解决，指出建立同人口变化相协调的学前教育公共服务供给机制。大力发展普惠性学前教育，鼓励、引导和规范社会力量参与的学前教育办学模式。强调坚持部门协同的原则，科学实施保育和教育。明确各级政府、各有关部门的管理责任，形成分工负责、齐抓共管的学前教育管理机制。这些举措为学前教育长期健康快速发展提供了有力的法治保障，为不断夯实基础教育基点、促进学前教育事业持续向好发展发挥了积极作用，必将更加有力地促进教育强国建设、助力民族复兴。

二、贵州学前教育发展的实践成效

近年来，贵州始终把学前教育作为推进特色教育强省建设的重要抓手，以“幼有善育”为主线，以政府善为、园所善治、部门善行、教师善教，不断夯实教育基点。截至2024年底，全省幼儿园10215所，在园幼儿137.34万人，学前三年毛入园率、普惠性幼儿园覆盖率、公办幼儿园在园幼儿占比分别达94.3%、95.45%、61.93%，28个县（市、区）被认定为国家学前教育普及普惠县（市、区），印江县入选国家普及普惠保障机制实验区。

（一）在政府善为上强保障

坚持以政府为主导，大力发展普惠性学前教育，深入实施学前教育普及普惠发展提升工程，连续实施四期学前教育行动计划。党的十八大以来，共投入学前教育发展专项资金160余亿元，建立了不低于600元/生·年的公办园生均公用经费财政拨款制度，新建和改扩建普惠性幼儿园9000余所，新增小区配套普惠性学前教育学位18万个，学前教育普及普惠水平和保障能力不断提高。

（二）在园所善治上惠民生

紧扣推进学前教育普及普惠安全优质发展要求，明确全省学前教育促普惠和抓引领、补短板、强体系的“一面三线”工作思路。以普及普惠县创建为抓手，整体提升县域学前教育质量。实施薄弱园提质工程，加快提升农村幼儿园办园水平。持续加强省市县各级示范园的培育创建，不断扩大优质学前教育资源。加大农村学前教育资源中心建设力度，健全集团化办园、教研指导责任区工作机制，构建城乡公办民办幼儿园全覆盖的内涵发展机制。实施完善普惠性保障机制和提升保教质量国家、省级试点改革工作，因地制宜探索高质量发展新路径。截至2024年底，共有各级示范幼儿园3500余所，农村资源中心1500余个，幼儿园管理集团、教研指导责任区各600余个。

（三）在部门善行上聚合力

强化部门协同，始终营造学前儿童良好发展的社会环境。会同省发展改革、住房城乡建设、自然资源等部门，协同指导各地结合出生人口变化和新型城镇化发展趋势，以县为单位适时调整普惠性幼儿园布局规划，不断完善学位供给与学位需求相匹配的资源配置机制。与公安等部门实施“护校安园”专项行动，全面完成幼儿园安全防范“4个100%”建设，按照“政府招聘、公安培训、教育使用”原则，配足配齐幼儿园保安人员。

（四）在教师善教上添动能

着力补充幼儿园师资，提升专业化水平。结合中央“特岗计划”同步实施地方“特岗计划”，多渠道新增公办幼儿园教师5万余名。全省幼儿园教职工与幼儿的比例从2012年的1∶23.95提高到2024年的1∶6.98，为实现科学保教奠定了坚实基础。以“同工同酬”为原则，创新实施“员额制”“双轨制”“四同”等政策，持续加强幼儿园教师队伍建设。实施农村教师素质提升工程，通过“国培计划”、集团化办园帮扶指导、名园长名师工作室建设等措施，幼儿园教师专业水平持续提升。

三、以法律的贯彻落实推动贵州学前教育高质量发展

大道至简，实干为要。《学前教育法》的颁布充分彰显了国家发展学前教育的决心和行动。贵州将深入学习贯彻习近平总书记在贵州考察时的重要讲话精神，按照党的二十大关于“强化学前教育普惠发展”的要求，落实好党的二十届三中全会和全国教育大会精神，以“钉钉子精神”系统科学谋划《学前教育法》的贯彻落实。

（一）优布局、扩资源，进一步提高学前教育普及普惠水平

落实以政府举办为主、大力发展普惠性学前教育的法定要求，统筹当前和长远，建立同学龄人口变化、城镇化发展相协调的学前资源配置机

制。稳步增加人口流入地区、普惠性资源不足地区公办幼儿园学位供给，落实普惠性民办幼儿园补助政策，精准补给普惠性学前教育资源，着力构建覆盖城乡、布局合理、公益普惠、安全优质的学前教育公共服务体系。

（二）促均衡、提质量，进一步提升学前教育质量

深入落实学前教育“一面三线”工作思路，按照“一次规划、分步实施”推进策略，力争2025年50%左右的县（市、区）、2028年全省全域达到国家学前教育普及普惠县标准。坚持“抓两头、促中间”质量提升路径，做强高线，以各级示范园为抓手，持续扩大优质学前教育资源；兜牢底线，以薄弱园提质为抓手，提升薄弱幼儿园质量；筑牢基线，落实集团化管理、教研指导责任区、农村资源中心“三个全覆盖”的学前教育内涵发展机制，形成区域内以强带弱、抱团发展的良好局面。

（三）强保障、推改革，进一步健全学前教育保障机制

落实公办幼儿园生均公用经费财政拨款标准，落实和完善普惠性民办幼儿园扶持政策，做好国家、省级完善保障机制和保教质量提升实验区工作。与国家立法同频共振，同步推进贵州省学前教育地方性法规立法工作。《贵州省学前教育条例（草案）》贯彻落实《学前教育法》的精神和要求，采用“小快灵”立法形式，坚持问题导向，突出贵州特色，为推进贵州学前教育安全优质发展提供强力法治保障。

云南

深入贯彻落实《学前教育法》，护育儿童身心健康发展

中共云南省委教育工委副书记，省教育厅党组书记、厅长

王云霏

一、优先发展、问题导向，推动学前教育高质量发展取得新成效

党的十八大以来，云南省委、省政府始终坚持优先发展学前教育事业，云南省教育厅聚焦保障机制不健全、学前教育普及水平低、发展不平衡等突出短板，先后启动实施了三期学前教育行动计划和“十四五”学前教育发展提升行动计划，云南省学前教育实现飞跃式发展。2024年，全省幼儿园13186所，在园幼儿151.92万人，学前教育三年毛入园率达93%以上，公办幼儿园7485所，在园幼儿77.26万人，公办园在园幼儿占比达50%以上，普惠性幼儿园覆盖率92%以上，学前教育专任教师专科以上学历占比93%以上。

（一）逐步建立普惠保障机制

逐步建立成本合理分担的收费机制，制定普惠性民办幼儿园奖补标准，充分激发民办幼儿园的办园积极性，全省普惠性民办园的办园条件得到改善、保教水平得到较大提升。设立学前教育资助金，资助公办幼儿园和普惠性民办园的家庭经济困难儿童、孤儿和残疾儿童，基本解决家庭经济困难儿童“入园难”的问题。制定生均公用经费标准，设立省级学前教育专项资金，支持各地构建以普惠性资源为主体的办园体系，充分发挥公办园兜底线、保基本、平抑收费、引领方向的重要作用。

（二）不断扩大普惠性资源供给

“十四五”期间，连续四年实施省政府惠民实事幼儿园新建、改扩建项目，不断扩大学前教育资源总量，持续补齐薄弱地区短板，印发《学前教育和特殊教育普惠行动实施方案》，幼儿园项目和资金重点向边境县（市）、国家级和省级乡村振兴重点帮扶县倾斜，支持薄弱乡镇和农村幼儿园建设。云南省学前三年毛入园率从2012年的48.95%提高至93%以上，怒江州从2012年的25.95%提高至93%以上。云南省学前教育发展更加平衡充分。

（三）稳步提升保教质量

坚持落实以游戏为基本活动，规范幼儿园一日活动安排，提升幼儿园管理水平和保教质量。围绕语言发展、科学领域、师幼互动等主题，组织省级教研活动，推动县域幼儿园落实《幼儿园教育指导纲要（试行）》《3—6岁儿童学习与发展指南》。建立省级园长、骨干教师培训基地结对帮扶边境县工作机制，重点提升边境县幼儿园管理水平和保教质量。每年通过开展学前教育宣传月活动，宣传科学育儿知识。

（四）不断加强幼教队伍建设

补充学前教师短板。2020年，省委、省政府为全省每所乡镇公办中心幼儿园公开招聘3名编制内幼儿园教师，缓解幼儿园教师编制紧缺问题。实施巡回支教试点项目，在昭通市、迪庆州人口分散的偏远贫困县设立巡回支教试点项目。实施全省幼儿园园长持证上岗计划，大力做好省级基地园的园长、骨干教师培训工作，提高幼儿园园长和教师对幼儿一日活动的领导力，促进幼儿园内涵发展。

云南省作为一个多民族、多山区的省份，尽管在推进学前教育高质量发展中取得了诸多成效，但学前教育发展仍面临挑战。从学段上看，学前教育仍是突出短板，优质教育资源占比低且不均衡，全省现有优质一级幼儿园数量少；从区域上看，农村学前教育是薄弱环节，办园条件、保教质量有待提高；从结构上看，公办园和民办园的比例不够协调，幼儿园办园结构需要进一步优化；从全国来看，云南省各项指标在全国较为落后，公办园占比仍需进一步提高。

二、深入贯彻落实《学前教育法》，助力学前教育高质量发展再上新台阶

《学前教育法》的颁布，为云南省学前教育高质量发展指明了方向。针对全省学前教育存在的公办资源分布不均、管理体制不完善、保教质量不高等问题，云南省将以《学前教育法》为根本遵循，擘画云南省学前教育高质量发展新图景，回应人民群众的热切期盼。

（一）深入宣传《学前教育法》，营造良好社会氛围

将学习和宣传《学前教育法》纳入重要工作，有计划、分步骤地开展教育培训，提高各级政府和教育行政部门贯彻执行《学前教育法》的自觉性，增强广大教育行政干部、学前教育机构负责人和教师的法治意识，提高依法行政、规范办园和依法执教能力。充分发挥报刊、广播、电视、网络等媒体的作用，广泛深入开展《学前教育法》宣传工作，精心组织宣传活动，提高全社会对学前教育的认识。

（二）适应人口变化趋势，合理布局普惠性资源

指导各地做好人口预测，继续支持人口流入地和学位缺口大的地区新建或改扩建一批公办幼儿园，特别是占比低于50%的州市增加公办学位。加大对普惠性民办幼儿园的扶持力度，引导和扶持民办幼儿园面向社会开展普惠性学前教育，对符合条件的民办幼儿园加大普惠园认定力度。采取政府购买服务、减免租金、以奖代补、教师结对帮扶等方式，扶持普惠性民办幼儿园发展。

（三）加强学前教育教师队伍建设

鼓励各地创新幼儿园教师补充机制，补充幼儿园教师缺口。实施专科层次学前教育“省级公费师范生定向培养计划”。引导学前教育专业学生面向基层就业，提高学前教育专业人才的就业契合度，指导师范院校办好

学前教育专业。

（四）补齐边远地区学前教育短板

以补齐边远地区学前教育短板为重点，加大精准帮扶力度，多种方式支持怒江州、迪庆州和边境县（市）补充学前教育教师，在公费师范生和优师计划中给予倾斜支持。加大资金和项目向边境地区学校的倾斜力度，支持边境地区新建或改扩建幼儿园，进一步发挥“国门幼儿园”在展示国家形象、促进民心相通等方面的作用。

（五）提升办园水平和保教质量

鼓励各县（市、区）采取名园办民园、名园带弱园、名园办分园等方式开办幼儿园，带动乡镇幼儿园，共享课程资源、培训资源、教研资源。加强对幼儿园园长、骨干教师培训基地的管理，切实发挥培训基地的示范引领作用，优先满足怒江州、迪庆州和25个边境县（市）等薄弱地区的保教质量提升培训需求，提升全省幼儿园园长的专业素养、管理水平，提高全省幼儿园园长的持证上岗率。

云南省将以实际行动和具体有力的举措贯彻落实《学前教育法》，坚持落实以政府举办为主，大力发展普惠性学前教育的法定要求，切实履行责任，保障云南省适龄儿童享有公平的接受学前教育的权利，为全国学前教育高质量发展贡献云南力量。

西藏

努力让边疆民族地区每一个幼儿都享有普惠优质的学前教育

西藏自治区教育厅党组成员、副厅长

达娃卓玛

西藏深入学习贯彻习近平总书记关于教育的重要论述，全面贯彻落实习近平总书记在全国教育大会上的重要讲话精神，加强学习贯彻新颁布的《中华人民共和国学前教育法》（以下简称《学前教育法》），以幼有所育、幼有善育为目标，努力让边疆民族地区每一个幼儿都享有普惠优质的学前教育。现将我区学前教育发展情况报告如下。

一、发展经验成效

（一）坚决贯彻党中央决策部署

认真落实国家对学前教育的重大部署要求，坚持把学前教育纳入全区经济社会发展规划，制定出台《西藏自治区教育厅关于进一步规范学前教育发展的意见》《西藏自治区“十四五”教育发展规划》《西藏自治区新时代基础教育扩优提质行动计划实施方案》《西藏自治区“十四五”学前教育发展提升行动计划实施方案》等重要文件，大力实施多期学前教育专项行动计划，构建起学前教育科学健康发展的“四梁八柱”。

（二）普及普惠水平大幅提高

我区着力构建起地（市）、县（区）、乡（镇）、村（居）四级幼儿园布局体系，不断扩大学前教育资源供给。目前，全区92.47%的行政村（居）单独或联村建有幼儿园。全区达孜区等19个县（区）通过了县域学前教育普及普惠发展国家认定，占比达到25.7%，位列西部省区前列；32个县（区）通过县域学前教育普及普惠发展自治区评估验收，占比达到43.2%。截至2024年底，全区共有幼儿园2609所，在园幼儿15.03万人，学前教育毛入园率达到91.33%。

（三）保障水平不断提升

坚持公益普惠原则，实施学前"三包"教育政策。从2011年起，将学前教育阶段纳入教育"三包"（包吃、包住、包基本学习费用）补助范围，目前年生均补助标准4120元，自2025年秋季学期起提标后达到年生均补助标准4200元。从2012年起，对城镇幼儿园实行免费教育，现行标准年生均3600元。实施学前免费教育，从2018年起，将农村学前免费教育纳入财政补助范围，现行标准年生均380元。普惠性幼儿园占比达100%。坚持多措并举，采取"转、招、聘、支、引"等途径，每年持续补充幼儿园师资。截至2024年底，全区共有幼儿园教职工2.43万人，其中专任教师1.14万人，专科及以上学历的专任教师占比达到99.17%。

（四）保育教育质量不断提升

认真落实国家和自治区办园保教规范要求，督促指导各地认真落实《幼儿园教育指导纲要（试行）》《3—6岁儿童学习与发展指南》《西藏自治区推进幼儿园与小学科学衔接攻坚行动方案》《西藏自治区幼儿园保育教育质量评估标准（试行）》等一系列文件，全力推动保教水平逐年提升。积极推进幼小科学有效衔接和家园共育工作，通过家长会、家长学校、家长委员会等沟通渠道，转变家长观念，规范办园行为，坚决纠治"小学化"倾向。推动优质幼儿园同薄弱幼儿园建立结对帮扶关系，全区已建立帮扶关系的幼儿园有2000余所，占比达到80%以上。

（五）全力推动保育教育质量提升实验区工作

加强推进全国保育教育质量提升实验区工作，指导那曲市嘉黎县研究制定《嘉黎县学前保育教育质量提升实施方案》，积极创造条件组织试点县学前队伍赴区外学习，先后组织多批园长、教研员、教师等学习团队赴海南学习和交流保教质量提升工作，同时邀请海南学前教育专家进藏指导，成功举办琼藏保教质量提升联合教研活动。围绕“放手游戏，发现儿童”这一主题，积极研究制定全区幼儿园保教质量提升“1+N”计划方案，以国家级实验区工作成效辐射带动全区幼儿园提升保育教育水平。

二、学习贯彻《学前教育法》的体会

《学前教育法》的颁布，标志着我国学前教育进入“有专门法可依”的新阶段，对于我国学前教育事业发展具有重大而深远的意义。这部法律明确了学前教育的法律属性和定位，强调学前教育是国民教育体系的组成部分，是重要的社会公益事业。在西藏这样的边疆民族地区，这部法律的出台显得尤为重要。该法特别强调民族地区、边疆地区和欠发达地区的学前教育发展，这有助于缩小我们和其他兄弟省市之间学前教育发展的差距，不断促进教育公平。

《学前教育法》的颁布，不仅是对我国学前教育领域长期实践经验的总结，更是对未来学前教育发展方向的明确指引。作为省级教育行政部门，我们更加坚定了发展全区学前教育的信心和决心。下一步，将通过举办培训班、座谈会、专家讲座等多种形式，组织全区教育系统深入学习《学前教育法》，切实提升法律素养和依法治教能力。工作中将以该法为依据，以问题为导向，采取切实有效的措施，不断缩小区域、城乡差距，努力让每一个幼儿都享有优质学前教育，为他们的终身发展奠定坚实基础。

三、下一步考虑

（一）贯彻落实《学前教育法》

将在多种形式组织深入学习《学前教育法》的基础上，结合区情实际，着手研制实施办法，推动该法落实落地。

（二）持续实施普及普惠工程

深入推动县域学前教育普及普惠发展，组织开展自治区督导评估和国家评估认定工作，确保所有县区尽早通过国家评估认定。立足教育强国建设目标，科学谋划研制“十五五”学前教育顶层规划方案。

（三）加强学前教师与教研队伍建设

通过五级培训以及“请进来”“走出去”等形式，加大培训力度，转变幼儿园教师的保教理念，提升幼儿园教师的保育教育能力和水平。加强学前教育教研队伍建设，培养学前教育骨干教研员，逐步构建区、市、县、校四级学前教育教研体系。

（四）持续做好保育教育质量提升试点工作

按照教育部基教司的要求，统筹谋划做好国家和自治区级保育教育质量提升实验区（园）创建工作，积极争取相关资源的支持和指导，积极探索“放手游戏，发现儿童”等保教实践，发挥示范引领作用，以点带面提升我区保育教育质量。

陕西

用法律护航“幼有优育”

中共陕西省委教育工委委员，省教育厅副厅长

申雪峰

办好学前教育、实现幼有优育，关系亿万儿童健康成长，关系千家万户的切身利益，关系国家和民族的未来。《中华人民共和国学前教育法》（以下简称《学前教育法》）的颁布，标志着学前教育进入了“有专门法可依”的新阶段，为广大适龄幼儿享有公平的受教育权益，提供了强有力的法律保障，对推进学前教育普及普惠安全优质发展，夯实教育强国建设基点具有重要而深远的意义。

一、法律护航，引领学前教育规范化发展

《学前教育法》共九章八十五条，构建了科学合理、特色鲜明、问题导向的学前教育法律体系，深刻、全面、具体阐述了落实政府及各方发展学前教育责任的法律规定和实现路径，为加快学前教育高质量发展提供了根本遵循。这部法律有很多的亮点、创新点，最突出的就是体现了以儿童为中心的立法导向，为保护学前儿童权利提供了坚实的法治保障。

一是充分彰显了国家发展学前教育的决心和行动。以法律形式明确学前教育是国民教育体系的重要组成部分，是重要的社会公益事业，将学前教育发展纳入法治轨道，为学前教育事业提供了良好的发展环境。推动学前教育立法，是站在国家战略的高度推动教育强国建

设的重要一环。

二是充分保障了儿童权益。法律中“学前儿童”专章的设立，对保育教育的专门规定等，充分体现《儿童权利公约》的基本精神，明确尊重儿童人格和主体地位的基本理念，强调保障儿童获得新经验、新发展的机会。

三是回应了当下学前教育发展的重点问题和挑战。法律关注到教育资源分布不均、特殊儿童受教育权利得不到充分保障等现实问题，在条文中明确优质教育资源向偏远地区倾斜等要求，充分回应了社会关切。

二、砥砺担当，拓展学前教育发展新格局

在全面推进学前教育高质量发展的新阶段，陕西省高度重视学前教育改革发展，将“入好园难”问题作为民生工程、民心工程给予重点保障，紧紧围绕“普及普惠安全优质”主线，强化政策统筹，注重规划引领，深化改革创新，实现了全省学前教育事业跨越式发展。

一是强化顶层架构。围绕体制机制、教师队伍建设、保教质量提升等出台一揽子文件，指导各地紧扣政策，细化措施，逐一落实，省、市、县（区）、园四级形成纵向衔接、横向全覆盖的学前教育发展格局。

二是扩大普惠资源。通过大力发展公办园，积极扶持民办园，持续巩固城镇小区配套幼儿园治理成果，普惠性学前教育资源实现新突破。截至2024年，全省共有幼儿园7109所，其中，公办园在园幼儿占比56.69%，较2016年增长10.75个百分点；普惠性学前教育资源覆盖率94.53%，较2016年增长34.37个百分点。公办园在园幼儿占比和普惠性幼儿园覆盖率均超过“十四五”国家目标要求。

三是建强骨干体系。提高薄弱园办园水平，通过加大财政投入，改善园舍设施，建立帮扶机制等方式，持续缩小办园差距。示范幼儿园数量持续增长。发挥榜样引领作用，通过结对帮扶、督导评估、项目推动等方式，不断扩大优质资源的覆盖范围。推进幼小科学衔接，遴选出16个幼小衔接实验区和96个试点园（校），举办全省线上展示活动，推动幼小深度融合。培育省级学前教育课程、文化、家园共育、乡镇一体化管理试点基地467个，构建以点带面的辐射结构，增强园（所）高质量发展的内生动力。

四是推进科学评估。建立幼儿园保育教育质量评估体系，编制出台《陕西省幼儿园保育教育质量评估自评指导手册（试行）》，面向园长、教师等开展省级专题培训，广泛宣传并深入推进规范办园、科学保教的理念和要求。

三、幼儿为本，以高质量发展增进民生福祉

在建设教育强国的战略任务下，我省将从以下四方面着力推动学前教育法落地落实。

一是进一步弘扬法治精神。组织全省教育系统深入学习《学前教育法》，多渠道广泛宣传《学前教育法》精神和主要内容，使儿童利益相关方真正理解国家发展学前教育的基本立场和要求，理解学前教育的特殊性和专业性，理解加大学前教育投入的必要性和可行性。

二是进一步补齐普惠资源短板。推动各地落实以政府举办为主、大力发展普惠性学前教育的法定要求，切实履行政府在普惠性幼儿园规划、统筹建设、举办与支持举办的责任。指导各地提前谋划、科学预测出生人口变化、城镇化发展趋势，积极采取措施完善学前教育资源布局，建立与人口发展相适应的学前教育公共服务体系。发挥普惠性幼儿园广覆盖、保基本的功能，优化调整县域学前教育资源供给结构，不断扩增优质普惠学位的供给，满足人民群众在家门口上优质园的美好期望。全面改善办园条件，不断完善园舍设施设备，丰富玩教具、图书种类的配置。

三是进一步完善普惠保障机制。优化普惠性幼儿园财政补助政策，逐步提高公办园、普惠性民办园生均公用经费财政补助标准。健全学前教育资助制度，保障家庭经济困难幼儿、孤儿和残疾儿童接受普惠性学前教育。完善公办园成本分担机制，合理确定保教费、住宿费标准。落实公办

园教师工资待遇，统筹工资收入、经费支出渠道，确保教师工资及时足额发放，切实保障教职工合法权益。建立健全教师资格准入制度和定期注册制度，全面落实幼儿园教职工持证上岗制度。

四是进一步提升保教质量。以法律为遵循，尊重儿童身心发展规律，推进科学保教。贯彻落实教育部《幼儿园保育教育质量评估指南》，用好《陕西省幼儿园保育教育质量评估自评指导手册（试行）》，指导幼儿园深化以游戏为基本活动的教育改革。充分发挥教研部门在保教质量提升过程中的引领和统筹作用，增强培训实效，推动幼儿园园长和教师树立正确的保教理念，引导教师营造“幼儿自主决策、主动探索、教师跟进支持”的新型师幼关系，让幼儿健康快乐成长。

站在《学前教育法》颁布的新起点，陕西将以法律为根本遵循，将学前教育法的法律优势转化为治理效能和推进学前教育高质量发展的实际成效，满足人民群众对更好学前教育的期盼，回答好学前教育再立新功的“时代答卷”。

甘肃

多措并举，综合施策，推动《学前教育法》护航美好童年

中共甘肃省委教育工作领导小组秘书组组长，省委教育工委书记，省教育厅党组书记、厅长

张国珍

2024年11月8日，第十四届全国人民代表大会常务委员会第十二次会议表决通过《中华人民共和国学前教育法》（以下简称《学前教育法》），自2025年6月1日起施行。党中央、国务院高度重视学前教育改革发展，党的二十大和二十届三中全会对强化学前教育普惠发展、健全学前教育保障机制作出专门部署。学前教育立法，把党对学前教育的主张转化为国家意志，把实践成果上升为法律制度，用法治方式破解突出问题，为学前教育高质量发展提供了法治保障。

一、扩充“顶部”，抬高“底部”，加快完善学前教育公共服务体系

近年来，甘肃省坚决落实党中央、国务院关于学前教育发展的决策部署，构建了“覆盖城乡、布局合理、公益普惠、安全优质”的学前教育公共服务体系。2024年，全省学前教育三年毛入园率达94.1%，公办园在园幼儿占比达58.56%，普惠性幼儿园覆盖率达97.07%，均超过全国平均水平，实现了学前教育从发展滞后到赶超跨越的历史性变化。

（一）筑基础强保障

省委、省政府将发展学前教育作为重大民生工程，先后出台《中

共甘肃省委 甘肃省人民政府关于学前教育深化改革规范发展的实施意见》等文件，为促进学前教育发展提供了坚实政策保障。2012年以来，中央和省级投入学前教育经费202.9亿元，学前教育成为全省历史上投入最多、发展最快、幼儿得到实惠最多的学段。2016年起，按照每生每年1000元的标准实施减免保教费政策，累计惠及幼儿868.7万人次。印发《甘肃省学前教育生均公用经费标准》，城市为1400元/生·年，农村为1200元/生·年。强化政府履行教育职责评价，建立“县级自评、市级审核、省级督导评估”的专项督查机制，已有30个县区完成省级评估。

（二）聚重点强效能

连续5年实施城镇公办幼儿园扩容工程，新增公办园225所、学位6万余个；扎实开展城镇小区配套幼儿园治理及“回头看”工作，扩增普惠性学位8万余个。全省1000多所城区优质园结对帮扶近3000多所农村园和民办园，通过优质园带动，促进农村园提质。全面推进乡（镇）村幼儿园一体化管理，促进每个乡镇办好1所公办园。开展幼儿园分类评级认定工作，培育各级优质幼儿园3911所。

（三）盯关键强师资

出台公办幼儿园编制标准，核定市县两级公办园教职工编制近2.7万名，2022年至今增加公办园专任教师4852余名，公办园在编教师占比达到75%以上。逐年在省内师范院校扩大本科层次学前教育招生规模，将学前教育专业纳入省级公费师范生培养范围，从源头上保障有质量的教师供给。保障乡村幼儿教师每月享受人均不低于400元的生活补助，幼教师资的稳定性和职业幸福感得到提升。

二、多措并举，综合施策，抓好《学前教育法》贯彻落实

学前教育是国民教育体系的组成部分，是重要的社会公益事业，关系到亿万儿童健康成长。贯彻落实《学前教育法》，是在法治轨道上推进学前教育高质量发展的重要基础，也是促进教育治理体系和治理能力现代化

的有力支撑。甘肃省将多措并举、综合施策，认真抓好《学前教育法》的贯彻落实。

（一）推进普惠性资源扩容提质

优化普惠性资源规划布局，统筹考虑域内适龄儿童数量分布、变化趋势和现有幼儿园状况，完善县级幼儿园布局规划。实施公办幼儿园扩容提质工程，新建、改扩建一批公办幼儿园，稳步增加主城区公办学前教育资源。实施农村幼儿园提质工程，有序推进乡镇、村幼儿园在资源调配、保育教育、教研指导、考核评价等方面的一体化管理，每个乡镇办好1所公办中心幼儿园。规范城镇小区配套园管理，保障配套园与新建住宅小区同步规划建设和交付使用。落实普惠性民办园扶持政策，扩大优质教育资源覆盖面，推进省级示范性幼儿园创建工作。建立幼儿园结对帮扶长效机制，构建省市县乡村五级结对帮扶体系，促进城乡、区域和园际间均衡协调发展。鼓励有条件的幼儿园为2—3岁幼儿开设托班，提供托育服务。

（二）完善学前教育经费保障机制

压实各级投入责任，县级承担学前教育投入主体责任，实行以政府投入为主、受教育者合理分担、其他多种渠道筹措经费的投入机制。鼓励市州设立学前教育专项经费，加大对县区特别是财政困难地区的支持。省级财政加大投入力度，统筹中央学前教育发展资金，通过转移支付对市县给予支持，保障普惠性学前教育可持续发展。加强幼儿园收费监管，动态调整公办幼儿园收费标准，普惠性民办幼儿园最高收费限价，对非营利性民办幼儿园实行政府指导价管理，坚决抵制过高收费和过度逐利行为。

（三）加强幼儿园教师队伍建设

依法依规配足配齐幼儿园教职工，落实每班“两教一保”的配备标准。完善幼儿园教师补充机制，实施省级公费师范生计划，每年招收150名公费师范生。推动省内师范院校深化学前教育专业改革，强化学前儿童发展和教育专业基础，在学前教育专业增加特殊教育专业课程，提高师范生融合教育能力。逐级制定幼儿园教师和教研员培训规划，加大培训力度。保障教师工资待遇，落实公办园教师工资待遇保障政策，将公办园中保育、安保、食堂等服务纳入政府购买服务范围；合理确定民办园教职工工资收入，为教职工缴纳社会保险和住房公积金，保障教职工合法权益。打造骨干和名优教师队伍，鼓励各地设立名园长名师工作室，打造专业水平高、具有辐射带动能力和教研能力的名优教师团队，优化教师队伍结构。

（四）健全幼儿园规范管理机制

落实各级政府及有关部门的监管责任，提升跨部门协同治理能力，强化对幼儿园办园条件、教师配备、安全防护、收费行为、卫生保健、保育教育、财务管理等方面动态监管。加强办园行为督导检查，落实幼儿园办园行为督导评估制度，每3—5年对全省所有幼儿园进行一轮督导评估。治理不规范办园行为，加大校外培训机构执法检查力度，对面向学龄前儿童开展线上培训和以学前班、幼小衔接班、思维训练班、托管班等名义开展线下学科类（含外语）培训，及其他违背儿童身心发展规律和接受能力的培训活动进行严肃查处。强化幼儿园安全管理，落实园长安全主体责任，加强幼儿园人防、物防、技防建设，健全房屋设备、消防、门卫、食品药品、幼儿接送交接、幼儿就寝值守和活动组织等安全防护和检查制度。健全部门幼儿园安全管理机制，联合公安部门优化上下学时段幼儿园周边"高峰勤务"机制，定期开展联合检查和集中整治。

（五）提升幼儿园科学保教质量

推进幼儿园保教改革，认真落实《幼儿园教育指导纲要（试行）》《3—6岁儿童学习与发展指南》，坚持以游戏为基本活动，全面提高幼儿园保教质量。定期面向全省幼儿园征集原创幼儿绘本故事素材，强化故事绘本使用，丰富幼儿园教育资源。推进幼小科学衔接，在幼儿园和小学全面推行入学准备和入学适应教育。健全幼儿园保教质量评估体系，开展幼儿园质量评估工作，树立科学导向，强化过程评估，引领教师专业成长。推动学前教育教研改革，遴选优秀园长和教师充实教研岗位，建立专业的教研团队，健全教研指导责任区、区域教研和园本教研制度，实现各类幼儿园教研指导全覆盖。

甘肃省教育厅将深入组织开展学习宣传，指导各地教育部门和幼儿园通过集中培训、专家讲授、内部研讨等方式开展学习宣传，将《学前教育法》纳入应知应会法律清单，作为教育系统干部学法用法的重要内容和必修课程。指导各地落实以政府举办为主、大力发展普惠性学前教育的法定要求，优化普惠性资源供给，巩固提升普及普惠发展水平，提高学前教育工作质量，为培养德智体美劳全面发展的社会主义建设者和接班人奠定基础。

青海

学贯新法，谱写新篇

青海省教育厅党组书记、厅长

申红兴

学龄前时期是儿童身心发展的重要阶段，学前教育是国民教育体系的重要组成部分。习近平总书记强调："要加强对基础教育的支持力度，办好学前教育。"《中华人民共和国学前教育法》（以下简称《学前教育法》）的出台，为广大适龄幼儿享有公平的受教育权益，提供了强有力的法律保障，对推进学前教育高质量发展，夯实教育强国、教育强省建设基点具有重要而深远的意义。青海省认真贯彻实施《学前教育法》，坚定信心，找准发力点，确保法律精神转化为推进学前教育发展的强大动力。

一、学贯新法，筑牢学前教育高质量发展基础

（一）聚焦"管得好"，完善政策体系

省委、省政府印发《青海省关于学前教育深化改革规范发展的实施方案》，制定多期学前教育行动计划和《青海省"十四五"学前教育发展提升行动实施方案》《青海省幼儿园保育教育质量评估实施细则》等一系列制度文件，全面深化新时代教育评价改革，着力破解制约学前教育体制机制瓶颈问题，完善全省幼儿园保育教育质量评估制度，基本形成了支持学前教育普及普惠发展的政策体系。

（二）聚焦“入园难”，扩大普惠性资源

在不断扩大公办幼儿园覆盖面的同时，实施学前教育薄弱县振兴行动计划，对普惠性民办幼儿园给予一定的财政补助，使民办园与公办园享受同等政策待遇，提升民办园办普惠园的积极性。截至2024年底，全省共有幼儿园1542所，公办园占82.56%，普惠性资源覆盖率达97.9%。全省学前教育毛入园率92.88%，比2012年提高23.79个百分点。

（三）聚焦“上得起”，健全资助体系

对全省所有学前一年幼儿，城镇非贫困家庭按每生每年800元、农村牧区按每生每年1200元标准免除保育教育费；对三江源地区的学前一年幼儿，按每生每年2200元标准补助公用经费免除保育教育费；按每生每年1500元标准给予生活费补助；将六州全体在园幼儿和西宁、海东两市贫困家庭幼儿纳入15年教育资助范围，按每生每年1200元标准免除学前三年保育教育费。

（四）聚焦“有人教”，强化队伍建设

2015年实施政府保教岗位补助项目，2018年省级将补助标准提高到每年每个岗位9000元，财政每年补助资金1亿元，年均购买保教岗位1.33万个。2025年，为进一步强化资金保障，以投资导向带动布局调整，推动资金从“扩资源”向“提质量”转变，省级投入学前教育资金3.97亿元，将更多资金用于提升教师保障，有效补齐学前教育投入短板，全面提升学前教育服务水平。

（五）聚焦“教得好”，提高保教质量

发挥省级示范园引领优势，按照“示范引领、以强带弱、试点先行”的原则，以“1+1”或者“1+X”模式，在全省开展集团化办园试点工作。同时鼓励各市州利用本地区示范园优势资源开展市州域试点，探索多元化集团化办园模式，推动学前教育城乡、镇村一体化发展。

二、学贯新法，坚定学前教育高质量发展信心

2024年11月8日，第十四届全国人民代表大会常务委员会第十二次会议通过了《中华人民共和国学前教育法》，并于2025年6月1日起施行，标志着我国学前教育进入了一个新的法治化发展阶段。《学前教育法》的颁布实施，为学前教育明确了发展方向与目标，强化了政府责任与保障，保护了儿童权益，规范了师资队伍建设，完善了保教质量提升与办园行为监管机制，坚定了我们推动学前教育高质量发展的信心。

（一）明确方向与目标

《学前教育法》明确规定学前教育是国民教育体系的组成部分，是重要的社会公益事业。我们发展学前教育要坚持中国共产党的领导，坚持社会主义办学方向，落实立德树人根本任务，始终服务于培养德智体美劳全面发展的社会主义建设者和接班人，这是学前教育法为学前教育发展指明的方向与目标。

（二）强化责任与保障

《学前教育法》明确规定我国实行“国务院领导、省市统筹、以县为主、乡镇支持”的学前教育管理体制。强调政府主导，明确各级政府在学前教育规划、投入、教师队伍建设、监管等方面的责任，为学前教育的普及普惠和高质量发展提供坚实的物质基础和政策支持。

（三）保护学前儿童权益

《学前教育法》要求幼儿园以学前儿童的生活为基础，以游戏为基本活动，防止幼儿园保育和教育活动小学化，明确学前儿童享有生命安全和身心健康、得到尊重和保护照料、依法平等接受学前教育的权利，充分体现了以儿童为中心的教育理念，遵循学前儿童身心发展规律，为学前儿童的健康成长和全面发展创造了良好条件。

（四）规范师资队伍建设

《学前教育法》规定幼儿园及其举办者应当保障教职工的工资福利，将公办幼儿园教师工资纳入财政保障范围，明确幼儿园教师在职称评定、

岗位聘任等方面享有与中小学教师同等的待遇，并强调幼儿园教师、园长、保育员、卫生保健人员等应当具备规定的条件，加强人员配备和培养培训，开展各种形式的培训，提升教师队伍素质，进一步为提高幼儿园教育质量提供了人才保障。

（五）强化质量与监管

《学前教育法》规定要坚持保育和教育相结合的原则，科学实施保育和教育活动，引导幼儿园遵循学前儿童身心发展规律和年龄特点，开展适合幼儿的保教活动，加强对学前教育过程和质量的监管，坚决纠正幼儿园"小学化"等不规范办园行为，进一步促进学前教育事业健康可持续发展，保障学前教育高质量发展目标的实现。

三、学贯新法，落实学前教育高质量发展举措

青海省将以学习贯彻落实《学前教育法》为契机，聚焦学前教育普及普惠，加强省级统筹，汇聚部门合力，完善责任体系，深化学前教育改革，加快构建学前教育高质量发展体系。

（一）深入开展学习宣传

学习宣传是贯彻落实《学前教育法》的基础，只有学深悟透，才能将法律精神精准落地。我们将通过集中培训、专家讲授、内部研讨等多种形式，全方位、多层次开展学习宣传活动，确保教育工作者、家长及社会各界对法律内容广泛知晓，扩大法律知识覆盖面。同时，把《学前教育法》纳入教育系统领导干部学法用法的重要内容，使其成为领导干部开展学前教育工作的行动指南，切实提高依法决策、依法管理的能力。

（二）强化师资队伍建设

师资队伍是学前教育高质量发展的核心力量。我们将全面落实国家制定的幼儿园教职工配备标准，为公办幼儿园及时补充教师。建立市州统一的学前教师准入制度，从学历、专业素养、职业道德等多维度严格把关，提高保教人员整体质量。完善学前教师工资待遇保障体系，将公办园教师

工资纳入财政保障，依法落实保教人员社保，切实维护其合法权益。建立省、市、县、园四级培训体系，通过多种方式，持续提升保教人员综合素养，打造一支高素质、专业化的学前教育师资队伍。

（三）全面提高办园质量

幼儿园的保教质量直接关系到儿童的成长与发展。我们将坚持以游戏为基本活动的教育理念，探索建立符合我省省情实际、体现儿童身心发展规律的学前教育课程体系，让儿童在游戏中学习、成长。强化数字教育在学前教育领域的应用与实践，利用数字化手段赋能学前教育，以丰富多样的教育教学内容，提升保教活动的趣味性和吸引力，不断缩小区域间保教质量差距。

（四）深入推动普及普惠

普及普惠是学前教育高质量发展的重要基础。我们将深入实施学前教育普及普惠推进工程，严格按照标准扎实做好县级自评、市级初评和省级评估工作。加大过程性督导检查力度，深入各地各园对办园条件、师资配备、教育教学质量等方面进行全面细致检查，督促补短板、强弱项，以评促建，以评促改，推动《学前教育法》在学前教育发展实践中有效落地，让更多学前儿童享受到安全优质普惠的学前教育服务。

新疆

坚持依法治教，构建新疆普惠优质学前教育体系

新疆维吾尔自治区人民政府总督学，自治区教育厅党组成员

孙长波

学前教育是终身学习的开端，是国民教育体系的重要组成部分，是重要的社会公益事业。2024年11月8日，第十四届全国人民代表大会常务委员会第十二次会议通过《中华人民共和国学前教育法》（以下简称《学前教育法》），于2025年6月1日起施行。《学前教育法》的颁布，实现了从政策引导到法律保障的重大跨越，标志着学前教育进入“有专门法可依”的新阶段，加强依法治教、依法治园力度，对实现学前教育普及普惠安全优质发展、夯实教育强国建设基点具有重要而深远的意义。结合新疆学前教育改革与发展实际，主要有以下三个方面体会和感受。

一、为法固基，推动新疆学前教育普及普惠安全优质发展

近年来，在党中央坚强领导下，新疆牢牢把握学前教育正确发展方向，坚持学前教育优先发展，大力推进农村学前三年免费教育，不断完善体制机制，健全政策保障体系，持续改善办园条件，实现农村幼儿园“应建尽建”，农村适龄幼儿“应入尽入”。坚持国家通用语言文字保教全覆盖，不断提高科学保教水平，全区幼儿中华民族共同体意识初步形成，进入义务教育阶段学习的语言基础持续巩固，各族幼儿精神面貌、行为习惯、国家通用语言文字听说基础能力等明显提

升，成为农牧区家长对外交流、脱贫致富的小翻译、小助手，得到广大家长衷心拥护、社会各界广泛赞誉。全区学前毛入园率、普惠性幼儿园覆盖率和公办园在园幼儿占比提前完成国家“十四五”学前教育发展提升行动计划主要目标，为贯彻落实《学前教育法》奠定了良好的实践基础。

二、学法赋能，深刻理解《学前教育法》的重要意义和内涵

习近平总书记在全国教育大会上强调“坚持以人民为中心，不断提升教育公共服务的普惠性、可及性、便捷性”，对学前教育等教育公共服务发展提出更高要求。制定《学前教育法》，把近年来丰富的实践成果、行之有效的管理措施上升为法律制度，用法治方式破解学前教育发展中长期存在的突出问题，既是贯彻落实习近平总书记关于学前教育改革发展重要指示批示精神的关键举措，也体现了党和国家发展公益普惠、安全优质学前教育的坚定决心，为学前教育高质量发展提供了法治保障。纵览新颁布的《学前教育法》，主要有以下几个特点。

（一）坚持党的全面领导，落实立德树人

《学前教育法》明确要求，学前教育应当坚持中国共产党的领导，坚持社会主义办学方向，贯彻国家的教育方针。学前教育应当落实立德树人根本任务，培育社会主义核心价值观，继承和弘扬中华优秀传统文化、革命文化、社会主义先进文化，培育中华民族共同体意识，为培养德智体美劳全面发展的社会主义建设者和接班人奠定基础。

（二）坚持公益普惠，推动公平发展

《学前教育法》规定，学前教育是指由幼儿园等学前教育机构对三周岁到入小学前的学前儿童实施的保育和教育。法条明确了学前教育的公益普惠性质，提出坚持政府主导，普及学前教育，构建覆盖城乡、布局合理、公益普惠、安全优质的学前教育公共服务体系。同时提出对民族地区、边疆地区和欠发达地区倾斜支持，对孤儿、残疾儿童和留守儿童等群体给予特别保障。自2010年起，新疆坚持学前教育公益属性，以南疆四

地州为重点，加快普及学前教育，加大经费投入，逐步保障南疆全域和北疆农村学前三年适龄幼儿免费入园，创新实施“嵌入式建园”模式：在塔什库尔干塔吉克自治县等地，幼儿园建到牧民定居点，用实际行动保障广大适龄幼儿享有公平的受教育权益。

（三）凸显儿童中心，推进科学保教

《学前教育法》独立设立“学前儿童”篇章，对学前儿童享有生命安全和身心健康、依法平等接受学前教育等权利进行了详细规定，并强调在学前教育中要坚持最有利于学前儿童的原则，尊重学前儿童的人格尊严，倾听了解学前儿童的意见。这体现了法律的人性化关怀，有利于推动从学前儿童身心发展特点和规律出发发展学前教育，科学实施保育和教育。新疆严格落实《幼儿园保育教育质量评估指南》《教育强国建设规划纲要（2024—2035年）》等文件精神，编制《自治区幼儿园保育教育质量自评指导手册（试行）》，以正确的儿童观和质量观为引领，推进幼儿园提升保育教育工作实践。

（四）强化政府责任，完善保障机制

《学前教育法》强化了政府在学前教育规划、投入、教师队伍建设、监管等方面的责任；明确各级人民政府应当依法履行职责，合理配置资源，缩小城乡之间、区域之间学前教育发展的差距；要求政府健全投入保障，加大学前教育财政投入，确保财政性学前教育经费在同级财政性教育经费中占合理比例，为改善学前教育办园条件、保障学前教育事业健康可持续发展，提供了有力支撑。新疆强化统筹本区域内的学前教育工作，压实各地发展学前教育主体责任，鼓励和支持41个县（市、区）通过国家学前教育普及普惠督导评估验收，完成全区创建任务的43%，推进新疆学前教育规范发展。

（五）确立教师为基，加强队伍建设

教师是开展教育活动的第一资源。《学前教育法》规定了幼儿园教师的资质条件，要求严格聘用管理，把好教师入口关，对失德失范行为零容忍；强化待遇保障，规定幼儿园及其举办者应当保障教职工的工资福利，要求将公办幼儿园教师工资纳入财政保障范围；规定政府及其有关部门应当制定学前教育师资培养培训规划，全方位多角度发力，建设一支师德高尚、爱岗敬业、业务精良、结构合理的幼儿园教师队伍。

（六）规范保教用语，营造良好氛围

国家通用语言文字是增强国家认同感、铸牢中华民族共同体意识的前提和基础。《学前教育法》明确提出，幼儿园应当以国家通用语言文字为基本保育教育语言文字，加强学前儿童普通话教育，提高学前儿童说普通话的能力，有助于帮助学前儿童奠定义务教育阶段学习良好语言基础，促进各民族之间文化交往交流交融，进一步铸牢中华民族共有精神家园。当新疆伊犁州苗苗幼儿园的不同民族幼儿用普通话表演《库尔班大叔上北京》的小品时，法治精神已化作铸牢中华民族共同体意识的教育实践。

三、以法促兴，绘制新疆学前教育高质量发展美好画卷

下一步，新疆将认真学习宣传贯彻落实《学前教育法》，牢牢把握学前教育社会主义办学方向，认真贯彻党的教育方针，立足实现教育强国建设规划目标，在法治轨道上推进新疆学前教育高质量发展。

（一）加强学习宣传，弘扬法治精神

将学习宣传《学前教育法》与落实党的二十届三中全会、全国教育大会精神和《教育强国建设规划纲要（2024—2035年）》紧密结合起来，通过召开座谈会、宣讲会、地州相关工作会等形式，广泛开展宣传教育活动，推动全区教育行政部门和学前教育机构充分把握《学前教育法》的法治精神、核心理念和主要内容，真正理解国家发展学前教育的根本立场和法治观念，严格落实《学前教育法》的各项要求，努力形成全社会关心学前儿童、关注学前教育、贯彻《学前教育法》的良好氛围。

（二）强化普及普惠，守护育幼底线

依据《学前教育法》相关规定，巩固优化新疆农村学前三年免费教育

成果，健全普惠保障机制。主动适应人口变化和城镇化发展的新形势新要求，以县为单位进行学龄人口测算，提前布局增加人口流入地公办园资源，加强人口流动变化较大地区入园供需监测，关注农村幼儿园的资源优化整合，有效满足适龄儿童就近接受优质学前教育需求。

（三）完善监督管理，提升践行能力

推动制定和完善与《学前教育法》相配套的政策措施，为法律的实施提供有力保障。完善动态监管机制，加大县域学前教育普及普惠创建与督导工作力度，确保学前教育的规范健康发展；推进幼儿园语言文字工作达标建设，严格规范保教行为；加强在职学前教师学历提升，通过分层设立目标、拓宽提升渠道、突出提升重点、强化政策保障等举措，推进建设高素质专业化教师队伍。同时，加强父母和监护人的科学育儿指导，用好家庭、社区的教育资源，营造家、园、社会共同育儿的良好氛围。

当《学前教育法》的法治阳光照耀新疆大地，能够看到的不仅是入园率的数字跃升，更是帕米尔高原上各族儿童的普通话诗朗诵，是吐鲁番葡萄架下各族儿童的共同游戏，是法治中国与教育强国战略在边疆的生动实践。这场始于立法、成于笃行的教育变革，正在谱写各民族交往交流交融的时代新篇。

兵团

贯彻《学前教育法》赋能普惠提质，多措并举绘就幼教新图景

新疆生产建设兵团教育局党组成员、副局长

刘延辉

党中央、国务院高度重视学前教育改革发展。习近平总书记多次作出重要指示批示。兵团党委坚决贯彻落实党中央、国务院决策部署，始终坚持把发展学前教育作为重要的民生工程，采取一系列有力举措，扩大普惠性学前教育资源供给，不断提升学前保教水平，满足职工群众“幼有优育”的学前教育需要，职工群众教育幸福感和获得感持续提升。

一、高位推动保障体制机制

兵团党委始终将学前教育普及普惠发展作为维护新疆社会稳定和长治久安的重要基础性工程和保障改善民生的重要公益事业纳入重要议事日程，明确到2025年学前三年毛入园率达到99%以上，普惠性幼儿园覆盖率达到90%以上，公办园在园幼儿占比达到70%以上。兵团党委常委会议、兵团行政常务会议多次研究解决学前教育发展重大问题，推动健全了管理体制、保障机制，落实了幼儿园教师编制，完善了管理制度。加强顶层设计，先后印发《关于进一步推进学前教育发展的实施意见》《兵团党委办公厅　兵团办公厅关于贯彻落实〈中共中央　国务院关于学前教育深化改革规范发展的若干意见〉的通知》《关于新时代兵团基础教育高质量发展行动方案》《兵团“十四五”

学前教育发展提升行动方案》《兵团团场学前三年教育保障机制补助经费管理办法》《兵团师域学前教育普及普惠发展督导评估工作方案》等重要文件，为学前教育深化改革规范发展提供了制度保障。2022年6月召开兵团学前教育发展工作会议，对学前教育普及普惠安全优质发展作出安排部署，开启了学前教育改革发展的新征程。

二、加大投入保障普及普惠

先后部署实施了四期学前教育行动计划，学前教育资源不断扩大。编制兵团团场幼儿园建设规划方案，多渠道筹措资金5.15亿元，新建、改扩建幼儿园76所，增加学位2万余个，为适龄幼儿“应入尽入”创造了条件。开展城镇小区配套幼儿园专项治理，全面完成73所城镇小区配套幼儿园治理工作，增加普惠性学位近2万个，进一步扩大普惠性学前教育资源覆盖面。按照生均每年2800元标准建立团场幼儿园经费保障机制和生均每年600元城市幼儿园（含普惠性民办园）财政拨款制度，进一步提高学前教育保障水平。落实幼儿资助政策，兵团本级每年安排学前教育经费保障资金约1.2亿元，为团场幼儿园在园幼儿补助伙食费、保教费、取暖费、读本费等，对家庭经济困难幼儿免保教费、伙食费及幼儿读本费。

三、建强队伍保障质量提升

加强幼儿园党组织建设，幼儿园单独或与其他学校幼儿园联合成立党支部，实现了幼儿园党的组织全覆盖，进一步强化党的领导。进一步加强师德师风建设，印发《兵团幼儿园教师违反职业道德行为处理办法实施细则（试行）》，明确幼儿教师违反职业道德行为及处理程序和方式。核定学前教育教师编制3841名，在编教师占专任教师总数的比例达到70%；制定并落实编制外聘用教师与编制内教师“同工同酬”政策，所需经费纳入财政保障；将幼儿教师纳入中小学教师序列统筹评定职称，幼儿教师高级职称比例不断提高。近三年通过面向社会公开招聘、学前干部支教、大学生实习支教等方式，每年为师团幼儿园补充教师约300名，解决团场幼儿园教师短缺问题。完善国家、兵团、师市及园本培训体系，落实“每5年全员轮训一遍”的要求，提升幼儿园教师科学保教能力和专业素养。

四、加强监管保障办园规范

常态化开展幼儿园安全工作检查，联合公安部门开展“护校安园行动”，将幼儿园园内及周边社会治安综合治理纳入周边便民警务站治安管理范围，上下学时段设立护学岗，及时排查并消除涉园矛盾和安全隐患。完善食堂设施设备，实施“明厨亮灶”工程，完善食材采购可追溯体系，落实园长教师陪餐制度，强化食品安全和饮水安全管理。开展无证园专项治理行动，对辖区内幼儿园进行全面摸排，对整改后合格的民办园发放办园许可证，对整改后仍不合格的民办园予以取缔，对公办无证园按程序进行法人登记。制定幼儿园分类定级标准，对所有幼儿园进行分类定级，按照评定级别确定收费标准，坚决抑制过高收费。印发普惠性民办园认定管理办法，落实普惠性民办园政府扶持政策，坚决遏制民办园过度逐利。开展幼儿园“小学化”专项治理，坚决防止和克服“小学化”现象，督促指导幼儿园坚持游戏为基本活动。实行“挂牌责任督学”制度，按照责任督学与幼儿园1∶5标准选派督学，对幼儿园开展经常性督导指导。

五、下一步工作安排

人生百年，立于幼学。学前教育是终身学习的开端，关系亿万儿童健康成长，关系社会和谐稳定，关系党和国家事业未来。《中华人民共和国学前教育法》（以下简称《学前教育法》）已正式颁布并将于2025年6月1日起施行，这标志着学前教育从此迈上了“有专门法可依”的新发展阶段，必将助推我国学前教育事业再上新台阶。兵团将深入学习贯彻《学前教育法》，加快推进兵团学前教育改革发展，为教育强国建设兵团实践奠定坚实基础。

（一）进一步提高普及普惠水平

适应国家生育政策调整、城镇化发展及实施乡村振兴战略等因素带来的人口变化要求，科学布局学前教育资源，实行动态调整，保障充足普惠性学位供给。办好公办幼儿园，发挥公办园保基本、兜底线、引领方向、平抑收费的主渠道作用。鼓励支持普惠性民办园发展，引导支持民办园向社会提供普惠性服务。

（二）进一步加大资金投入力度

健全完善财政投入长效机制，落实公办园财政拨款制度，并逐步提高标准。健全幼儿园成本分担机制，科学核定办园成本，合理确定分担比例。落实学前教育资助政策，确保适龄幼儿“应入尽入”。落实普惠性民办园补助标准和扶持政策，支持普惠性民办园发展。

（三）进一步完善监管体系

健全完善教育行政部门主管、有关部门分工负责的学前教育监管机制，强化师市、团场管理责任，加强幼儿园在审批设立、保教质量、师德师风、安全防控、收费行为、经费使用等方面的监管，严格依法监管，督促指导幼儿园依法办园。加强民办园管理，持续开展普惠性民办园认定及管理工作。

（四）进一步提高保教质量

坚持幼儿园以游戏为基本活动，推进幼小衔接，坚决防止和纠正幼儿园“小学化”倾向。加强学前教师队伍建设，严把教师入口关，按照“两教一保”配足配齐专任教师和保育员，依法保障教职工地位和待遇；加强保教人员培训培养，提升专业素养，进一步提高保教质量。